A színpadtól
a színpadig

Válogatás Marvin Carlson színházi írásaiból

A színpadtól a színpadig

Válogatás Marvin Carlson színházi írásaiból

Szerkesztette:
Kurdi Mária és Csikai Zsuzsa

© Marvin Carlson

©2014 Szeged, AMERICANA eBooks

General editors: Réka M. Cristian & Zoltán Dragon

© The University of Michigan 2001, 2006 az alábbi könyvekből vett részletek esetében:
Carlson, Marvin. *The Haunted Stage: Theatre as Memory-Machine*, Ann Arbor: The University of Michigan Press, 2001; Carlson, Marvin. *Speaking in Tongues: Languages at Play in the Theatre*, Ann Arbor: The University of Michigan Press, 2006

© The University of Iowa Press, 2009 az alábbi könyvből vett részletek esetében:
Carlson, Marvin. *Theatre is More Beautiful than War: German Stage Directing in the Late Twentieth Century*, Iowa: University of Iowa Press, 2009

© A szerkesztők és a fordítók

Válogatta, szerkesztette és a fordításokat az eredetivel egybevetette: Kurdi Mária és Csikai Zsuzsa; az Előszót Kurdi Mária írta

Fordította: Bach Anikó, Balassa Zsófia, Csikai Zsuzsa, Görcsi Péter, Kromják Laura, Kurdi Mária, Nyisztor Miklós, Oroszlán Anikó, Rosner Krisztina, Surányi Ágnes, Szverle Ilona és Vasas Katalin

Lektorálta: Hartvig Gabriella

ISBN: 978-615-5423-05-5 (.mobi); 978-615-5423-06-2 (.epub); 978-615-5423-07-9 (PoD)

AMERICANA eBooks is a division of *AMERICANA – E-Journal of American Studies in Hungary*, published by the Department of American Studies, University of Szeged, Hungary.
http://ebooks.americanaejournal.hu

This book is released under the Creative Commons 3.0 – Attribution – NonCommercial – NoDerivs 3.0 (CC BY-NC-ND 3.0) licene. For more information, visit: http://creativecommons.org/licenses/by-nc-nd/3.0/deed.hu

TARTALOMJEGYZÉK

Köszönetnyilvánítás i

Előszó 1
Kurdi Mária

1. 3
A szemiotikai értelmezhetőség és hiánya az előadásban
A színházi néző és az előadás olvasása
(részletek a *Színházszemiotika: az élet jelei* című kötetből)
Nyisztor Miklós fordítása

2. 25
A szerzői utasítás státusza
(részletek a tanulmányból)
Csikai Zsuzsa fordítása

3. 37
A múlt eljátszása: élő történelem és kulturális emlékezet
(tanulmány)
Szverle Ilona fordítása

4. 49
A kísértetjárta szöveg
(részletek *A kísértetjárta színpad: a színház mint memória-gépezet* című kötetből)
Kurdi Mária fordítása

5. 65
A performansz és a posztmodern
Performansz és identitás: Önéletrajzi performansz
(részletek *A performansz: kritikai bevezetés* című kötetből)
Rosner Krisztina fordítása

6. 77
Performansz és identitás: Az 1990-es évek vitái; Performansz és etnicitás
(részletek *A performansz: kritikai bevezetés* című kötetből)
Balassa Zsófia fordítása

7. 88
Kulturális performansz
Konklúzió: mi a performansz?
(részletek *A performansz: kritikai bevezetés* című kötetből)
Oroszlán Anikó fordítása

8. 105
A posztmodern nyelvi játék
(részletek a *Nyelveken szólás: játék a nyelvvel a színházban* című kötetből)
Surányi Ágnes fordítása

9. 130
Interkulturális elmélet, posztkoloniális elmélet és szemiotika: a (még) járatlan út
(részletek a tanulmányból)
Csikai Zsuzsa, Kromják Laura és Vasas Katalin fordítása

10. 142
A régi mesterek: Peter Stein
(részletek *A színház szebb, mint a háború: német színházi rendezők a 20. század végén* című kötetből)
Görcsi Péter fordítása

11. 164
Tér és színház
(tanulmány))
Bach Anikó fordítása

KÖSZÖNETNYILVÁNÍTÁS

Mindenekelőtt köszönet illeti Marvin Calsont, aki hozzájárult ahhoz, hogy műveinek egyes részleteit magyar fordításban a jelen kötet újraközölje. A szerzőn kívül a szövegek magyar fordításban történő újraközlésének engedélyezéséért az alábbi kiadóknak és periodika szerkesztőségeknek mondunk köszönetet:

Carlson, Marvin. *Theatre Semiotics: Signs of Life*, Bloomington and Indianapolis: Indiana University Press 1990 (© 1990 by Marvin Carlson) első fejezetéből (3-25 o.) részleteket az Indiana University Press engedélyével közlünk újra.

Carlson, Marvin. „The Status of Stage Directions". *Studies in the Literary Imagination* 24.2 (Fall 1991) című tanulmányból (37-48 o.) részleteket a periodika szerkesztőségének engedélyével közlünk újra.

Carlson, Marvin. „Performing the Past: Living History and Cultural Memory". *Paragrana* 9 (2000) című tanulmány teljes szövegét (237-47 o.) a periodika szerkesztőségének engedélyével közöljük újra.

Carlson, Marvin. *The Haunted Stage: Theatre as Memory-Machine*, Ann Arbor: The University of Michigan Press, 2001 (© by the University of Michigan, 2001) 2. „The Haunted Text" című fejezetéből (16-51 o.) 20 oldalnyi szöveget, és Carlson, Marvin. *Speaking in Tongues: Languages at Play in the Theatre*, Ann Arbor: The University of Michigan Press, 2006 (© by the University of Michigan, 2006) 4. „Postmodern Language Play" című fejezetéből (150-79 o.) 22 oldalnyi szöveget a The University of Michigan Press engedélyével közlünk újra.

Carlson, Marvin. *Performance: A Critical Introduction*, London and New York: Routledge, 2004 (1996) (© 1996, 2004 Marvin Carlson) című könyv III. részének 6-8. fejezeteiből és Konklúziójából részleteket (148-54, 162-64,

168-78, 194-204, 213-16 o.) a Taylor & Francis Group kiadó engedélyével közlünk újra.

Carlson, Marvin. „Intercultural Theory, Postcolonial Theory, and Semiotics: The Road Not (Yet) Taken". *Semiotica* 168-1/4 (2008) című tanulmányból részleteket (129-34, 137-42 o.) a De Gruyter Mouton kiadó engedélyével közlünk újra.

Carlson, Marvin. *Theatre is More Beautiful than War: German Stage Directing in the Late Twentieth Century*, Iowa: University of Iowa Press, 2009 (© 2009 by The University of Iowa Press) című könyv I. „The Old Masters" című fejezetének „Peter Stein" című alfejezetéből (3-25 o.) részleteket a The University of Iowa Press engedélyével közlünk újra.

A MAGYARRA FORDÍTOTT SZÖVEGEK EREDETI CÍME ÉS MEGJELENÉSI HELYE

1.
Részletek A *Theatre Semiotics: Signs of Life* (Bloomington and Indianapolis: Indiana UP, 1990) című kötet „The Rules of the Game" című első részének (3-25) "Semiotics and Nonsemiotics in Performance" és "Theatre Audiences and the Reading of Performances" című alfejezeteiből

2.
Részletek a „The Status of Stage Directions". *Studies in the Literary Imagination* 24.2 (Fall 1991) című tanulmányból (37-48)

3.
A „Performing the Past: Living History and Cultural Memory". *Paragrana* 9 (2000) című tanulmány teljes szövege (237-47)

4.
Részletek a *The Haunted Stage: Theatre as Memory-Machine.* (Ann Arbor: The U of Michigan P, 2001) című kötet második, „The Haunted Text" című fejezetéből (16-51)

5-7.
Részletek a *Performance: A Critical Introduction* (London and New York: Routledge, 2004 [1996]) című kötet III. Részének hatodik, „Performance and the postmodern" című fejezetéből (148-54), hetedik, „Performance and identity" című fejezetéből (162-64, 168-78) és nyolcadik, „Cultural performance" című fejezetéből (194-204), továbbá a „Conclusion: what is performance?" című, befejező részéből (213-16)

8.
Részletek a *Speaking in Tongues: Language at Play in the Theatre* (Ann Arbor: The U of Michigan P, 2006) című kötet negyedik, „Postmodern Language Play" című fejezetéből (150-79)

9.
Részletek az „Intercultural Theory, Postcolonial Theory, and Semiotics: The Road Not (Yet) Taken". *Semiotica* 168-1/4 (2008) című tanulmányból (129-34, 137-42)

10.
Részletek a *Theatre is More Beautiful than War: German Stage Directing in the Late Twentieth Century* (Iowa: U of Iowa P, 2009) című kötet I. „The Old Masters" című fejezetéből (3-25)

11.
A „Space and Theatre". *Focus: Papers in English Literary and Cultural Studies* VIII, Issue on Interfaces between Irish and European Theatre (2012) című tanulmány teljes szövege (13-23)

ELŐSZÓ

Korunk nemzetközi színháztudományának egyik igen neves képviselője, Marvin Carlson, a City University of New York, Graduate Center intézmény PhD programjának professzora, 2011-ben Pécsre látogatott. Az ISTR (Irish Society for Theatre Research) elnevezésű, színházi kutatásokra összpontosító, írországi központtal működő szervezet 2011. áprilisban a Pécsi Tudományegyetem Anglisztika Intézete szervezésében tartotta 6., éves konferenciáját, amelyen közös meghívásunkra Marvin Carlson „Tér és színház" (Space and Theatre) címmel tartott plenáris előadást. Ez az előadás egyike a jelen kötetben olvasható szövegeknek. A konferencia idején felmerült az a gondolat, hogy jó lenne különböző színháztudományi írásaiból egyes részleteket magyarra is lefordítani és kötetben, együtt közölni. Carlson professzor örömmel támogatta az ötletet, és mint szerző hozzájárult a könyveiből és tanulmányaiból vett részletek magyarra fordításához, valamint adatokkal és tanácsokkal segítette a válogatást. A kötet megvalósulásának lehetőségéért elsősorban neki kell köszönetet mondanunk.

A fordításra kiválasztott szövegek 1990 és 2011 között születtek, tehát az életműről az adott keretek között valamelyest átfogó képet adnak, ugyanakkor keresztmetszetet nyújtanak az ezredforduló színháztudományának bizonyos kitüntetetten fontos kérdéseiről és folyamatairól. A kötet címe, *A színpadtól a színpadig: válogatás Marvin Carlson színházi írásaiból* arra kíván utalni, hogy Carlson a „színpad" kifejezést gyakran használja „színház" értelemben, és az évszázadok nemzetközi színpadáról írott alapos megfigyelései, eredeti gondolatai és mélyreható elemzései hatással vannak és lesznek, remélhetőleg, a színházi gyakorlat alakulására, vagyis ilyen vagy olyan formában visszajutnak a színpadra. A címlapon és a kötet hátoldalán közölt képeken Marvin Calson látható, a fotókat ő bocsátotta rendelkezésünkre.

A kötetben szereplő tanulmányok válogatásában érdeklődésük, tanulmányaik és a potenciális olvasók általuk feltételezett igényeinek megfelelően nagy segítségére voltak a szerkesztőknek maguk a fordítók, akik a színház- és drámatudomány bizonyos szeleteinek elkötelezett művelői, vagy legalábbis kiemelten érdeklődnek a terület iránt. Kollégák, fiatal kutatók, PhD és mesterszakos diákok, valamint jómagam alkotjuk ezt a fordítói gárdát, név szerint a következők: Csikai Zsuzsa, Kurdi Mária és Surányi Ágnes, a PTE Anglisztika Intézetének oktatói; Rosner Krisztina, a PTE Magyar Nyelv- és Irodalomtudományi Intézetének oktatója; Nyisztor Miklós és Oroszlán Anikó angol szakos középiskolai tanárok, a PTE fenti két intézetének óraadó oktatói; Bach Anikó, Balassa Zsófia, Görcsi Péter és Szverle Ilona, a PTE Irodalomtudományi Doktori Iskolájának hallgatói; valamint Kromják Laura és Vasas Katalin, a PTE Anglisztika MA programjának végzett diákjai. Ezúton is köszönöm valamennyiük nagy szakmaszeretettel végzett munkáját. Köszönöm továbbá társszerkesztőmnek, Csikai Zsuzsának, hogy készségesen dolgozott velem együtt azon, hogy a fordítások magyar szövege az eredetivel való összevetésben minél pontosabb, ugyanakkor olvasóbarát legyen. Mellettük nagy köszönettel tartozom Hartvig Gabriella kolléganőmnek (PTE Anglisztika Intézet), aki rövid határidővel vállalta a szövegek lektorálását, és ezt a munkát igen lelkiismeretesen végezte, mindig készen arra, hogy javításait és változtatási javaslatait megbeszéljük.

Végül, de korántsem utolsó sorban, köszönetet mondok Cristian Réka Mónikának és Dragon Zoltánnak, az AMERICANA eBooks kiadó alapító szerkesztőinek (SzTE, Angol-Amerikai Intézet), akik lelkesen fogadták a könyv tervét és vállalták kiadását. Kiadó, szerkesztők és fordítók közösen reméljük, hogy a szövegek hasznára lesznek mind a színházzal foglalkozó szakembereknek és tanároknak, mind a színházi tanulmányokat folytató, graduális és posztgraduális diákoknak, valamint a színházat szerető olvasóknak általában is.

Kurdi Mária
2014. július

1.
A SZEMIOTIKAI ÉRTELMEZHETŐSÉG ÉS HIÁNYA AZ ELŐADÁSBAN
A SZÍNHÁZI NÉZŐ ÉS AZ ELŐADÁS OLVASÁSA
(részletek a *Színházszemiotika: az élet jelei* című kötetből)

A szemiotikai értelmezhetőség és hiánya az előadásban

A kortárs amerikai drámában és színházi gyakorlatban az elméleti megfontolások egyértelműen fölértékelődtek. Jól tükrözi ezt a folyamatot a *Modern Drama* című folyóirat 1982-es különszáma, melyet kifejezetten az elmélet és az előadás viszonyának szenteltek. Ebben a számban Michael Kirby, kísérleti színházzal foglalkozó rendező és elméletíró egy olyan előadásfajtát tárgyal, amellyel akkoriban maga is foglalkozott. Megközelítését „strukturalistának" nevezi, és egy olyan befogadói élményt kíván vele jelölni, amely „nem szemiotikus" jellegű. A strukturalizmus és szemiotika ilyen szembeállítása bizonyára meglepett számos olyan olvasót, akik tisztában voltak a két terminus történeti rokonságával. Kapcsolatuk tulajdonképpen annyira szoros, hogy a strukturalista irodalomkritika egyik fő művében Jonathan Culler a következő megállapítást teszi: „nem lenne téves a felvetés, hogy a strukturalizmust és a szemiológiát azonosnak tekintsük"[1] (6). Vélhetően már az is meglepetést okozott, hogy Kirby éppen akkor próbálta meg a kísérleti színházcsinálás egy jelentős típusát a szemiotikai elemzés hatósugarán kívül helyezni, amikor a szemiotika tűnt a legígéretesebben fejlődő elméleti irányzatnak a szöveg és előadás elemzésében.

A szemiotikai elemzés általános alkalmazhatóságának efféle megkérdőjelezése azonban hasznos kiindulópontot kínál a szemiotikai megközelítés

---

[1] Ha másképp nem jelöljük, a szövegekben előforduló idézetek magyarra átültetése a fordítók munkája.

által természetesnek vett eljárások és állítások végiggondolására. Annak eldöntése, hogy lehetséges-e nem-szemiotikus előadás, illetve, hogy mik a jellemzői, segíthet megérteni, hogy mindezekkel szemben mit is foglal magában egy előadás szemiotikai elemzése, miféle feltevésekre támaszkodik, mit eredményezhet, és milyenfajta jelenségek esnek kívül a területén.

Kirby cikkének nagy része saját *Double Gothic* (Kettős gótika) című, „nem-szemiotikus", avagy „strukturalista" művének keletkezésével és bemutatásával foglalkozik. Ha a szerző kísérő magyarázatai nélkül olvasnánk ezen előadás leírását, a „nem-szemiotikus" kifejezés használata bizonyára zavarónak és indokolatlannak tűnne, mivel a mű szinte teljes mértékben olyan elemekből építkezik, amelyeket természetszerűleg tarthatunk szemiotikusnak. Egy jelenetet például, ahol „A Hősnő az Ellenfél Segítőjével találkozik", a szerző így jellemez: „a hősnő szemlátomást most szállt le a vonatról és vár valakire, akinek érte kellett volna jönnie, ám senki nincs ott. Esni készül; egy kutya vonyít. Azután egy vak nő érkezik, bizonyára 'az orvos' küldte". Egy párhuzamos jelenet „mennydörgéssel és villámlással" ér véget. Belátható, hogy a jelölés folyamata mindvégig szerepet kap, még akkor is, ha a jelenetek mindössze felvillanó képekből állnak össze. Az említett „doktor" később megjelenik: egy színésznő alakítja „fehér orvosi köpenyben és gumikesztyűben", ezek egyértelműen a szakmára utaló jelek. A Propp szereptipológiája szerint értelmezett jellemviszonyok szintén aligha távolítják el a darabot a szemiotikától, ahogy Kirby reméli. Sőt, egy újabb szemiotikai elemmel gazdagítják: a szereplők viszonyainak kulturálisan meghatározott morfológiájával, amelyből a „Hősnő", a „Segítő" és az „Ellenfél" terminusok származnak. A darab számos pontján (beleértve a címet is) föltűnő gótikus elemek a műfaji elvárásoknak megfelelően szintén értelmezhetőek szemiotikailag, még akkor is, ha az előadás ezeknek tudatosan ellene játszik. Akkor hát milyen alapon állítható a *Double Gothic*-ról, hogy a nem-szemiotikus előadást példázza? A válaszhoz vessünk egy pillantást Kirby szemiotika-meghatározására, melyet kísérleti műve értelmezésének elején ismertet: „a szemiotikai elemzés alapját egy olyan modellben látom, amely a művészetet kommunikációként értelmezi. E fölfogás szerint létezik egy küldő, egy üzenet (melyet a küldője kódolt), és egy fogadó (aki dekódolja, legalábbis részlegesen, az üzenetet). A szemiotika tehát elsődlegesen a kódolt üzenet megfejtésének folyamatával foglalkozik" („Nonsemiotic Performance" 105). Természetesen azok számára, akik alaposabban ismerik a modern szemiotikai elmélet főbb műveit, ez a meghatározás igencsak korlátozottnak tűnik. Kirby olyan leegyszerűsített nyelvi kommunikációs modellt alkalmaz, amely elfogadhatatlan azon szemiotikusok (és közéjük tartozik az amerikaiak többsége) számára, akik ezt a kérdést jóval átfogóbb szemszögből (például Peirce nyomán) vizsgálják. A kommunikációs modell nekik mindössze egy lehetséges szemiotikai séma a sok közül.

Mármost visszatérek arra a kérdésre, vajon a nem-szemiotikus előadás egyáltalán elképzelhető-e ebben az átfogóbb elméleti keretben. Pillanatnyilag azonban maradjunk Kirby modelljénél és vegyük szemügyre a nem-szemiotikus előadás velejáróit az ő meghatározása szerint. A *Double Gothic* stratégiája elég világos. Ha a szemiotikát egy, a küldő és a befogadó számára egyaránt értelmezhető kódrendszeren keresztül megvalósuló üzenetküldésként fogjuk föl, elég visszalépni az üzenetküldés szándékától, és a kód (az előadás maga) tartalom nélkül marad. Ez a látszólag egyszerű stratégia azonban számos nehézséget támaszthat; ezekből egyesek a küldőt, mások a médiumot vagy a fogadót érintik. Kirby tudatában van ezeknek a nehézségeknek, és elmagyarázza, milyen lépésekkel küzdhetők le. A küldő például tudattalanul is létrehozhat üzenetet a médium használata közben, de Kirby szerint a probléma nem jelentkezik, ha az ilyen típusú üzenetek küldését a próbafolyamat során gondos odafigyeléssel elkerüljük. Tartalmazhat maga a médium is kommunikatív elemeket (például olyan kulturálisan elfogadott jeleket, mint a „doktor" köpenye), de ezek Kirby értelmezése szerint azért nem teszik az előadást szemiotikussá, mert nem állnak össze koherens „üzenetté". Végezetül pedig fennáll az a veszély is, hogy a befogadó, vagyis a közönség úgy érzékeli, hogy üzenetet dekódol, még ha valójában nem is kapott ilyet. Kirby jól látja, hogy ez a lehetőség mindig fönnáll, de úgy érvel, hogy ebben az esetben értelmezésről beszélünk, nem pedig kommunikációról, következésképpen nem szemiotikai folyamatról van szó. Umberto Eco megállapítását idézi, miszerint a „következtetés" aktusa nem számít szemiotikainak, hacsak nem „kulturálisan elfogadott és szisztematikusan kódolt" (*A Theory of Semiotics* 17).

Kirby megközelítésében a színház-szemiotikusok fölfedezhetnek némi áthallást Georges Mounin híres érveléséből, melyet az *Introduction à la sémiologie* (Bevezető a szemiológiába) című könyvében fejt ki a színház nem-szemiotikus fölfogásáról. Mounin persze sokkal szélsőségesebb álláspontot képvisel, mint Kirby, hiszen a kommunikációs modellt *mindenféle* színház esetében elutasítja. Az üzenetközvetítés, még ha meg is történik, sokkal kevésbé jelentős számára, mint a színháznak az a funkciója, hogy a nézőkben az esztétikai élménynek nevezett összetett reakciót kívánja elérni (92-93). Kirby egy hasonlóan összetett nézői választ keres a kommunikáció helyett: „új érzések" felkeltését a befogadóban az összefüggéseket létrehozó mentális tevékenység tudatosítása révén.

Mounin megközelítését ugyanakkor számos későbbi szemiotikus elutasította, azzal érvelve, hogy a néző képtelen érzelmileg vagy esztétikailag reagálni egy színházi előadásra, ha nem ért meg valamit annak történéseiből, és ez a megértés kizárólag egy szemiotikai folyamat eredményeként jöhet létre, kulturális kódok alkalmazásával (vö. Ubersfeld és Helbo). Hasonló ellenvetéssel élhetünk a *Double Gothic* nem-szemiotikussá nyilvánításával szemben. Noha ennél az előadásnál elméletileg egy (önreflexív) folyamattal, nem pedig üzenettel szembesülünk, a folyamat, Mounin esztétikai élményéhez hasonlóan, szemiózisban résztvevő elemekből épül föl. Az orvosi köpeny, a vonyító kutya, a készülő vihar, és a többi nem választható el azoktól a „kulturálisan elfogadott" kódoktól, melyeket Eco a szemiotikai folyamattal asszociál. Üzenetet hordoznak akkor is, ha nem adódnak össze semmilyen különösebb átfogó jelentéssé.

De nem ez a *Double Gothic* egyetlen szemiotikai síkja. Az iménti sorolt, kulturálisan kódolt üzeneten túl az elemek olyan mimetikus kontextusban szerepelnek, amely egyáltalán nem különbözik a hagyományos színháztól. A színésznő, aki a vak asszonyt játssza, bizonyára nem vak; a vihar az előadásban nem igazi vihar, hanem mesterségesen utánzott, és így tovább. Maga a közönség pedig tisztában van a színházi illúziókeltés efféle régóta elfogadott konvencióival. Egyszóval, ismét a szemiotika területén járunk. Ha a vihar nem igazi vihar, és a vak nő sem vak, akkor ezek ikonikusan reprezentálják a valóságot, vagyis jelekként.

A színházat átszövő ikonicitás tudata, amely kezdetektől fogva jelen van a drámaelméletben, könnyen felismerhető a mimézis görög fogalmában. Bár Platón és Arisztotelész eltérő következtetésre jutnak, abban mégis megegyeznek, hogy a színház imitációra épül, vagyis amit megjelenít, az mindig egy jelen-nem-lévő valóságra utal. Bogatyrev és a Prágai Kör sok más tagja kiemeli, hogy az imitálás vagy jelölés nem csak a cselekvések révén jön létre, ahogyan Arisztotelész gondolta, hanem az előadás minden eleme részt vesz benne. A kályha egy *Hedda Gabler* előadásban lehet igazi kályha, mint ahogy a Heddát játszó színésznő is valódi ember, ám ezek is (a mimézis szabályai szerint) a „jelen-nem-lévő, ám valós" Heddára és a „jelen-nem-lévő, ám valós" berendezési tárgyra utalnak, még mielőtt az összetettebb, konnotatív jelölési folyamat beindul.

Úgy tűnik, ettől a szemiotikai síktól egyetlen módon szabadulhatna meg az előadás: a mimézis teljes kikerülésével. Egy ilyen szélsőséges lépés kiszakítana minket a színház hagyományosan értelmezett keretéből, ám a kortárs performansz-kísérletekéből nem. Képzeljük el például, hogy a Hedda Gablert játszó színésznő helyett egy szerepen kívüli nőt látna a közönség, amint Lövborg kézirata helyett pusztán papírokat éget el a kályhában. A látvány inkább happeningre hasonlítana, amit pontosan a mimézis hiánya jellemez. Kirby meg-megújuló érdeklődése egy olyan előadásmód iránt, amely független a kommunikációs modelltől, összefügghet azzal, hogy a 60-as évek közepén divatos happening és a hasonló kísérletek nagyon érdekelték. 1965-ben különbséget tett a happening és a hagyományos színház között ahhoz hasonlóan, ahogyan 1985-ben a strukturalista, vagy nem-szemiotikus, és a hagyományos színház között tesz különbséget. Kirby szerint a happening olyan elemekből áll, amelyeket az alkotó „egyéni elképzelése" szervez, míg a hagyományos színház egy közérthető „információs rendszert" nyújt a nézőnek (*Happenings[:] An Illustrated Anthology* 21).

Mivel a happening szándékosan kizárja a mimetikus elemeket, közelebb állhat egy valóban nem-szemiotikus előadáshoz, mint a *Double Gothic*-féle esemény. Ám még ha így nem-szemiotikus médium jönne is létre, a közlőt és a befogadót tekintve továbbra is felvetődnének szemiotikai kérdések. Pontosan ezekkel a kérdésekkel foglalkozik egy John Cage-dzsel készült interjú, ami a *The Drama Review* 1965-ös, a happeninggel foglalkozó különszámában jelent meg. A küldőt illetően Cage szembehelyezkedett Kirby álláspontjával az alkotói „egyéni elképzelés" és a közérthető „információs rendszer" közti különbséget illetően, és arra figyelmeztetett, hogy bármiféle szándékoltság az alkotó részéről végül a hagyományos üzenetközvetítéshez vezet vissza („An Interview with John Cage" 69). A probléma elkerülésének egyetlen biztos módja Cage szerint az intenció (legyen az akár egyéni) felváltása az improvizációval és a véletlenszerűséggel.

Az interjú során többször előkerült a befogadó részvételének kérdése a szemiózis folyamatában, legközvetlenebb módon Richard Schechner Cage-hez intézett kérdésében: „hogyan vethetünk számot azzal a ténnyel, hogy az ember, amint nézővé válik, szerkezetet igényel, sőt képes azt az előadásra kényszeríteni, még akkor is, ha az nincs ott?" („An Interview with John Cage" 57-58). A happeningről szóló elméletek nem adtak erre egyértelmű választ, ami aligha meglepő, hiszen a szemiózissal ebben az esetben a fogalom legalapvetőbb, fenomenológiai szintjén foglalkoznak. Pusztán az a tény, hogy egy happening vagy egy előadás kerül a nézők elé olyan eseményként, amely valahogyan különbözik a valós élet jelenségeitől, arra kényszeríti a nézőt (ha egyáltalán tudatában van ennek a különbségnek), hogy az előadást konstruktumként szemlélje, és óvatosan értelmezni próbálja, mint általában a többi kulturális képződményt. Bár a happening alkotója úgy helyezi az előadás terébe az embereket, tárgyakat és történéseket, hogy azok függetlenek maradnak a hagyományos drámai formáktól, megmutatásuk, a mutatás (az „elő-adás") szituációja kiváltja ezt a nézői reakciót. Még ha az alkotó találomra is választja ki a bemutatásra kerülő tárgyakat vagy történéseket, a közönség viszonyulása ugyanaz marad, mivel nem a mutatott elemekre reagálnak, hanem megmutatásukra, és reakciójukat az előadásokkal kapcsolatos elvárási horizont határozza meg. Egy ilyen értelmezési keret vagy elvárás-rendszer, ahogy Eco megjegyzi, még akkor is szemiotikai jelentőséggel ruházza föl a tárgyakat és történéseket, ha azok „nem szándékos cselekvések vagy természetes tárgyak" („Semiotics of Theatrical Performance" 113). Bruce Wilshire pontosan ilyen hatásról számol be Robert Whitman *Light Touch* (Könnyed érintés) című előadása kapcsán. A közönség egy raktárépületben ül, egy függönnyel szegélyezett nyitott rakodóajtóval szemben, amin keresztül az utcára látni. Ez a „keretezés" az ajtón keresztül látható véletlenszerű eseményeket és dolgokat újfajta jelentőséggel ruházza föl. A jelek értelmezése természetesen kulturálisan meghatározott folyamat, de ilyen a jelek jelek*ként* való fölismerése is, és úgy tűnik, hogy ezt a szemiotikai síkot lehetetlen megkerülni a kultúránkban bármilyen előadás esetében, amelyet a nézők előadásnak tekintenek.

Ez a megfigyelés azonban a nem-szemiotikus színház számára egy újabb stratégia lehetőségét sejteti. Mi lenne, ha olyan előadást hoznánk létre, amelyet a közönség nem tekint előadásnak, vagyis nem értelmezi úgy, mint előadáshelyzetet? Augusto Boal, latin-amerikai rendező és elméletíró „láthatatlan színháza" jó példa erre az előadástípusra. A „láthatatlan színházat" nem színházi terekben adják elő, hanem olyan közönségnek, akik nem tudják, hogy színházat látnak. Egyik ilyen előadásuk során egy színésznő a piacon analfabétának tetteti magát és kifejezi félelmét, hogy az eladó becsapja. Egy másik színésznő ellenőrzi a számokat, helyesnek találja azokat, és elmondja az előbbinek, hogy egy helyi író-olvasó tanfolyamra való beiratkozás hogyan történik, és milyen előnyökkel járna számára. Mindez a közelben ácsorgók számára zajlik. Egy másik jelenet során színészek törzsvendégeket játszanak egy étteremben, és fölvilágosítanak néhány ott étkezőt arról, hogy micsoda egyenlőtlenség van az itt dolgozók bére és egy-egy különleges vacsora ára között (Boal 144-47).

Világos azonban, hogy nem tarthatjuk a „láthatatlan színházat" nem-szemiotikusnak, még ha meg is szabadult az előadás jellemzőitől, vagyis attól, hogy a közönség észrevegye a megmutatás, az elő-adás gesztusát. Az effajta színházcsinálás mélyén nemcsak egy világosan meghatározott üzenetközvetítés áll, hanem egy kellően kimunkált szemiotikai folyamat is, az üzenet kommunikációja érdekében. Eco úgy fogalmaz, hogy a színész folyamatosan két beszédaktussal él: az első egy performatív kijelentés („játszom"), a másik pedig az ábrázolt szereplő eljátszott kijelentései („Semiotics of Theatrical Performance" 115). A „láthatatlan színházban" a színész szintén tesz performatív kijelentést, de ez esetben hamisat („nem játszom"). Mindkét esetben ez a beszédaktus megfelelő keretben történik, ám a „láthatatlan színház" színészei nem hagyatkozhatnak teljes mértékben a piaci vagy az éttermi keretre játékuk során. Követniük kell azokat a kulturális szabályokat, amelyek ezeken a helyeken a szokásos viselkedést meghatározzák, legalábbis annyira, hogy a nézők ne színészként, hanem falusi asszonyokként vagy éttermi vendégekként értelmezzék őket. Csak ha működik ez a folyamat, akkor teljesülhet a rendezői és színészi szándék, hogy noha a nézők nem színésznek tekintik a színészeket, azok interakciója egy társadalmi problémát vagy valóságot jelenít meg számukra. Az előadás szemiotikus voltának kiiktatása egyáltalán nem jelenti, hogy az ilyen események nem részesei a szemiotikai folyamatnak.

Kirby alaposan leegyszerűsített küldő-üzenet-befogadó modellje, amely egy korai nyelvészeti elméleten alapul, nyilvánvalóan alkalmatlan arra, hogy számot vessen a színház- és előadástípusok nagy változatosságával. Ám ha a szemiózist tágabban értelmezzük, ahol Kirby modellje mindössze egyetlen sajátos esetként szerepel, rögtön világossá válik, hogy az előadás, mivel egy adott kultúrán belül jön létre, aligha kerülhet azon kívülre. Barthes *Elements of Semiology* (A szemiológia elemei) című művében fölhívta a figyelmet arra, hogy képtelenség jelölő funkció nélküli dolgot létrehozni bármely társadalomban, mivel csak az a valóság létezik, amely (kulturális sémáinkkal) értelmezhető (41-42). Mint társadalmi lény, az ember saját kultúrája szemiotikai rendszereinek megfelelően strukturálja világát. Láthattuk, hogy a kísérletek, amelyek mellőzik az alkotó intencionalitását, az üzenet jelentését, vagy az előadást, mint események keretét, egyetlen esetben sem tudtak igazán nem-szemiotikus előadást eredményezni. Nehéz elképzelni és talán lehetetlen leírni, hogy milyen lehetne egy nem-szemiotikus előadás, mivel a kérdésről csak kulturálisan adott eszközeinkkel tudunk gondolkodni. Olyan eseményt kellene elképzelnünk, amely egészében véletlenszerűen születik, olyan elemekből, amelyek semmilyen jelentéssel nem bírnak és olyan közönség előtt zajlik, amelynek semmilyen kulturális tudás nem áll rendelkezésére, hogy értelmezze a látottakat. Az eredmény talán ahhoz hasonlítana, amit William James feltételez az újszülött élményével kapcsolatban, mielőtt az ingerek megkülönböztetése elkezdődne: „egy nagy zsibongó, kápráztató zűrzavarhoz" (488). Bármilyen is lenne azonban, ha egyáltalán megvalósítható, bizonyára „élménynek" vagy talán „eseménynek" hívnánk, de teljesen valószínűtlen, hogy az „előadás" terminust megfelelőnek tartanánk.

A színházi néző és az előadás olvasása
A befogadói válasz- és recepció-kutatás újabban rohamos fejlődésnek indult a kortárs irodalomelméletben, ám stratégiái és problémafelvetése mindeddig csak kisszámú munkát ihletett a színházelmélet és a színháztörténet területén.[2] Ez a némiképp meglepő helyzet a színház- és a recepciókutatás számára is egyaránt hátrányos. Egyfelől a színházi előadás sajátosan strukturált eseménye, mely egy meghatározott és gyakran világosan azonosítható befogadói kör előtt zajlik, olyan körülhatárolt kutatási területet jelent, ami eltér a recepciókutatásban eddig megszokott irodalmi vizsgálódástól. Másfelől a recepcióelmélet korábban ismeretlen szemszögből világíthatja meg a színházkutató számára kutatásának tárgyát.

---

[2] Azok a tanulmányok, melyek eddig megjelentek, főként szemiotikai irányultságúak voltak, és vajmi keveset foglalkoztak történeti kérdésekkel. Ennek a megközelítésnek a fő képviselője Marco de Marinis, aki legutóbb „Dramaturgy of the Spectator" és korábban a „L'esperienza della spettatore: fondamenti per una semiotica della ricezione teatrale" című cikkében foglalkozott a történeti vonatkozásokkal. A *VS* 41. fő témája: „Semiotica della ricezione teatrale". Lásd még Darko Suvin, „The Performance Text as Audience Stage Dialog Inducing a Possible World" (*VS* 42).

Annak ellenére, hogy a színházban a befogadó jelenléte és közreműködése sokkal nyilvánvalóbb, mint a próza vagy a vers esetében, sok színházelmélet úgy tekint az előadásra, mint ami egy alapvetően passzív közönség előtt játszódik. Történeti munkáink gyakran beszélnek előadásokról vagy előadásrészletekről, melyek egy bizonyos közönséget vagy közönségréteget vettek célba (például Shakespeare viccei a nézőtéren álló pórnép szórakoztatására, vagy Lillo erkölcsi intelmei a londoni inasok számára), és olyan előadásbeli konvenciókról, melyeket a korabeli közönség valahogy megtanult elfogadni (például a maszkokat a görög színházban, a láthatatlan japán színpadmestert, vagy az Erzsébet-kori fiatal fiúkat női szerepben). Azonban mindezekre változatlanul úgy tekintünk, mint amire a néző passzívan reagál. Kevés szó esik arról, hogy a közönség hogyan tanulja meg az ilyen konvenciókat, illetve, hogy milyen sajátos nézői elvárásokat és közreműködést hoz mindez az előadásba.

A befogadói válasszal és recepcióval foglalkozó munkák sora, mely az elmúlt évtizedben született, számos hasznos stratégiát kínálhat a kortárs és korabeli színházak értelmezésére. Vegyük példának a konkretizáció folyamatát – Wolfgang Iser szerint ebben a folyamatban a befogadó úgymond betársul egy szöveg jelentésének megalkotásába azzal, hogy az író által üresen hagyott helyeket, lukakat kreatív módon kitölti (15). A legújabb szemiotikai színházkutatásokat figyelemmel követők fölidézhetik Anne Ubersfeld munkáját, ahol a szerző a drámaszöveget szintén „lukasnak", egy *troué*-hoz hasonlónak tekinti, amelynek üres helyeit maga az előadás tölti ki (Ubersfeld 24).

Az azonos metafora a két elméletben érdekes párhuzamot kínál. Ha úgy vesszük, az előadás folyamata maga is olyan, mint az iseri értelemben vett olvasás, amely „a szöveg oszcilláló szerkezetének folyamatos rögzítése jelentések által, melyek így tehát az olvasás folyamata során keletkeznek" (Iser 11). Az előadás esetén azonban különösen összetetté teszi az olvasás értelmezését, hogy a konkretizáció folyamata több síkon is megfigyelhető a dráma szövege és a néző között. Fölmerül például, milyen viszonyban áll a dráma szövegét konkretizáló (hagyományos értelemben vett) olvasó és az ugyanezt művelő előadás, illetve hogyan viszonyul mindehhez az előadás során jelenlevő olvasó-néző. Mi történik ilyen esetben? Az előadás vajon ugyanazokat az üres helyeket „tölti ki" vagy „utasítja el", amelyeket Iser szerint a hagyományos olvasó? Vagy némelyekkel foglalkozik, de másokkal nem? Netán újakat alkot?

A színháztörténész egyik fő kutatási területe egyes darabok folyamatosan változó értelmezésének követése a különböző történelmi korokban. Ez a probléma központi szerepet kap Hans Robert Jauss, a recepcióelmélet másik úttörőjének munkáiban is. Iserhez hasonlóan Jauss is a befogadó fontosságát hangsúlyozza anélkül, hogy teret adna a teljes szubjektivizmusnak. Olyan „sajátos beállítottságot" feltételez az olvasó részéről, „amely tapasztalatain alapul, amely egyaránt megelőzi az olvasó pszichológiai reakcióját és szubjektív értelmezését is" (Jauss 22-23). Az empirikus beállítottságot Jauss szerint egy „elváráshorizont" működteti, amely három tényezőn alapszik: „a műfaj lényegi poétikáján vagy szokásos normáin", „az irodalmi-történelmi környezet közismert műveivel való implicit viszonyon", és „a fikció és valóság közti különbségen" (Jauss 25). Számos hasznos útmutatás bontható ki ebből a színházkutatás számára, amelyből néhányra hamarosan rátérek. A műfaji elvárások és a más művekkel való viszony (intertextualitás) a színházi recepcióban éppúgy szerepet játszik, mint a hagyományos olvasásban, és a fikció-valóság különbségtétel talán még fontosabb, a színház mimetikus és ikonikus jellege folytán.

Umberto Eco ettől eltérő, szemiotikai szemszögből közelítette meg a befogadói válasz kérdését. Nem meglepő, hogy ebben a témában a színházelméleti munkák nagy része inkább az ő munkájával mutat rokonságot, mint Iserével vagy Jausséval, hiszen a modern színháztudomány egy jelentős része szemiotikai irányultságú. Eco két fogalma különösen inspirálónak bizonyult, bár főként az általános színházelmélet, és nem pedig a színháztörténet számára. Az egyik a „mintaolvasó", a másik pedig a „nyitott és a zárt szöveg" fogalompárja. Az előbbi kifejezés (amely számos formában föltűnik az olvasáselméletekben) azt az olvasót jelöli, akinek a szerző képzeletben szánja a művét, vagyis aki „feltételezhetően képes úgy bánni a kifejezésekkel az értelmezés során, ahogy a szerző az alkotás során" (Eco 7). Eco szerint bármilyen szöveg feltételezi leendő befogadóját, mint jelentésességének feltételét.

Eco irányadását követve Marco de Marinis „mintanézőről" beszél, akit a színházi előadás feltételez (*Semiotica* 198-99 és „Dramaturgy" 102-03). Természetesen bármely történelmi korra alkalmazható ez a fogalom, azonban a modern színház kiváló példával szolgál ennek az elméleti eszköznek a megtestesítésére, méghozzá a rendező személyében, hiszen ő az, aki az előadás alakulását a leendő nézők helyéről szemléli, és onnan alkotja meg azt a hatást, amit a közönség majd érzékel. De Marinis a nyitott és zárt szöveg eco-i megkülönböztetését is alkalmazza a színházra, bizonyos finomításokkal. Azok a szövegek, amelyek egy körülhatárolható néző-csoport pontosan meghatározott reakcióira játszanak, Eco szerint zártak, míg más szövegek, amelyek kevésbé sugallják a nézői reakciót, ezzel szemben nyitottak (7-8). De Marinis is megállapítja, hogy a színházi előadás is lehet zárt (a didaktikus jellegű színháznál) és nyitott is (ahogy sok avant-garde produkciónál), ugyanakkor megerősíti Eco megfigyelését is, miszerint az utóbbit paradox módon sokkal kevesebben látogatják. Épp az szűkíti az ilyen előadások közönségét, hogy a nézőt nem instruálja a szöveg, és általában a reagálás így összetettebb feladatát csak néhány „szuperkompetens olvasó" vállalja. Ugyanakkor de Marinis olyan nyitott színházi mű lehetőségére is fölhívja a figyelmet, amit néhány hagyományos indiai színházban tapasztalhatunk, ahol az előadás sokfajta nézői választ inspirál, miközben megőrzi nyitottságát („Dramaturgy" 103-04).

Eco számára még a nyitott szövegek esetében is elsősorban maga a szöveg határozza meg az olvasást, és ez az elsőbbség jellemző az újabb szemiotikai jellegű elméletekre is. Isernél és Jaussnál is megfigyelhető, de egyedül Stanley Fish kísérelte meg a szöveg elsőbbségét kikerülni, amikor Jausshoz hasonlóan rámutatott az értelmezések nagy változatosságára, de mindenekelőtt azokra a társadalmi folyamatokra, amelyek ezeket az eltéréseket előidézik, illetve legitimálják. Ám Jauss ezzel szemben a szövegbeli mechanizmusokat figyeli, amelyek engedik, illetve irányítják az értelmezéseket. Fish tehát eljut Jauss „beavatott olvasójától" vagy Eco „mintaolvasójától" (mind a két jelző az olvasó szövegnek alávetettségét sugallja) az „olvasók közösségéhez", amely egyszersmind társadalmilag meghatározott, közös értékeket képvisel, és együttesen határozza meg azokat a mintákat és szokásokat, melyek alapján az egyéni olvasás létrejöhet. Az amerikai irodalomkritika világában például különösen tudatos olvasóközösségeket találhatunk, ahol az újabb értelmezéseket mindig az egyes közösségek meglévő normái alapján bírálják el, illetve tekintik érvényesnek. Az olvasatokat tehát végső soron nem a szöveg, hanem a közösség formálja, hitelesíti.

Fish megközelítése a színháztörténet számára is ígéretes lehetőségeket nyújt. A színházcsinálás és a színházélmény társadalmi jellege miatt a színház intézményes formája sokkal jobban szembe ötlik, mint egy könyv esetében. A színházat látogatók azáltal, hogy ténylegesen összegyűlnek egy előadásra, nyilvánvalóbbá teszik a közösséget mind maguk, mind mások számára, mint a térben és időben sokkal szétszórtabb irodalmi közösségek. Mi több, a színházlátogató közösségeket számos szinten vizsgálhatjuk abból a szemszögből, hogy hogyan vesznek részt az értelmezések kialakításában és elfogadásában. Vizsgálhatjuk őket úgy is, mint közösségek és alközösségek halmazát (ami ebben az esetben megegyezik azzal, ahogy Fish szemléli az írott szöveg befogadóit), de úgy is, mint azt az egyedi és egyszeri csoportosulást, amely egy adott előadáson megjelenik.

Kétségtelen, hogy még ezek az egyszeri csoportosulások is közösségként hatnak az értelmezési folyamatra. Az a társadalmi esemény, amelybe a színház ágyazódik, a színházélményt éppúgy meghatározza, mint az értelmezést. A *New Yorker* egyik karikatúráján néhány évvel ezelőtt egy színházi néző szerepelt, aki, miután megtörölte könnyeit és körülnézve meglepetten tapasztalta, hogy mindenki hangosan nevet, így szólt: „ja, vagy ez szatíra?" A közönség reakciójának – akár pontosan ilyen formában – van egyfajta nyomása, ami az egyes nézőt esetleg olyan értelmezéshez vagy értelmezési kerethez vezeti, amire magától nem talált volna rá, sőt, akár olyasmihez is, ami távol áll az előadás alkotóinak eredeti elképzelésétől.

A SZÍNPADTÓL A SZÍNPADIG

A színháztörténet számos példája tanúsítja, hogy bizonyos közönség egyáltalán nem a várt módon reagált egy előadásra. Az effajta esetek gyakorisága pedig könnyen meggyőzhet bárkit, hogy egy színházi befogadói kör olyan stratégiákat is alkalmazhat, melyek gyökeresen eltérnek az előadás által feltételezett „mintaolvasó" megközelítésétől. Ilyen problémák gyakran azon kísérleti darabok előadása során merülnek föl, melyek szembeszegülnek egy kovencionálisabb előadásra számító közönség olvasási módjaival. A hagyományos értelemben vett olvasás esetén a zavart olvasó egyszerűen félrerakja a könyvet, és másba fog. A színház, mint társadalmi esemény sokkal tettlegesebb ellenállást is kiválthat, amit számos olyan előadás példáz, amely tüntetésbe vagy egyenesen fölkelésbe torkollott (mint például a *Hermani* vagy az *Ubu Roi*), mivel nem úgy zajlott, ahogy azt sokan a nézők közül szerették volna. Minden rendező vagy színész föl tud idézni olyan esetet, amikor a közönség homlokegyenest másként értelmezett egy sort vagy történést, mint ahogy azt az alkotók szerették volna. Sok olyan előadásról tudunk, ahol a nézők nyíltan és teljes egészében magukhoz vették az irányítást az értelmezés során, például nevettek egy komolynak szánt darabon.

Az ehhez hasonló esetek különösen kívánatossá teszik az olyan – Fishéhez hasonló – elméleti erőfeszítéseket, amelyek a jelentésalkotást nem vezetik vissza a szöveghez. Tony Bennett olvasásdefiníciója pontosan ilyen irányba mutat, amelyet a következőkben a színház területére fogok alkalmazni. Az olvasás eszerint olyan „eszközök és mechanizmusok összessége, amellyel bármilyen szöveg – legyen az irodalmi, filmes és televizuális; fiktív vagy más – 'alkotó módon életre kelthető' a hagyományosan és helytelenül befogadásuknak és recepciójuknak nevezett [passzívnak gondolt] folyamat során" (Bennett 214).

Amikor nem a Bennett által felsorolt rögzített szövegekről beszélünk, hanem a színházi előadás szövegéről, amelyet de Marinis „látványszövegnek" nevez, valójában – ahogy már megjegyeztük – két olvasatról van szó, vagyis két párhuzamosan futó „alkotó életre keltésről": az előadók olvasatáról, illetve a nézők olvasatáról. Sokan foglalkoztak már azokkal az eszközökkel és mechanizmusokkal, amellyel az első olvasat létrejön – vagyis az irodalmi szöveg látvánnyá formálásával –, azonban kevés figyelmet szenteltek a színháztörténeti munkákban a másik olvasatnak, és még kevesebbet azoknak az elemeknek, amelyek formálják ezt az olvasatot. Ez a kérdésfelvetés jelenik meg Bennettnél, aki a hagyományos szövegek olvasásának folyamatával foglalkozik.

Eddig néhány általános útmutatással szolgáltunk abban a tekintetben, hogyan használhatná a színháztörténész azokat az elméleti felismeréseket, amelyekre Iser, Jauss, Eco, Fish és Bennett hívta föl a figyelmet. Most talán kívánatos lenne néhány példával illusztrálni a használatukat. E célra négy „eszközt és mechanizmust" mutatok be, különböző történeti korokból, amelyek a színházi esemény értelmezésében és strukturálásában segítették a nézőt. Néhány e négy közül megegyezik azon eszközökkel, amelyeket a hagyományos szöveget olvasók használnak, mások pedig tipikusan a színházhoz kötődnek. Az első közülük Jauss meglátásához kapcsolódik, amely szerint a műfaj segíti az olvasót az értelmezésben, és itt a legszorosabb értelemben vett írott szöveggel foglalkozunk. A második eszköz ennek a jelenségnek a színházi megfelelője lesz. Az utolsó kettő pedig inkább Fish és Bennett álláspontját tükrözi, és a társadalmi intézmények szerepét demonstrálja – beleértve a színház intézményét is –, vagyis hogy ezek hogyan hatnak az olvasat megformálásában és irányításában. Itt elsőként a nyilvánosság és a színházi program jelenségeit vizsgálom, majd a dramaturg és a színházi kritikus szerepét, mint intézményesített olvasókét.

A nyugati színjátékhagyomány jó részét erős konzervativizmus jellemezte a témaválasztás és a műfajpaletta tekintetében, ami a néző számára kiszámítható reakció-sémákat jelentett az új darabok vagy a régi művek felújításának befogadásánál is. A görögöktől szinte napjainkig egy darab komédiának vagy tragédiának címkézése a néző elvárását bizonyos érzelmi tónusra, meghatározott karaktertípusokra, témákra és cselekménysorokra hangolta.

A görögök alakították ki azt a gyakorlatot, hogy legendáik, mítoszaik és történelmük történeteit adaptálják a tragédiáik számára. Ahogy Tadeusz Kowzan kifejti, a dráma azóta olyan irodalmi műnemmé vált, amely különösen hajlamos korábban használt karakterviszonyok és cselekménykonfigurációk ismételt átdolgozására (25). A korabeli görög színház nézői részt vettek egy *proagon*on is, amely megnyitotta a színházi fesztivált. Ennek során bemutatták a szerzőket és a színészeket, valamit bejelentették a darabok elnevezését (Pickard-Cambridge 67). Mivel a tragédia általános szerke-zete adott volt, és a történeteket egy közös kulturális kincsestárból merí-tették, a nézők már akkor is jó néhány értelmezési stratégiát birtokoltak, amikor egy korábban ismeretlen darabot mutattak be. Később, amikor a klasszikus műveket újból elővették, a közönség eszköztárához még a drámai cselekmény ismerete is hozzáadódott. A klasszikus komédia ugyan nem történelmi és legendákból ismerhető történetekre épít, de a római korra egy meglehetősen következetes cselekményszerkezet alakult ki, beleértve a trükköket, és megjelent a szerelmi intrika is, a megfelelő karakterpárokkal. Ezek aztán újból fölbukkantak a reneszánsz műveltség és a köznép színpadán is, és annyira hatással lettek a komédia szerkezetére, hogy mind a mai napig meghatározzák a műfajhoz fűződő nézői elvárásokat.

A tizennyolcadik század végére a hagyományos merev műfaji fölosztás a komédia és a tragédia között egyre gyakrabban fölborul, és a romantika korabeli gondolkodók, mint például Hugo, az alkotói szabadság jegyében minden olyan szabály vagy hagyomány elhagyására buzdítanak, amely gátja

lehet az alkotó képzeletének.[3] Hosszú távon a romantikus bírálatok céltáblái
– az akkorra már amúgy is levitézlett hagyományos neoklasszicista komédia
és dráma – könnyen meghaladhatónak bizonyultak, de magának a műfajnak
a jelenségét, ami szerves mozgatója volt a nézői reakcióknak, nehezen
lehetett sutba dobni. Különösen a népszerű színház használta ki, ahogy
minden korban, hogy a nézők otthonosabban érzik magukat a kiszámítható
előadásokon, így a romantika utáni színház ahelyett, hogy megszabadult
volna a műfaji korlátoktól, egy sor még árnyaltabb műfajt hozott lére,
melyeket rendszerint azok látogatták, akik tisztában voltak a műfaj
szabályaival.

London és Párizs régi színházi monopóliumai helyett ekkor már számos
színház versengett a közönség figyelméért. Sokan közülük úgy toboroztak
(és tartottak meg) nézőket maguknak, hogy egy bizonyos fajta színdarabra
specializálódtak, amit gyakran az adott színháznak írt a házi színműíró. Így,
még ha a közönség nem is ismerte az aktuális darabot, meglehetős
biztonsággal megmondhatta előre annak típusát és az ehhez tartozó
előadás-konvenciókat – legyen az tengeri melodráma, vaudeville, burlette,
családi komédia, vagy tündérmese. Hasonlóképpen: a közönség reakciói is
kiszámíthatóak voltak darabról-darabra egy adott színházban.

Ezeket a színházakat látogató nézőket tekinthetjük Fish fogalmával élve
„értelmező közösségnek" is, hiszen számos tekintetben megegyeznek
azokkal a kisebb amerikai irodalmi közösségekkel, amelyeket Fish említ: „az
irodalmat olvasók közösségén belül megkülönböztethetünk alközösségeket
is (ami fölkeltené a *Diacritics* szerkesztőinek figyelmét, bizonyára
kiábrándítaná a *Studies in Philology* gárdáját)" (349). Hasonlóképpen
mondhatjuk, hogy ami a London Adelphi vagy a Bouffes-Parisiens
tizenkilencedik századi közönségét érdekelte, bizonyára kiábrándította volna
a Covent Garden-i vagy a Comédie Française-beli nézőket.

A műfaji szabályok kiszámíthatósága a hagyományos színházban össze-
függ a műfajban előforduló szereplők ismeretével, vagyis a műfajtól
eljutottunk a konvencionális karakterviszonyokig. Az elbeszélések nyelv-
tanának kutatói, mint Greimas vagy Propp, a narratív szövegekben
rámutattak általános mintázatokra a szereplők viszonyainak és cseleke-
deteinek tekintetében. Ugyanakkor elmondható, hogy a színháztörténet
nagy részében a drámai cselekvők viszonya sokkal világosabb és kiszá-
míthatóbb az elbeszéléshez képest. A *commedia dell'arte* művészetében
például az üldözött fiatal szerelmesek, idősebb ellenfelük, és a ravasz szolga
hagyományos komikus felállását egy alaposan kidolgozott és árnyalt
karaktergárda valósította meg, amely alig változott a több ezer előadáson és
számos generáción keresztül. A *commedia* közönsége előre tudta, hogy

---

[3] Talán a leghíresebb ezek közül a *Cromwell* elé írt bevezető, amely „a művészet szabadságá-
ért, a rendszerek, törvények és szabályok despotizmusa ellen" kiáltott. (Hugo 3:77)

Pantalone, akit maszkjáról, öltözékéről és dialektusáról ismerhetett föl, a makacs apa vagy a féltékeny idősebb férj; Il Captano a bolond rivális; Harlequin a ravasz, cseles szolga; és így tovább.

Továbbá, ugyanazok a színészek játszották ezeket a karaktereket darabról darabra, tehát a közönség számíthatott bizonyos történésekre, sőt, még bizonyos gesztusokra is az adott színész esetén. Ez a színész és szerep, vagy szereptípus közti viszony különösen szorosra fonódott a reneszánsz és kora barokk időszakban, és még ha későbbi korok előtérbe is helyezték az értelmezés sokféleségét, nincs olyan korszaka a színháztörténetnek, ahol ez a korreláció ne lenne észlelhető. Talán a legközismertebb példa erre a szoros viszonyra a tizenkilencedik századi melodráma zsánerszerepei, de már jóval a melodráma megjelenése előtt bizonyos színészek bölcs apák, szerelmes hősök, zsarnokok, szubrettek és ártatlan lányok szerepeire specializálódtak. És ez a szokás nem csak Európára jellemző. A klasszikus szanszkrit színházi kézikönyv, a Natyasastra, hosszasan taglalja a hagyományos szereptípusok széles skáláját, és a japán kabuki is részletesen körülír bizonyos kategóriákat. A kabuki színészek egész pályájukon keresztül egy kategórián belül maradnak, és az a néhány, aki váltott (úgy mint Ichinatsu Sanokama I, a tizennyolcadik században, aki fiatal női szerepek helyett később gonosztevőket alakított), nagy meghökkenést keltett (Ernst 200).

Számos oka van ennek a széles körben elterjedt hagyománynak. A legalapvetőbb természetesen az, hogy a színészt bizonyos mértékig behatárolja a fizikai megjelenése, illetve testének tulajdonságai. Ugyan a színháztörténet során számos férfi játszott női szerepet, illetve nő férfi szerepet, fiatal időst, és idős fiatalt, fizikumában gyenge színész sziporkázó hőst, jó alkatú groteszk figurát vagy bohócot, de mindig fölismerhető volt egy erős tendencia, ami bizonyos színészeket adott szereptípusok felé vezérelt, amelyekre mind külsejükben, mind pedig érzelmi alkatuk szerint alkalmasnak tűntek. Az sem meglepő, hogy egy adott kor színészei és színésznői mindig a korabeli szépségideálokat testesítették meg. Az egyik legkorábbi átfogó értekezés a színművészetről, De Sainte-Albine *Le Comédien*-je 1749-ből, meg is jegyzi, hogy bár sokféle testalkat elfogadható a színpadon, a színésznek képességeitől függetlenül is meg kell felelnie a nézői elvárásoknak egy szerepet illetően – a hősöknek pompás alkat kell és a szerelmeseknek vonzónak kell lenniük; továbbá a játszó korának meg kell felelnie szerepének, és a hangjának is illenie kell hozzá (De Saint-Albine 228).

A népszerű színház mindig szeretett kiszámítható lenni a szereposztás tekintetében, ám nem csak abban az értelemben, hogy a szerephez illő színészt választott (ahogy De Saint-Albine gondolja), hanem úgy is, hogy amilyen szereposztás egyszer már bevált, azt többször alkalmazta. Ha a közönség bizonyos színészt megkedvelt egy szerepben, onnantól mindig erős volt a gazdasági érdekek nyomása, hogy hasonló szerepet játsszon más darabban is, vagy hogy más figurát is úgy formáljon meg, ahogy a korábbi sikerszerepét. Mai tévéprodukciók és filmek sora bizonyítja, hogy az effajta számító jellemalkotás és történetszövés korántsem idejétmúlt. A színháztörténet pedig számos olyan esetről ad leírást, amikor a közönség nyíltan fölháborodott egy-egy népszerű színész váratlan megjelenésén egy olyan szerepben, amely nem állt összhangban a korábban ünnepelt perszónájával. Világosan látható, hogy ezek a nézők, mielőtt a színházba érkeztek volna, már bírtak bizonyos értelmezési stratégiákkal, amelyeken keresztül szerettek volna részt venni az előadáson, és fölháborodásukat az okozta, hogy az adott produkció nem fogadta el az általuk kigondolt részvételt.

Mivel a színházelemzések inkább a szövegelemzésre helyezték a hangsúlyt a befogadói oldal vizsgálata helyett, a színházi esemény egyes aspektusait (a szövegen, az előadáson vagy a tágabb társadalmi környezeten kívül) szinte teljesen figyelmen kívül hagyták, holott ezek is éppoly jelentőséggel bírnak a színházi élmény értelmezése során, mint bármi, ami a színpadon megjelenik. Néhány ilyen aspektust fogunk a következőkben szemügyre venni: az előadás marketingjét, műsorfüzetét és kritikai fogadtatását. Meglepő, hogy a színházi esemény ezen oldalait eleddig figyelmen kívül hagyták a színháztörténészek, de talán még meglepőbb, hogy az értelmezés folyamatát vizsgáló színházszemiotikusok is, hiszen mindhárom üzenettel bíró elem a legtöbb néző első találkozását jelenti a később megtekintett előadás lehetséges világával. Azonfelül, az előadást létrehozó intézmény az ilyen termékkel gyakran tudatosan kívánja irányítani a nézők elvárásait és értelmezési kereteit.

A mai értelemben vett színházi műsorfüzet a tizenkilencedik század második felében született, és vizuális megjelenése gyakran olyan volt, hogy kissé egy elegáns étterem menükártyájára emlékeztetett. Alapvető szerkezetét a mai napig követik: a színház neve alatt az előadás címe és szerzője szerepel. Ezután jön a szereplők fölsorolása (gyakran kapcsolatuk rövid jelzésével) és a színészek nevei, végül a cselekmény helye és ideje. Még ezek a szerény információk is adnak némi támpontot az előadás értelmezéséhez, és kétségtelenül hatással vannak rá, mint ahogy azt egy nemrégi bemutató, a *Sleuth* (*Mesterdetektív*) remekül példázza, ahol is a műsorfüzet hamis információkkal szolgált, nagy meglepetést keltve a nézőkben.

Egy tipikus amerikai nagyszínházi műsorfüzet ma már a társalkotók neveit – a jelmeztervezőét vagy a világosítóét – is fölsorolja. Ha pedig a darab musical, még a dalok listájával is találkozhatunk, amely szintén a néző tájékozódását segíti. A legjelentősebb többlet, ami hozzáadódhat ezekhez az alapvető információkhoz, az a színészek, rendezők, díszlettervezők rövid életrajza, amely létrehozza az intertextualitás sajátosan színházi vagy filmes formáit is: például a színészek korábbi alakításainak fölidézését.

Számos amerikai vidéki és egyetemi, illetve európai színház még több erőfeszítést tesz a nézői értelmezés alakítására. A legnyilvánvalóbb módszer ezek között a cselekmény rövid összefoglalása, melyet gyakran akkor kapunk, ha egy idegen nyelvű előadásra érkezünk, vagy ha egy különösen szövevényes történettel állunk szemben (mint Shakespeare történelmi drámáinál például, ahol még családfákkal is találkozhatunk). Peter Sellars összefoglalói, amelyeket hagyományos operák átértelmezéseihez csatol, gyakran meghökkentőbbek, mint amit a színpadra állít, és egyértelműen az a céljuk, hogy felkészítsék a nézőt, gyakran erőszakkal, ismert szövegek radikálisan új olvasatára. Egyes rendezők vagy dramaturgok elemzései még programszerűbben előkészíthetik a közönséget a darab befogadására, és nem szükségszerűen egy értekezés formájában. A műsorfüzetek gyakran tartalmaznak illusztrációkat, irodalmi idézeteket vagy fotókat, amelyek nem konkrétan az előadáshoz kapcsolhatók, ám fölvetnek bizonyos értelmezési keretet. Akár egyetlen kép is döntő befolyással lehet egy darab értelmezésénél. Könnyen elképzelhető a különbség: két közönség az *Ötödik Henriket* szeretné megtekintetni, az egyik a műsorfüzetén egy brit zászlót vagy egy diadalmas pózban álló katonát lát, a másik pedig egy kifacsarodott holttestet egy csatatéren.

Sok kortárs produkció használ egy bizonyos képet vagy logót, nem csak a műsorfüzeten, hanem a plakáton vagy az újsághirdetésben is, vagyis egyes nézők első meghatározó benyomása származhat innét is. Amikor a színházi előadást áruként kínálják, a logó egyértelműen ugyanazt a célt szolgálja, mint más kereskedelmi forgalomban előforduló szimbólum, bár a legtöbb színházi logó kerüli az absztrakt geometriai mintákat és tipográfiai cirkalmányokat, melyeket számos egyéb terméken látunk. A színházi produkciók „márkajelei" elsősorban ikonszerűek és legtöbbször az előadás látványvilágából származnak, nem egyszer az előadás legkarakteresebb részletét használják (például az álarcos figuráét az *Amadeus*ból, vagy a fekvő apácák tablóját a Metropolian Opera *Dialogues of the Carmelites*-éből).

A logó csak egy példája annak, hogy a reklám, amivel egy produkcióra közönséget toboroznak, ugyanakkor hogyan hat az előadás értelmezésére. Még a színházat látogató befogadók közössége is sok szálon kötődik a reklám különböző intézményeihez, hiszen a mai néző a lehetőségek szinte zavarba ejtő sokszínűségét tapasztalja, és így erősen függ a médiától, amikor tájékozódni és választani szeretne. Ennek a dinamizmusnak a tudatában a színházak igyekeznek úgy kitalálni a reklámstratégiájukat, hogy az biztosan elérjen az előadás leendő nézőihez. A befogadó válasz-elméletek „mintaolvasója" vagy „feltételezett olvasója" különösen idevág, hiszen mielőtt az illető ténylegesen megjelenne a színházban, már meg kell találni a megfelelő reklámmal. Így a nagy musicalek, nagyszámú közönséget várva egy egész régióból, valószínűleg reklámperceket vásárolnak valamelyik tévécsatornán, míg kisebb színházak, akik helybeli nézőkre számítanak, szóróanyagokat, plakátokat használnak boltok, bankok, mosodák közelében, illetve a környékbeli lapokban hirdetik az előadást. New Yorkban két kiemelkedő helyen hirdetnek újságban a színházak: a *New York Times*-ban, illetve a *Village Voice*-ban, ám e két lap annyira különböző olvasóközönségnek szól, hogy egy előadás valószínűleg mindkét helyen reklámozza magát. A *Times*-ban természetesen a nagyobb Broadway produkciók hirdetnek, és az olyan Off-Broadway előadások (főként musicalek), amelyek a tehetősebb belvárosi közönségre számítanak. A *Voice*-ban pedig azok a kísérleti produkciók, amelyek inkább egy szűkebb, meghatározottabb kör számára lehetnek érdekesek.

Az újsághirdetés (és tizennyolcadik, tizenkilencedik századi elődje, a színlap) két változatlan eleme a produkció neve és helyszíne. Hogy mi minden más kerül bele, képet ad arról, hogy az előadás hogyan értelmezi önmagát, és így – a logóhoz hasonlóan – irányt ad a nézői elvárásoknak és értelmezési módoknak. A késő tizennyolcadik századi angol színlapok rendszerint a színház nevét, a darabot, a szereplőket és a színészeket tartalmazták. A tizenkilencedik század folyamán azonban, amikor számos előadás lényege bizonyos látványelem volt, a színlapok gyakran föltüntették a fő színpadi látványok sorrendjét is, nem egyszer nagyobb helyet és betűket áldozva ezekre, mint a színészek neveinek. Egy 1870-es playbill a longacre-i Queen's Theatre egyik *Szentivánéji álom* előadásáról nem hagy kétséget afelől, hogy a darabot miféle befogadásra szánták. Rögtön a darab címe alatt a látványtervező neve szerepel, alatta a színpadmesteré, majd a gépek és jelmezek tervezőié, aztán a koreográfusé és a karmesteré, végül pedig a színészeké. Ezután jön a vizuális elemek listája jelenetről-jelenetre, amely a színlap legnagyobb és legdíszesebb részét tölti ki. Az első három jelenet leírása képet ad a többiről is:

> 1. felvonás, 1. jelenet. THESEUS PALOTÁJÁNAK ATHÉNRE NÉZŐ VÁRFALA. 2. jelenet QUINCE, az Asztalos Műhely munkája, HERCULENEUM FELFEDEZÉSÉBŐL MÁSOLVA 2. felvonás, 1. jelenet. ERDŐ ATHÉN KÖZELÉBEN! OBERON ÉS TITÁNIA TALÁLKOZÁSA, 150 MANÓVAL ÉS TÜNDÉRREL

Nyilvánvalóan az effajta reklámnak, különösen a Shakespeare-előadásokénak, leáldozott a huszadik század elején, amikor a szcenikai bravúrokra építő színház utolsó aranykora véget ért. Azonban a mai reklámfogások annyiban hasonlítanak rá, hogy a teljes produkció bizonyos elemeit gyakran kiemelik, legyen az a rendező („A Peter Brook rendezte *Szentivánéji Álom*"), vagy a főszerepet játszó színész („Az RSC bemutatja a *Harmadik Richárd*ot Anthony Sherrel a főszerepben").

A modern színházban annyira fontossá vált a korai marketing, és önálló intézményként annyira eltávolodott a produkciót létrehozóktól, hogy fennállhat a veszély, hogy az előadásra toborzók elváráshorizontja teljesen különbözik az alkotókétól, ami komoly értelmezési problémákhoz vezet az előadás során. Alan Schneider véleménye szerint a *Godot-ra várva* amerikai premierje azért sikerült katasztrofálisan, mert a közönség teljesen más darabra számított, mint amit ő bemutatni készült, és ebben az előzetes hírverés egyértelmű szerepet játszott. Schneider az esetet így idézi föl: „a Miami [színház] közönségét úgy tájékoztatták óriás betűkkel, hogy Bert Lahr, 'a *Harvey* és a *Burlesque* sztárja', és Tom Ewell, 'a *The Seven-Year Itch* sztárja' a legjobb formájukban fognak föllépni 'két kontinens legnagyobb kacagtatószámában', a *Godot-ra várvá*ban. A szerző neve csak apró betűvel szerepelt. Szerencsémre az enyém alig látszott."

Az eredmény emlékezetes példájává vált annak, hogy a közönség hogyan próbálja meg a várt színházi élményt kierőltetni egy olyan darabból, amely meglehetősen szívósan igyekszik egy másfajta irányba:

> A *The Seven-Year Itch* vagy a *Harvey* helyett a nézők a *Godot-ra várvá*t kapták, nem két kontinens legnagyobb kacagtatószámát, hanem egy meglehetősen furcsa előadást. Először még nevettek, ahogy Bert megpróbálja levenni a cipőjét, vagy ahogy Tommy észreveszi, hogy lenn van a slicce; de amint megneszelték, hogy a színészek valami sokkal komolyabb dolgon ügyködnek, a nevetés abbamaradt. Mire a Bibliához és a gazemberhez értek, lefagyott az arcukról a mosoly... az emberek csoportokban iszkoltak ki a teremből, aztán már szinte csordákban... (Schneider 232)

Ugyanakkor tizenöt évvel később egy Off-Broadway színházban New Yorkban, amikor a közönség már tisztában volt azzal, hogy ennek a szokatlan darabnak a szerzője egy Nobel-díjas kortárs író, illetve, amikor a darabot nem egy „kacagtatószámként" reklámozták, hanem „a modern színház egyik alapműveként", valamint „időtlen klasszikusként", a *Godot-ra várvá*t, ugyanúgy Schneider rendezésében, nagy lelkesedés fogadta.

Az elvárási horizontok effajta szélsőséges eltérése esetünkben magyarázható ugyan azzal, hogy a reklámért és a produkcióért különböző intézmény felelt, azonban mélyebb strukturális összefüggéseket is fölfedezhetünk a jelenség mögött. A tizennyolcadik század vége felé, illetve a tizenkilencedik század elején számos jelentős művészi és politikai esemény alakított az előadások létrehozásának és színrevitelének folyamatán, valamint a nézők összetételén. A krízis nyomán egy új szereplő jelent meg, a dramaturg, és mellette, mondhatni közeli rokonaként, a színikritikus. Szerepük abban állt, hogy közvetítsenek az előadás és a közönség közt, olyan eljárásokat és folyamatokat tárva föl az utóbbiaknak, amellyel az előadást másféleképp értelmezhetik. Hasonlóan a mai reklámhoz, ezek a személyek gyakran nagyobb hatással voltak egy darab értelmezésére, mint azok a közlések, melyekkel maga az előadás élt.

A SZÍNPADTÓL A SZÍNPADIG

Bár az értelmezés alakításánál játszott szerepük történetileg igen hasonló, a dramaturg és a kritikus ellentétes oldalról gyakorolnak hatást – az egyik a színház, a másik a közönség felől. A dramaturg megjelenését a színházban hagyományosan ahhoz a pillanathoz kötik, amikor Gotthold Ephraim Lessinget felkérték erre a szerepre Hamburgban 1767-ben. A hamburgi színház volt a német nemzeti színház létrehozásának első kísérlete, és alapítói fölismerték, hogy hiába alakítanak ki egy nemzeti repertoárt, egy államilag támogatott intézményt a színészek és a színház hatékony reklámozásával (melyek már önmagukban is mind nagy kihívást jelentettek), ha nem nevelnek olyan közönséget, amely tevékenyen és gondolkodva tud részt venni a vállalkozásban. Így Lessing hamburgi írásainak fontos célja az új közönség nevelése, bizonyos új értelmezési stratégiák kialakítása volt.

Az első modern értelemben vett kritikák, amelyek Franciaországban kicsivel később jelentek meg, hasonló igényre válaszoltak. Ott a forradalom még szélsőségesebben szakította el a tizenkilencedik századforduló utáni színházat a gyökereitől és a korábbi közönségétől, mint a németek szépirodalmi értékű drámát célzó törekvései. A nézői közösség, amely generációk óta támogatta a francia színházakat, a forradalommal teljesen eltűnt, és az új közönség, amely lelkesen vett volna részt a kulturális életben (olvasta volna a regényeket, illetve látogatta volna a színházat), gyakran nem tudta, hogyan is tegye mindezt. Az új közönség tehát a franciáknál is nevelést igényelt.

E feladatra vállalkozva jelentek meg az első kritikák, az úgynevezett „fuilletonok" Geoffroy tollából a *Journal des débats* hasábjain az 1800-as évek elején. Az előző században már napvilágot láttak színházi beszámolók, de ezek olyan közönség számára íródtak, amely már tisztában volt a konvenciókkal. Geoffroy közönsége azonban mást várt tőle: útmutatást, hogy részvételük a színházban értelmet nyerjen, de talán ahhoz is (és ez sem másodrangú kérdés), hogy az eseményt követő szalontársalgásokban is megtalálják a helyüket (Des Granges 120-21). Ezen közönség számára Geoffroy számos olyan stratégiát ismertetett, melyeket a korábbi generációk hoztak a színházba – például a művek közti intertextuális kapcsolatok figyelését, a műfaji hagyományok, a szerző és a színészek ismeretét. Kritikusként magára vette a mintaolvasó szerepét, és kétségtelenül nagy befolyással volt a párizsi színházba járók egy egész korosztályára.

Geoffroy után a kritikus alakja a francia színházi világ megszokott szereplőjévé vált, aki éppoly befolyással bírt a színházi életre, mint akármelyik színész, rendező vagy drámaíró. Manapság a kritikust olyan újságírónak tekintik, aki a közönségnek ajánl, illetve nem ajánl bizonyos darabokat, és e szerepében meglehetősen fontos, főleg ha széles körben olvassák, vagy hivatkoznak rá, és ha nagy gazdasági vagy művészi vállalkozás forog kockán. Ugyanilyen fontos, még ha kevésbé is tudatosított szerepe az is, hogy értelmezési stratégiákat kínáljon egy darabhoz a közönség számára. Olyan országokban, mint Amerika, megszokott, hogy a kritikusok észrevételei, különösen a szokatlan vagy kísérleti színdaraboknál, gyakorta nagyobb hatással vannak a befogadókra, mint bármilyen más eszköz, amivel az előadás él.

A kritikusok a mai napig követik Geoffroy példáját a véleményalkotás mellett abban is, hogy intertextuális kapcsolatokat tárnak föl, értelmezéseket javasolnak, rendszerezik a motívumokat és az egyes elemek viszonyait, illetve hatásosnak vagy hatástalannak nyilvánítanak részleteket a darabból. Egy kitűnő és egyáltalán nem szokatlan példa erre a mechanizmusra Walter Kerr tanulmánya Andres Serban 1977-es, nagyon innovatív *Cseresznyéskert*jéről. A kritika egy nagyon hatásos és egyedi olvasatot vet föl az előadással kapcsolatban: „Van legalább öt kép, amire életem végéig emlékezni fogok Andrei Serban *Cseresznyéskert*jéből...". A tanulmány hátralévő (meglehetősen terjedelmes) része ennek az öt képnek a szines leírása, egy-egy értelmezéssel kiegészítve. Ezen felül még számos olvasási stratégiát kínál, mint például a következő listát a szóba jöhető intertextuális utalásokról: „... néhány elem ezek közül a cirkuszt juttatja az eszünkbe, vagy a vaudeville-t, mások a kamarazenét vagy éppen egy harsogó rezesbandát, megint mások Peter Brookot, Robert Wilsont vagy Samuel Beckett-et, felfokozott bolondozássá átalakítva" (Kerr 5).[4]

Egy ilyen föltűnő és részletes kritika bizonyára hatással volt minden nézőre, aki csak olvasta, és mivel a cikk épp a vasárnapi *New York Times* „Művészet és szórakozás" rovatában jelent meg, a leendő nézők közül garantáltan sokan futottak bele. A megjelenő cikk tehát bizonyára sok néző számára meghatározó értelmezési keretet jelentett („Á, szóval itt van a harmadik felejthetetlen kép, vagyis még kettő hátra van"). A közönség tagjaként magam is tanúsíthatom, hogy ezek a kritikusok által hangsúlyozott képek zavaró és kivédhetetlen erejű hatással voltak rám is.

A kritikusok közreműködése a nézői olvasat kialakulásában még hangsúlyosabbá válik azzal a divatos eljárással, ahogy a színházak manapság használják a kritikákat. Dramaturgok hiányában, főként az amerikai színházi életben, a színházak és a közönség is úgy tekint a kritikusokra, mint az előadások megbízott nézőire, így reakcióik különös jelentőséget nyernek. Az olyan rövid idézetek, melyek várhatóan fölkeltik majd a közönség figyelmét, az újsághirdetések elmaradhatatlan részeivé váltak, és New Yorkban gyakran fölkerülnek a bejáratok fölött elhelyezett hirdetőkre is. Bár a túlzások, melyek gyakoriak az ilyen idézetekben, és az, hogy szükségszerűen kontextus nélkül állnak, bizonyos mértékig csökkentheti a kijelentések erejét, ám ezek a sorok mégsem vesztik el a darab befogadására gyakorolt hatásukat. Még az a néző is, aki nem hiszi el, hogy az új előadás valóban a

---

[4] Az efféle befolyásolni akaró kritika a filmek esetében is előfordul. Egy korábbi filmkritika például így kezdődik: „Pontosan két jó jelenet van a *The Witches of Eastwick*-ben" (Denby 71).

„leghumorosabb komédia Noel Coward óta", többé-kevésbé Coward intertextuális jelenlétének a tudatában fogja azt megtekintetni.

* * *

Az a viszonylag kevés recepció elemzés, amit eddig a színház területén végeztek, kizárólag olyan kérdőívekre és interjúkra épült, melyek azt vizsgálták, mit gondolt vagy érzett a néző az előadás befejeztével. Ugyanakkor szinte semmilyen kutatás nem firtatta a másik oldalt: hogy mit visz a néző a színházba várakozásai, feltételezései és értelmezési stratégiái által, melyek mind alkotó kapcsolatba lépnek a színházi esemény ingereivel, és végül létrehozzák azt a hatást, amit az előadás gyakorol a nézőre illetve, fordítva. A könyv jelen részében megkíséreltem néhány olyan vizsgálati tárgyat javasolni, amelyre egy ilyen kutatás épülhetne, illetve röviden vázoltam, hogyan lehetne mindezt megközelíteni. Ha világosabban látnánk, hogy a nézők manapság, illetve korábban milyen „játékszabályokat" ismertek és vittek a színházba, gazdagabbá és izgalmasabbá válna a színházi eseményről alkotott képünk annál a hagyományos modellnél, amelyik a nézőt alapvetően passzív befogadónak tételezi.

Nyisztor Miklós fordítása

Felhasznált irodalom

Barthes, Roland. *Elements of Semiology*. Ford. A. Lavers and C. Smith. London: Hill és Wang, 1967.
Bennett, Tony. „Text, Readers, Reading Formations". *Literature and History* Sept. 1983.
Boal, Augusto. *Theatre of the Oppressed*. New York: Urizen Books, 1979.
Culler, Jonathan. *Structuralist Poetics: Structuralism, Linguistics, and the Study of Literature*. Ithaca: Cornell UP, 1975.
De Marinis, Marco. „Dramaturgy of the Spectator". *The Drama Review* Jul. 1987: 100-14.
---. „L'esperienza della spettatore: fondamenti per una semiotica della ricezione teatrale". *Documenti di lavoro*. Urbino: Centro di Semiotica e Linguistica di Urbino, 1984. 138-99.
---. *Semiotica del teatro*. Milan: Bompiani, 1982.
---. „Theatrical Comprehension: A Socio-Semiotic Approach". *Theatre* Dec. 1983: 8-15.
Denby, David. *New York*, June 22. 1987.
De Saint-Albine, Pierre Rémond. *Le Comédien*. Paris, 1749.

Des Granges, Charles Marc. *Geoffroy et la critique dramatique*. Paris: Hachette, 1897.
Eco, Umberto. *The Role of the Reader*. Bloomington: Indiana UP, 1979.
---. „Semiotics of Theatrical Performance". *The Drama Review* Mar. 1977: 144-47.
---. *A Theory of Semiotics*. Bloomington: Indiana UP, 1976.
Ernst, Earle. *The Kabuki Theatre*. New York: Oxford UP, 1956.
Fish, Stanley. *Is There a Text in this Class?* Cambridge: Harvard UP, 1980.
Helbo, André. „Le thétâre: une communication en déni?" *Études Littéraires* Dec. 1980: 461-70.
Hugo, Victor. *Oeuvres complètes*. 18 vol. Paris: Librairie Ollendorff, 1967.
Iser, Wolfgang. *Die Appellstruktur der Texte*. Konstanz: Druckerei und Verlagsanstalt Konstanz, 1970.
James, William. *The Principles of Psychology*. Volume I. New York, 1890.
Jauss, Hans Robert. *Toward an Aesthetic of Reception*. Minneapolis: U of Minnesota P, 1982.
Kerr, Walter. *New York Times*, Sunday, February 27, 1977, II, 1.
Kirby, Michael. *Happenings[:] An Illustrated Anthology*. New York: Sidgwick and Jackson, 1965.
---. „Nonsemiotic Performance". *Modern Drama* 25.1 (Spring 1982): 105-11.
Kirby, Michael, Richard Schechner. „An Interview with John Cage". *The Drama Review* 10.2 (Winter 1965): 50-72.
Kowzan, Tadeusz. *Littérature et spectacle dans leurs rapports esthétiques, thématiques, et sémiologiques*. The Hague: Mouton, 1975.
---. „Semiotica della ricezione teatrale" *VS* May-Aug. 1985.
Mounin, Georges. *Introduction à la sémiologie*. Paris: Minuit, 1970.
Pickard-Cambridge, Arthur. *The Dramatic Festivals of Athens*. Oxford: Oxford UP, 1968.
Schneider, Alan. *Entrances*. New York: Viking, 1986.
Suvin, Darko. „The Performance Text as Audience-Stage Dialog Inducing a Possible World". *VS* Sept-Oct. 1985: 3-20.
Ubersfeld, Anne. *Lire le thétâre*. Paris: Belin, 1977.

2.
A SZERZŐI UTASÍTÁS STÁTUSZA
(részletek a tanulmányból)

Az utóbbi években, főleg a szemiotikai irányultságú kritikusok, komoly figyelemben részesítették az írott és előadott színházi szöveg tulajdonságait és működési struktúráit. Ennek ellenére azonban nagyon kevés alapos elemzés foglalkozik az írott drámai szöveg azon részével, amely legnyilvánvalóbban megkülönbözteti a drámát egyéb szövegektől, és amelynek leginkább köze van a színház-szemiotika egyik legfontosabb kérdéséhez, nevezetesen az irodalmi szöveg előadás-szövegre történő fordításának folyamatához. Természetesen a szerzői utasításra, más néven didaszkáliára, gondolok.[5] Az a gyanúm, hogy a didaszkália elemzésének hiánya legalábbis részben az ilyesfajta tanulmányok irodalmi irányultságával magyarázható. Irodalmi szempontból a legtöbb szerzői utasítás a legjobb esetben is olyan dolgok unalmas, dísztelen leegyszerűsítése, mint pl. a szereplők külseje, beszédmódja vagy mozgása, amelyeket más irodalmi műfajok sokkal kimunkáltabban és gazdagon kódolt formákban ragadnak meg. Bár nem tagadja a szerzői utasítás fontosságát, a legtöbb kritikus többé-kevésbé direkt, sőt szinte átlátszó írói eszköznek tekinti azt, mellyel az író az előadóművészt segíti, hogy a lényegi szöveget, a dialógust, megfelelő módon adja elő a színpadon; vagy éppen az olvasót segíti, hogy kellőképpen maga elé tudja képzelni a szöveg színpadi megvalósulását. A szerzői utasításnak azonban mind az írott, mind pedig az előadott szöveg esetén sokkal bonyolultabb és problematikusabb szerepe van, mint ahogyan ez az egyszerű modell sugallja.

---

[5] Roman Ingarden *The Literary Work of Art* című könyvében (ford. George G. Grabowicz. Evanston: Northwestern UP, 1973) található a szerzői utasításokról egy fontos, bár rövid és nagyrészt formális elemzés (208-10). Más kutatók még újabb munkáira utalok a cikkemben.

Mielőtt megvizsgáljuk a szerzői utasítás szerepét, helyénvaló lenne áttekinteni a különböző szerzői utasítás típusokat, mivel sokkal több fajtája létezik, mint első pillantásra gondolnánk. A leglényegesebb a beszélő személyt azonosító attribúciós didaszkália. Valójában ez a fajta utasítás annyira egyetemes, hogy önmagában is képviseli a drámai műfaj megkülönböztető sajátosságát. A klasszikus görög és római darabokban csak ez a fajta szerzői utasítás található, sőt néhány klasszikus kéziratban még ez sincs jelen. A szereplők ki- és bejövetelére nem utalt semmi, pusztán a dialógus szövege. Ennek köszönhető néhány híresen rejtélyes pont, amikor nem világos, hogy egy fontos szereplő (pl. Kreon az *Antigonéban*, vagy Klütaimnésztra az *Agamemnonban*) jelen van-e a színpadon bizonyos jelenetekben.

A második leggyakoribb szerzői utasítást, amely a színdarabot felvonásokra és jelenetekre osztja, talán strukturális szerzői instrukciónak nevezhetnénk. A hagyományos francia drámában az új jelenet egy szereplő színpadra érkezésével vagy távozásával kezdődik, míg az angol és más európai színházakban – ahol a hely és idő egységének történelmi hagyományát nem tartják annyira tiszteletben – a különböző jelenetek általában az idő és a helyszín változását jelzik. E változások miatt az új felvonásokat és jeleneteket bejelentő szöveghez gyakran kapcsolódik egy másik fajta didaszkália, melyet lokációs didaszkáliának nevezhetnénk. Egy modern realista darab egységei szinte minden esetben a színpadkép hosszas, részletes leírásával kezdődnek. Mivel Shakespeare műveiben a jelenetek, úgy tűnik, gyakran járnak együtt a helyszín változásával, általános gyakorlat volt, hogy a későbbi szerkesztők adták a szöveghez a számunkra ma már a shakespeare-i színházra jellemzőnek tartott, rövid lokációs didaszkáliát: pl. „az erdő egy másik részében", „a vár másik szobájában", „a pusztában". Shakespeare maga azonban valójában nem sokat foglalkozott az ilyesfajta megjelölésekkel. Csehov *Három nővér*ének első és második felvonása a modern lokációs didaszkáliának egy tipikusabb fajtájával kezdődik: „*Prozorovék házában. Szalon oszlopokkal, amelyek között belátni a nagy ebédlőbe. Dél. Künn verőfényes, vidám idő. A teremben ebédhez terítenek... Az első felvonás díszlete. Este nyolc óra. Távoli harmonikaszó hallik az utcáról. Sötét van*" (137, 160).

A szerzői utasítást kutató kis számú kortárs irodalomkritikusok egyike, Michael Issacharoff szerint nagy jelentősége van annak, hogy ez a „közvetítő szöveg" az előadásban eltűnik mint „szöveg", „mivel a audio- és vizuális csatornák részévé válik" (*Discourse* 49).[6] Bár ez igaz a legtöbb

---

[6] Issacharoff számára lényegi ez a más csatornákra való átváltás, mivel biztosítja azt a mechanizmust, amely az ő előadás-elemzésében a didaszkália-jelek referensét adja. Én egyáltalán nem értek egyet ezzel az érveléssel, de ez irreleváns a jelen téma szempontjából. Azoknak, akiket komolyabban érdekel e vita, ajánlom Issacharoff könyvét és a könyvről a *Semiotica* 1990 őszi számában megjelent recenziómat.

didaszkáliára,[7] a lokációs didaszkália esetében általában nem ez történik. A szövegnek az a része, melyet könnyedén át lehet alakítani audio- és vizuális csatornákká, át is alakítódik, a többi pedig megmarad mint szöveg, és a cím és a szereplők neve mellett helyet kap a színházi műsorfüzetben. Ily módon a néző *látja* a napot ábrázoló világítást, az asztalt ábrázoló tárgyat, és *hallja* a harmonikát ábrázoló hangot, de valószínűleg *olvasni* is fogja a műsorfüzetben, hogy „Prozorovék házának nagy ebédlője. Dél", vagy „Ugyanott. Este nyolc óra", abban a formában, ahogy az a színdarab nyomtatott szövegében szerepel. Megemlíthetjük itt Brecht lokatív jeleit is, vagy éppen az Erzsébet-kori színház lokatív jeleneteit, például: *„egy régi ajtóra írva nagy betűkkel: Téba"*, melyet Sidney említ *A költészet apológiájá*ban (216).

A lokációs didaszkáliához áll közel a modern realista darabokban található szereplő-jellemző didaszkália, amely hagyományosan a szereplő első színpadi megjelenésekor olvasható. Anthony Shaffer *Mesterdetektív* (*Sleuth*) című darabjából íme egy tipikus példa erre: *„(Hallatszik, ahogy a bejárati ajtó becsukódik. ANDREW visszajön a szobába. Mögötte MILO TINDLE. 35 év körüli, sötét hajú, középmagas. Fakó, markáns vonású arcán enyhe mediterrán óvatosság. Mindene rendezett, elegáns, a tökéletes hajválaszéktól a kék moher öltönyének mellényzsebéből kilátszó, négyzet alakúra hajtogatott fehér zsebkendőig)"* (8).

Végül létezik még számos egyéb didaszkália fajta, melyek a darab dialógus szövegébe ágyazva együttesen adják azt, amit hagyományosan „szerzői utasításként" ismerünk. Ezek a színpadon ténylegesen történő eseményekre utalnak. Néhány közülük technikai jellegű, a fény változását, vagy hangeffektusokat és tárgyak mozgását írja le, legtöbbjük azonban a színészek színpadi viselkedésére vonatkozik. Ezeket együtt performancia didaszkáliának lehetne nevezni. Néhány a színész mozgására és gesztusaira vonatkozik, kezdve az egyszavas utasításoktól (*„kimegy"*, *„letérdel"*) egészen olyan esetekig, ahol egy egész jelenet pantomimként kerül leírásra. Az utóbbira már Diderot-nál találunk példát, vagy éppen Beckett *Némajáték* c. drámájában, ahol az egész darab szerzői utasításokból áll. Más performancia didaszkáliák a szöveg előadásának módjával kapcsolatosak, és vagy a beszéd irányát mutatják (*„John-nak"*, *„a tömeghez"*, *„önmagának"*, vagy *„félre"*, azaz a

---

[7] Természetesen akadnak időnként kivételek. Színművek közönség előtti felolvasásakor általában néhány kiválasztott szerzői utasítást olvasnak fel – leginkább a díszlet vagy a cselekmény leírását – abban az esetben, ha csupán a párbeszéd alapján a hallgató nem kaphatna világos képet. Néha előfordul, hogy a szerzői utasítást azért olvassák fel a színpadra állított darabban, mert az „a darab a darabban" részét képezi (erre különösen sok és érdekes példát adott az *Accomplice* [*A cinkos*] című, a Broadwayen nemrégen játszott thriller); de előfordul olyan avant-garde produkció esetében is, amely a szerzői instrukciók és a valóban létrejövő darab közötti szakadékot akarja érzékeltetni. Számos alkalommal használta ezt a technikát pl. Robert Wilson és Acker a *Great Expectations* (*Szép Remények*) című adaptációjának 1985-ös – Richard Foreman rendezte – színpadra állításakor, amikor a második felvonásban a szókimondó és obszcén szerzői utasítások felolvasásával egy időben absztrakt képeket vetítettek (lásd Fuchs 40).

nézők irányába), vagy az előadásmód minőségével és időzítésével kapcsolatosak (*"keserűen"*, *"lassan"*, *"hallgatás után"*, *"döbbenten"*). Csakúgy, mint a lokációs didaszkália, a performancia didaszkália is teljesen hiányzik a klasszikus drámából, a reneszánsz színházban is csak elvétve fordul elő; jelentősége azonban fokozatosan növekszik a 17. és 18. században, mígnem a modern korban igen részletessé válik. Ez a folyamat azonban nem annyira egyértelmű, mivel a modern szerkesztők gyakran pótolják a régi szövegekből hiányzó didaszkáliát az azt elváró modern közönség számára.

A didaszkália megléte vagy hiánya szorosan kapcsolódik a drámai szöveg funkciójához. Azokban a történelmi helyzetekben, amikor a szerző – mint például Sheakespeare vagy Molière – együtt dolgozott a társulattal, amelynek a darabot írta, nagyon kevés szerzői utasításra volt szükség. Mostanában azonban nyilvánvalóan részletesebb és konkrétabb szerzői utasításra van igény, hiszen nagy az esélye, hogy egy társulat felújít egy darabot, de nem ismerik az eredeti előadás körülményeit, vagy éppen ilyen gyakori, amikor a szerző úgy ír meg egy darabot, hogy nem tudja, végül melyik társulat adja majd elő. Még fontosabb talán, hogy miután a színdarabokat könyv formájában olvasók és előadó társaságok számára kezdték kiadni, a szerzői utasításnak jelentős szerepe lett abban, hogy segítse az olvasót a vizuális- és hangeffektusok elképzelésében, mivel legalábbis részben helyettesíti a színész, a rendező és a látványtervező munkáját. A didaszkália típusainak teljes áttekintésében szerepelnie kell olyanoknak is, amelyeket nagyon nehezen, vagy egyáltalán nem lehet a színpadon megvalósítani, és amelyek nem is a darab színpadi megvalósítását segítik, hanem kizárólag az olvasó számára íródtak, hogy jobban értse és élvezze a darabot. Shaw darabjai számtalan példával szolgálnak. *Candida* című darabja például egy eléggé hagyományos, bár hosszú, első ránézésre lokatív szerzői utasításnak tűnő szöveggel kezdődik, amely a parókia dolgozószobáját írja le. Ebben a bevezető színpadi utasításban valójában elénk tárul London szóban forgó részének teljes makrokozmosza, ami természetesen nem látható egyetlen színpadi megvalósításban sem, sőt felsorolásra kerülnek a polcokon található könyvek is, melyeket a párbeszédben sosem említenek és a néző számára nem is láthatóak. A darabot záró híres szerzői utasítás pedig szintén egyértelműen az olvasóhoz szól: *"Megölelik egymást. De a költő szívének titkát nem ismerik"* (297). Ennél még extrémebbek a paródiák szerzői utasításai, mint például Ionesco *A kopasz énekesnő* című darabjában, ahol az óra egyszer csak „semennyit nem üt", majd „két és felet üt" (88, 94). További példákat nyújtanak Ring Lardner darabjai, ahol efféle lokatív didaszkáliával találkozhatunk: „egy társasjáték tábla külterületén", vagy éppen ilyen technikai utasításokkal: „a függönyt hét napra leeresztik, jelzésül, hogy eltelt egy hét" (551, 554).

A hagyományos amerikai irodalomtudomány mindig is kevés figyelmet szentelt a színházi szerzői utasításnak, bár a mostanában megjelent munkák mintha e trend változását mutatnák. A változást az is segíti, hogy újabban az érdeklődés középpontjába került a szemiotikában a többszörös kodifikáció, vagy éppen az irodalom performatív aspektusai, és mellettük szintén érdekes terület a különféle korok drámáinak (főként a középkori és Erzsébet-kori drámák) eredeti színrevitele.[8] Természetesen ez az újkeletű érdeklődés gazdagítja a színházi szövegek tudományos vizsgálatát, időnként azonban azt is mutatja, hogy mennyire veszélyes, ha az irodalomtudósnak nincs elég információja, vagy éppen nincs megfelelő tapasztalata a kortárs és történelmi színházak működési mechanizmusával kapcsolatban. Az irodalomtudósok gyakran nem értik, sőt néha még csalódottak is amiatt, hogy a gyakorló színházi művészek egyáltalán nem osztják újdonsült lelkesedésüket a színházi szerzői utasítások iránt. Az Erzsébet-kori szerzői utasítások kodifikációjáról szóló, igen érdekes új tanulmányát Linda Micheli egy számára „paradoxonnak" tűnő jelenséggel kezdi. Ez a következő: míg az irodalomtudósokat egyre jobban érdekli az Erzsébet-kori dráma, és különösen a szerzői utasítások, „a színházi szakemberek sokkal lazábban kezelik a szerzői utasításokat, mint az irodalmárok. Színészek és rendezők, akikkel a témáról beszéltem, mind azt mondják, hogy általában teljesen figyelmen kívül hagyják a szerzői utasításokat, és üres lappal kezdenek neki a munkának. A szerzői utasításokkal még azok is csak felszínesen foglalkoznak, akik egyébként tisztelik a szöveget".

Azt gondolom, hogy nem csak amiatt csodálkozik néhány irodalmár ezen a paradoxonon, mert meglepő a felfedezés, hogy a színházi emberek mennyire nem tulajdonítanak fontosságot a drámaszövegek egyértelműen „legszínháziabb" elemének. Csodálkozásuk másik oka egy kevésbé nyilvánvaló előfeltevés, melyet gyakran találunk a szerzői utasítás, mint szövegelem státuszát vizsgáló irodalmi elemzésekben. Michael Issacharoff nagyszerű példát ad arra, hogyan működik ez az előfeltevés. Az írott drámaszövegek és az előadásszöveg közötti kapcsolat központi téma a modern szemiotikai elméletben, maga Isacharoff is számos írásában foglalkozik azzal a jelenséggel, amit egyik esszéjében „belekódolt („inscribed") előadásnak" nevez. Legújabb könyvében is nagy figyelmet kap a nyomtatott szöveg által képviselt „virtuális előadás", melynek mentális aktivizálásában igen fontos szerepet játszik a szerzői utasítás. A szerzői utasítás eredetével és az előadásban való felhasználásával kapcsolatos nézetei eléggé hagyományosnak mondhatók: a szerző „saját megnyilatkozási szerepét közvetítőkre testálja", „hangja azonban mégis jelen van a szerzői utasításban"; továbbá, „ahol konkrét szerzői utasítás nem található a dráma szövegében, ott a rendezőnek, a társulatnak és az olvasónak a szöveg

---

[8] A téma különösen alapos és szakmailag magas színvonalú tárgyalása megtalálható T.H. Howard-Hill „The Evolution of the Form of Plays in English during the Renaissance" című cikkében. Lásd: *Renaissance Quarterly* 43.1 (Spring, 1990): 112-44.

logikáját és a dialógusba beépített utalásokat értelmezve kell azt kitalálniuk (Issacharoff, *Discourse* 18, 19). John Searl véleménye hasonló, még ha nem is ennyire kidolgozott: ő a darab szövegének „illokációs erejét", és különösen a szerzői utasításokét, egy süteményrecept illokációs erejével hasonlítja össze. „A szerzői utasítás sem más, mint instrukciók sora arról, hogyan kell megcsinálni valamit, nevezetesen azt, hogyan kell előadni egy darabot" – írja Searl (329). Ezek a megkérdőjelezhetetlennek tűnő állítások azonban rengeteg gyakorlati és elméleti problémát rejtenek. Vizsgáljuk meg először a gyakorlati problémákat.

Ha elfogadjuk Isacharoff állítását, hogy a didaszkália „hangja valódi hang, a szerző hangja, és más élő emberekhez, színészekhez és rendezőkhöz szól" („Inscribed" 95-96), akkor egyfajta perverzitást, ha nem éppen önelégültséget sejtet, ha a színházi emberek semmibe veszik egy ilyen jól informált forrás baráti segítségnyújtását. Egyik oka annak, hogy mégis így tesznek, az, hogy a színházi szakemberek, ellentétben az irodalmárokkal, éppen szakmai tapasztalatuk alapján tudják, hogy a didaszkália valójában gyakran nem képvisel „egy valódi hangot, a szerző hangját". Csak hogy a leghíresebb példát említsük, a különféle Shakespeare kiadásokban szétszórtan található didaszkáliát nagyrészt a későbbi szerkesztők, Rowe, Theobald és Malone adták hozzá a szöveghez. A darabok könyv formában való kiadása hagyományosan a színpadra állítás után történik, ezért tehát a szerzői utasítások gyakran valójában nem a szerzőtől származó javaslatok egy virtuális előadás számára, hanem egy bizonyos történelmi pillanatban megvalósult konkrét előadás körülményeit jegyzik le, és az ezzel kapcsolatos döntéseket nem a szerző, hanem színészek és mások hozták.

Néha a szerző tud erről a folyamatról és jóvá is hagyja, azaz hajlandó átengedni a szerzői utasítás „hangját" valaki másnak. John Dryden például az *Albion and Albanius* előszavában megjegyzi, hogy „A jelenetek leírása és a színpad egyéb dekorációja Mr. Bettertontól származik, aki pénzt és energiát nem kímélt, hogy ezen Szórakozás tökéletes legyen, és nem mérte szűkmarkúan díszítő ötleteit sem, hogy gyönyörűvé tegye" (11). Más szerzők azonban több-kevesebb sikerrel megpóbálták elkerülni azt, hogy „hangjukat" a színpadra állítás apparátusa átvegye tőlük. Corneille például azt hangsúlyozta, hogy „mivel a nyomtatás a műveket a darabokkal turnézó színészek kezébe adja", a szerzői utasítás elengedhetetlen, „hiszen a színészek néhány nagyon furcsa dolgot is elkövetnének, ha nem segítenénk őket a jegyzeteinkkel" (223). Mindenesetre, a modern színházat tekintve az olyan jelentős, színdarabok kiadására specializálódott kiadók üzleteiben, mint a Samuel French-ben kapható drámaszöveg csaknem mindig az eredeti professzionális előadás szerzői utasításait tartalmazza, de egyáltalán nem biztos, hogy ezek egybeesnek a szerző eredeti elgondolásával. Mivel ezek a szerzői utasítások egy bizonyos rendezőnek és színészeinek egy bizonyos, érdeklődésük és képességeik által befolyásolt értelmezéséből születnek, aligha lehet azon csodálkozni, hogy a későbbi rendezők és színészek teljesen természetesnek veszik, hogy szabadon megváltoztathatják a szerzői utasítást, ha ez céljaik és szükségleteik érdekében helyesnek tűnik.

Komoly elméleti problémák is vannak azzal a nézettel, hogy a didaszkália „egy valódi hangot, a szerző hangját" képviseli. Linda Micheli arra a fontos problémára hívja fel a figyelmet, hogy „bárki is legyen az, akinek a hangját halljuk a szerzői utasításon keresztül, az egy verbális és vizuális konvenciók által szabályozott sajátos kód". Szerinte a szerzői utasítás történelmi áttekintésekor „szerzői hangok" sorával találkozunk, „melyek nagyon hasonlítanak a Wayne Booth által *A fikció retorikájá*ban (*Rhetoric of Fiction*, 1961) leírt narratív hangokra" (Micheli). Patricia Suchy hasonlóan érvel: „habár a szerzői utasítást legtöbben a szöveg fiktív dialógusától elkülönült természetes megnyilatkozásoknak tartják, sokkal helyesebb, ha a darab fikciójának részeként értelmezzük" (5). Kétségtelenül ez lehet az oka annak, hogy amikor Patrice Pavis a színházi diskurzusok tárgyalásakor a francia klasszikus dráma szerzői utasításának a „hangjáról" beszél, akkor azt nem a szerző hangjának nevezi, hanem sokkal semlegesebben, „egy külső megfigyelő, egy narrátor [hangjának], aki elmondja nekünk, mi is történik" („Remarques" 2).

Még azok az esetek is igen problematikusak, amikor általánosan elfogadott, hogy a publikált szerzői utasítás, ha nem is a szerző autentikus hangját jelenti, egy általa javasolt színreállítási módot képvisel (ahogyan ez Ibsentől Beckettig egy sor fontos drámaíró esetében igaz). Jean Alter helyesen teszi, amikor egészében vitatja az elképzelést, mely szerint az írott szöveg a virtuális előadásra vonatkozó előírás lenne. Azzal érvel, hogy a virtuális előadásban rejlő lehetőségek végtelenek még a legrészletesebb és kidolgozott didaszkália mellett is, és a leírt szöveg által adott javaslatok nyilvánvalóan nem képesek ezt megfelelően reprezentálni („Waiting for the Referent"). A darabok színpadra állításának igen nagy szabadságát növeli egy, a 20. századon át jellemzően fontos színházi tradíció, amely azt hangsúlyozza, hogy a színpadi szakemberek még akkor is függetleníthetik magukat a szerzői instrukciótól, ha az köztudottan magától a szerzőtől származik. A Micheli által említett paradoxonnak ez a valódi alapja, és ebből nem kevés feszültség származik a modern színházban. A függetlenség elméletének korai és tiszta megfogalmazását adja Gordon Craig, amikor a színházi rendező feladatait tárgyalja: „A rendezőnek nem kell foglalkoznia a szerzői utasításokkal, a jelenetek leírásaival, stb., melyekkel a szerző esetenként teletűzdeli a szövegét, hiszen ha a rendező mestere a szakmájának, akkor ezek számára semmi fontosat nem mondanak" (149).

Legújabban Patrice Pavis is hasonlóképpen utasítja el a didaszkália kötelező szerepét a darab színrevitelében. Gyakorlatias érvelése szerint a legkiemelkedőbb modern produkciók azok, amelyek színrevitelénél „egy teljesen új beszéd-aktus kontextust találtak ki, figyelmen kívül hagyva a darab szerzőjének a beszédmódra és játékmódra vonatkozó instrukcióit" („From Text" 89). Még ha el is fogadjuk Suchy érdekes felvetését arról, hogy egy darab színpadra állítói a folyamat egy bizonyos pontján maguk is egy irodalmi szöveg olvasói, és „ennek az élménynek legalább egy kis hatása van az előadásra" (12), vagy ha elfogadjuk azt, hogy jól ismert darabok felújításánál maguk a nézők hozzák magukkal az előadásra a figyelmen kívül hagyott szerzői utasítások „szellemét" olvasmányélményük vagy korábbi színházi élményeik visszaidézésével, mindezek ellenére a legtöbb modern színházi előadás élménye nagyon távol van Searle didaszkália metaforájától, mely szerint a szerzői utasítás egy cselekvéssor elvégzésének receptje.

Valójában a különböző szerzői utasítás-típusokat különbözőképpen és különböző hatáskörrel rendelkezve értelmezik a színházi szakemberek, és ez egy Isacharoff által nem említett, de lényegi tényező, ha érdemben akarunk beszélni a szerzői utasítások és a „virtuális előadás" viszonyáról, még akkor is, ha csupán valamiféle fogalmat akarunk alkotni a szöveg olvasásakor arról, hogyan lehetne azt színpadon megvalósítani. Az előadást tekintve az attribúciós didaszkáliának van a legnagyobb tekintélye. Annak ellenére, hogy a szereplők mondatait gyakran törlik, újraírják vagy átrendezik, az nagyon ritka, hogy másik fiktív beszélőhöz legyenek rendelve. Ilyesmi az olyan kísérleti értelmezések esetében fordul csak elő, amelyek már annyira távol vannak az eredeti szövegtől, hogy adaptációnak minősülnek. A viszonylag ritka, a beszéd irányát, azaz a diskurzus recipiensére utaló performatív didaszkáliát hasonló általános tisztelettel kezelik, hiszen ezt csak akkor használja a szerző, ha a helyzet nem egyértelmű.

A színdarab előadásán dolgozók leggyakrabban a többi performatív didaszkália fajtát hagyják figyelmen kívül, főként azokat, amelyek egy-egy sor hangsúlyozására vagy időzítésére utalnak, bár az általuk hordozott információ kétségkívül nagyon hasznos az olvasó számára. Különösen a mozgás, gesztusok és beszédmód területe az, ahol sok modern rendező és színész úgy gondolja, hogy a nyomtatott szerzői utasítás egy másik előadó társulat más körülmények között megszületett – és számukra félrevezető – döntéseinek lejegyzése, vagy pedig a drámaíró illetéktelen betolakodása az ő művészi terükbe. A szerzői utasításokat esetleg kiindulópontként használják a sorok előadási módjának kikísérletezésekor, de a legtöbb hivatásos színész és rendező igyekszik saját szövegéből kitenni ezeket a jelzéseket, mielőtt munkához látna, nehogy befolyásuk alá kerüljön.

A legtöbb drámaíró – mint például Dryden – hajlandó arra, hogy a darabja fizikai megvalósítása feletti kontrolljának egy részét átadja olyan szakembereknek, akik feltehetően ehhez jobban értenek; és még ha kétkedve is teszik ezt az írók, a legtöbben örülnek annyira darabjuk színpadra állításának, hogy hajlandóak széles mozgásteret adni a produkciós apparátusnak. Nem minden drámaíró hajlandó azonban ezt a széles mozgásteret biztosítani. Az 1980-as években számos olyan, nagy nyilvánosságot kapó eset volt, amikor a drámaíró kétségbe vonta vagy vitatta a színházi emberek hagyományos, szabad didaszkália-interpretációját. Különösen látványos volt Samuel Beckett tiltakozása a *Végjáték* bizonyos színpadra állításai ellen, melyeket fontos színházak híres rendezői rendeztek, először 1984-ben az American Repertory Theatre-ben, másodszor pedig a Comédie Française-ben 1988-ban. Egyik esetben sem a párbeszédeket változtatták meg, hanem kifejezetten a díszletre vonatkozó szerzői utasításokról folyt a vita.

Beckett mindkét, színházak elleni tiltakozásához csatlakoztak kiadói is, az Egyesült Államok-beli Grove Press és a francia Editions de Minuit (a színházak egyébként megkapták a szokásos engedélyt a darab bemutatására). A *New York Times* idézte Barney Roselt, a Grove Press elnökét, aki azt nyilakozta, hogy amikor a szokásos szerződést aláírták, „garantáltnak hitték, hogy a mű az írott szövegnek megfelelően kerül előadásra, beleértve a szerzői utasításokat és a szerző által javasolt díszletet is" (Freedman 2). Nehéz teljesen komolyan venni egy ilyen őszintétlen kijelentést, hacsak nem azt hisszük, hogy az a főszerkesztő, aki a kísérleti dráma vezető amerikai kiadójánál dolgozik, az 1960-as és 1970-es évek során nem látott egyetlen kortárs színházi előadást sem. Mindezek ellenére készen állt a bírósági végzés, hogy megtiltsa a darab előadását a massachusettsi Cambridge-ben, azon az alapon, hogy a rendezés semmibe veszi a kiadott szöveg szerzői utasításait. Lényegében két dolog állt a vita középpontjában: a rendező, JoAnne Akalaitis, a darab cselekményének helyszíneként egy atomháború utáninak tűnő, elhagyott metróállomást képzelt el, és felkérte Philip Glass-t, hogy írjon nyitányt az előadáshoz. Érdekes lett volna, ha az ügy bíróság elé kerül, hiszen az eredmény valószínűleg egy igen szokatlan, az irodalmi interpretáció határait érintő jogi döntés lett volna. Az előadás meghirdetett kezdete előtt néhány órával azonban a felek bíróságon kívüli megállapodást kötöttek. Eszerint a programfüzetben ki kellett nyomtatni a nyomtatottt darab első oldalát – természetesen a szerzői utasításokkal együtt – és mellé kellett tenni Beckett és a Grove Press nyilatkozatát, mely szerint az előadást elítélik és elfogadhatatlannak tartják. A színház művészi igazgatója, Robert Brustein, a programfüzetben közölt egy választ, amelyben így érvelt: „ahhoz, hogy a darab összes energiáját és jelentését felszabadítsuk, létfontosságú az értelmezéshez való jog" („Playbill for *Endgame*"). A Comédie Française-ben az eredmény egyértelműbbnek látszott. Giles Bourdet díszlete kevésbé volt specifikus, mint a cambridge-i, de az alaptónusa rózsaszín volt, nem pedig a Beckett által megkövetelt szürke, és Akalaitishez hasonlóan Bourdet is új nyitány komponálását rendelte meg. A tiltakozás hatására a Comédie Française vezetősége beleegyezett a Bourdet által tervezett díszlet és zene elhagyásába „a szerző morális jogainak tiszteletben tartása" miatt (a Comédie műsorfüzete). Annak ellenére, hogy a színészek és a legtöbb színpadi mozgás és beszédmód változatlan maradt, Bourdet nem adta nevét az előadáshoz.

Az ehhez hasonló eseteket rengeteg vita övezi a szakmán belül, amit David Grote-nak a *Dramatists Guild Quarterly*-ben 1986-ban megjelenő cikke is jól tükröz. „Nyilvánvalóvá vált", – jegyzi meg Grote – „hogy a drámaíróknak meg kell találniuk annak a módját, hogy meghatározzák, mit tekintünk alapvetően lényegesnek, mi az, ami a drámaíró, és mi az, ami értelemszerűen és természetszerűen az előadást létrehozók hatáskörébe tartozik" (15). Grote szerint „alapvetően lényeges" és ezáltal a drámaíró hatáskörébe tartozó dolgok: a szereplők viszonya, az elhangzó szavak, a szereplők burkolt motivációi, valamint a cselekmény helye és ideje (Beckett tiltakozásának tárgya). A darab színreállítói viszont csak afelől dönthetnek, hogy ezek az „alapvetően lényeges" dolgok hogyan valósulnak meg az ő sajátos helyzetükben. Grote álláspontjának elfogadása azt eredményezné, hogy legalábbis egyes didaszkália fajták a jelenlegi státuszukhoz képest abszolút tekintélyt szereznének, hiszen a darabot színpadra állító szakemberek aligha értenének egyet azzal, hogy ennyire sok dolog képezi a szöveg „alapvetően lényeges" részét.

A Drámaírók Szövetsége még nem követte Grote példáját és nem fogalmazott meg határozott álláspontot ezekben az ügyekben, de nem is világos, hogy mekkora hatása lenne ennek a kortárs előadásokra. A Comédie Française döntése után a *Le Figaro* eltöprengett, vajon ez a döntés azt jelenti-e, hogy a rendező hatalma a szerző leírt kívánságaival szemben meggyengül („Bourdet" 37); az ezt követő jelentős francia és külföldi darabok párizsi felújításai azonban effajta változásnak nem sok jelét mutatták. Különösen érdekes ezzel a konfliktussal kapcsolatban, hogy éppen akkor merül fel, amikor a posztmodern elméleti diskurzus számos irányból támadja a jelen nem lévő, a jelentés megkérdőjelezhetetlen döntőbírójának tartott, szerző-Isten hagyományos tiszteletét. Még ha egyet is értünk Issacharoff-fal, és elfogadjuk, hogy a didaszkália közvetítés nélküli bepillantást ad a szerző értelmezői preferenciáiba, és hogy a szöveg többi részének „belső logikája" és „beleírt utalásai" kiegészítik ezt a bepillantást, még mindig válaszra vár az a kérdés, vajon a rendező, díszlettervező és a színész munkájának legitimálásához szükség van-e a szerzői utasítások ilyen dierkt és indirekt kombinációjára.

Amikor a szerző átadja a művét az olvasó közönségnek, szükségképpen lemond a mű feletti kontroll egy részéről, és átengedi az olvasás folyamatának. A drámaszerző még nagyobb mértékben veszíti el a kontrollt a végső produktum felett, hiszen ő olyan művet hoz létre, amely általában nem közvetlenül, hanem egy újabb interpretációs folyamaton keresztül jut el közönségéhez. Ez a vonás a színházat mint művészeti formát különösen nyitottá teszi a kulturális öntudat változásainak tükrözésére, amit jól mutat például a Shakespeare előadások története. Ugyanakkor szükségszerű hozadéka e vonásnak, hogy kitartó harc folyik az értelmezés feletti kontrollért a szerző (és képviselői) és a folyton változó, történelmileg meghatározott színházi apparátus között. Nem meglepő tehát, hogy a politikai és ideológiai versengést kutató szakembereket különösen érdekli ez a folyamat. És csakugyan, egy nemrég a témában megjelent esszégyűjtemény bevezetője így érvel:

> A valóság csak az azt közvetítő diskurzusokon keresztül ismerhető meg, és egy állandó, bár láthatatlan küzdelem folyik azért, hogy kinek a valóság-konstrukciója kerüljön fölénybe. Színpadra állításuk pillanatától fogva a drámai művek is bevonódnak ebbe a küzdelembe és érintetté válnak, valahányszor a színház felújítja vagy a kritika értelmezi őket. (Howard 3)

Ez egy ősi harc a színházban (már Hamletnek is arra kellett figyelmeztetnie a bolondokat, hogy csak annyit beszéljenek, amennyit számukra a dráma szövege engedélyez), de a modern színházban a drámaíró egyre távolabb kerülése az előadás létrehozásától és a szerzői utasítások megnövekedett fontossága együtt azt eredményezi, hogy a drámaszöveg e speciális része, azaz a szerzői utasítás, az előadás-értelmezés feletti kontrollért vívott küzdelem fontos terévé vált. Ezért Issacharoff, Searle és Rosset nézete, mely szerint a szerzői utasítás egyszerűen a szövegbe ágyazott instrukció, melyet a rendező és a színészek általában és magától értetődően tiszteletben tartanak, tévesen leegyszerűsít egy komplex hatalmi rendszert. Ha Beckett tiltakozása azt jelenti, hogy olyan korszakba lépünk, amikor a drámaírók intenzívebben tiltakoznak a színpadra állító apparátus értelmezési újításai ellen, az még nem biztos – sugallja a *Figaro* cikke –, hogy vége az értelmezésért folyó harcnak. Inkább az a valószínű, hogy a harc egyre nyíltabb lesz és egyre inkább a nyilvánosság előtt folyik majd.

Csikai Zsuzsa fordítása

Felhasznált irodalom

Alter, Jean. „Waiting for the Referent: Waiting for Godot". *On Referring in Literature*. Szerk. Anna Whiteside and Michael Issacharoff. Bloomington: Indiana UP, 1987. 42-56.
„Bourdet etire sa mise en scene". *Le Figaro* 12 October 1988: 37.
Csehov, Anton Pavlovics. *Négy színmű*. Budapest: Európa, 1981.
Corneille, Pierre. „Of the Three Unities of Action, Time, and Place". Ford. Donald Schier. *Critical Theory since Plato*. Szerk. Hazard Adams. Chicago: Harcourt, 1981. 22-35.
Craig, Gordon. *On the Art of the Theatre*. Chicago: 1911.

Dryden, John. „Preface to *Albion and Albanius*". Vol. 15 of *Works*. 20 vols. Berkeley: U of California P: 1956-89, 1976. 3-11.

Freedman, Samuel G. „Associates of Beckett Seek to Halt Production". *NYT*, 14 Dec.1984: c 14: 2.

Fuchs, Elinor. „Staging the Obscene Body". *TDR* 33.1 (Spring, 1989): 33-58.

Grote, David. „Borderlines of the 'Essential' Playscript". *The Dramatists Guild Quarterly* (Winter 1986): 14-17.

Howard, Jean E. and Marian F. O'Connor, szerk. „Introduction". *Shakespeare Reproduced: The Text in History and Ideology*. New York: Methuen, 1987. 1-17.

Ionesco, Eugene. *Drámák*. Budapest: Európa, 1990.

Issacharoff, Michael. *Discourse as Performance*. Stanford: Stanford UP, 1989.

---· „Inscribed Performance." *Rivista di Letterature moderne e comparate* (Pisa) 39 (1986): 93-106.

Lardner, Ring. *Three Plays. Parodies*. Szerk. Dwight Macdonald. New York: Random, 1968.

Micheli, Linda M. „The Grammar and Rhetoric of Elizabethan Stage Directions: The Evolution of a Theatrical Code". Paper presented at the Shakespeare Association of America convention, Philadelphia, April 1990.

Pavis, Patrice. „From Text to Performance". *Performing Texts*. Szerk. Michael Issacharoff and Robin F. Jones. Philadelphia: U of Pennsylvania, 1988. 86-100.

---· „Remarques sur le discours theatrale." *Dégrés* (Brussels) 13 (1978): 1-13.

Playbill for *Endgame*. American Repertory Theatre, Cambridge, Massachusetts, December 1984.

Program insert from *Endgame*. Comedie Française.

Searle, John. „The Logical Status of Fictional Discourse". *New Literary History* 6 (1975): 319-32.

Shaffer, Anthony. *Sleuth*. New York: French, 1970.

Shaw, Bernard. *Színművek*. Budapest: Magyar Helikon, 1965.

Sidney, Sir Philip. *An Apologie for Poetrie. The Great Critics*. Szerk. James H. Smith and Edd W. Parks. New York: Norton, 1951. 190-232.

Suchy, Patricia A. „When Words Collide: The Stage Direction as Utterance." Kézirat.

3.
A MÚLT ELJÁTSZÁSA:
ÉLŐ TÖRTÉNELEM ÉS KULTURÁLIS EMLÉKEZET
(tanulmány)

Az emlékezet és az előadás közötti kapcsolat szoros és összetett. A színház eredete a múlt homályába vész, de sok teoretikus úgy gondolja, hogy a két rokon performatív tevékenység, a színház és a szertartás minden valószínűséggel egyaránt abból az igényből született, hogy a kultúrában fontosnak tartott események emlékét eljátszásuk segítségével megőrizzék. Természetesen a dráma, amely újrajátssza nézői történelmét és mítoszait, születésétől kezdve kötődik a kulturális emlékezethez, a szertartás pedig még ennél is alapvetőbb módon vonja be résztvevőit hitviláguk eseményeinek jelképes vagy szó szerinti előadásába, mint például a keresztény úrvacsora esetében.

Korunkban a performansz új teoretikusainál különösen nagy hangsúlyt kap az előadás és az emlékezet közti szoros kapcsolat. Richard Schechner, e terület úttörő szakértője az előadást „restaurált viselkedésnek" nevezi, ezzel a találó kifejezéssel is hangsúlyozva az előadás szoros kötődését az emlékezethez. A színház és a szertartás között néha a rájuk jellemző performatív élmények elsőbbsége és hitelessége alapján tesznek különbséget. E megkülönböztetés szerint a színházi előadást nézői passzívan figyelik, míg a szertartás közvetlenül bevonja a nézőket. Az aktív nézők és az előadásba bevont nézők közti határvonal igencsak átjárhatónak bizonyult, amivel a színház mindig is játszadozott, amióta csak léteznek róla feljegyzések. Hasonlóképpen bizonytalan a határvonal az elképzelt és a valódi megtapasztalása között. Saját századunk, a huszadik század is igen aktív e határvonalak összemosásában, hiszen tudatosította bennünk, hogy minden emberi tevékenységnek van színházi, de legalábbis performatív jellege. Ennek számos eredménye közül az egyik az, hogy hihetetlenül népszerűvé vált a történelem előadáson keresztüli bemutatása, és hogy a nagyobb közönség eddig soha nem látott mértékben vesz részt közvetlenül az ilyen performanszokban. Mindkét folyamat velejárója az Amerikában „Élő Történelem" néven ismert kulturális jelenségnek, ami fontos turisztikai tevékenységgé és kikapcsolódási lehetőséggé vált, sőt sokak számára a kulturális emlékezet legfontosabb módját jelenti.

Bár az a fajta tevékenység, amit manapság „Élő Történelemnek" nevezünk, csak a huszadik században vált fontos kulturális tevékenységgé, bizonyos jegyeit megtalálhatjuk a színház történetének távoli múltjában is. A színházi előadások az antik kortól kezdve arra törekedtek, hogy újrateremtsék a történelmi eseményeket és jeleneteket, és néha, mint például a római tengeri csaták előadásának esetében, a leglátványosabb katonai összeütközésekkel vetekedtek. A kulturális emlékezet erősítése a történelem újrajátszásával a Francia Forradalom alatt vált először központi kulturális kérdéssé, mert ez volt „az első nagy európai megrázkódtatás, melyet szervezői azonnal látványosságnak fogtak fel, melyet el kell játszani és újrajátszani" (Gerould 162). A forradalom összes nagylélegzetű eseménye, a Bastille bevételétől kezdve, ihletül szolgált arra, hogy újrajátsszák őket és ezt – mint a köznép oktatásának egyik formáját – a kormány támogatta. Az új divat nemcsak Franciaországra korlátozódott. Már a Bastille bevételének évében annak látványos ostromát színészek tömegei játszották el London két színházában is, melyeket nem sokkal korábban azért alapítottak, hogy nagyszabású látványos előadásokat mutassanak be. Európa már 1792 őszén szemtanúja lehetett egy olyan, híres csaták eredeti helyszínen történő előadásának, amely csak a huszadik században vált széles körben elterjedt jelenséggé. Egy párizsi társulat színészei eljátszottak egy győzelmi parádét a csata eredeti helyszínén, a belgiumi Jemmapesben, mindössze hat nappal a csata után. Az előadásban szimbolikus balett jelenetek adták elő az összeütközést és olyan katonák is szerepeltek az előadásban, akik ténylegesen részt vettek a csatában. A valóság és a színház olyan mértékben keveredett, hogy az esemény plakátjain a következő felhívást és figyelmeztetést tették közzé: „Felhívjuk a közönség figyelmét, hogy ne feledkezzen meg arról a tényről, hogy az osztrák katonák valójában franciák, akik az előadás céljából öltenek osztrák jelmezt" (Hugot 55).

A nacionalizmus terjedése a tizenkilencedik századi Európában ösztönzőleg hatott a fontos nemzeti történelmi események újrajátszására az új nemzeti színpadokon és egyéb nyilvános helyszíneken egyaránt, s a hitelesség és realista ábrázolás iránt megnövekedett érdeklődés miatt nagy figyelmet fordítottak a történelmi részletekre, sőt, fontossá vált az események valódi történelmi környezetükben történő eljátszása is. Victor Hugo, a történelmi drámák eredeti helyszínének pontos fizikai megjelenítése mellett érvelve a díszletet olyan „néma szereplőnek" nevezte, amely nélkül nem lehet teljes a jelenet. „Merészelné a szerző orvul meggyilkoltatni Rizzot máshol, mint Stuart Mária hálószobájában? ... megégettetni Jeanne d'Arcot máshol, mint a régi piactéren?" (55).

Hugo fenti intelme a hagyományos színpadra vonatkozott, de ha szó szerint vesszük, akkor a történelem helyszín-specifikus újrateremtése melletti érvelésként is érthetjük, melyre a Jemmapes projekt volt az egyik első példa, és később fokozatosan elterjedt Európában és másutt is. Németországban leginkább a francia-porosz háború inspirált olyan történelmi fesztiválokat, amelyek a francia forradalom polgári ünnepségeire emlékeztettek. Az 1870-es évektől kezdve Németország számos részén óriási szabadtéri parádékat rendeztek a német történelem és legendák ünneplésére, újrajátszva katonai és más történelmi eseményeket, egybeolvasztva történelmi alakokat mitikus és allegorikus figurákkal. Ezek a látványosságok előfutárai, másfelől pedig modelljei voltak azoknak a polgári ünnepségeknek, amelyek a huszadik század legelején a kulturális élet fontos részévé váltak Angliában, majd Amerikában is. 1905 és 1925 között Amerika-szerte nézők százezrei előtt százszámra rendeztek parádékat, melyeken a szabadtéri allegorikus bemutatók a történelmi események rekonstrukciójával keveredtek, gyakran pontosan azon a helyszínen, ahol az események történtek. Mindenféle történelmi eseményt bemutattak, de az amerikai függetlenségi háború, az amerikai polgárháború és egyéb csatajelenetek gyakran szerepeltek.

Az 1914 és 1916 közötti számos amerikai történelmi élőkép egyik elbűvölt nézője volt Platon Kerzsencev is. *A kreatív színház* (*Creative Theatre*) című, 1918-ban megjelent könyve elméleti alapot szolgáltatott a rákövetkező évek nagy orosz tömegjeleneteihez, melyek között a leghíresebb Nyikolaj Evreinovnak *A Téli Palota ostroma* című tömegjelenete volt 1920 novemberében (Deák 22). Ez több, mint 8000 résztvevővel, katonai egységekkel, páncélozott gépkocsikkal és teherautókkal, a pontos történelmi helyszínen, a Néván horgonyzó Auróra cirkálóval és a több mint százezres nézőközönséggel valószínűleg az egész huszadik század történelmi előadásai közül a leghíresebb.

1960-ban, ahogy az amerikai polgárháború centenáriuma közeledett, számos helyi és országos szervezet kezdett el azon gondolkodni, hogy a centenáriumot a polgárháború híres csatáinak színpadra állításával ünnepelje meg. Ennek eredményeképpen tucatnyi polgárháborús csatát játszottak újra centenáriumi ünnepségeik gondosan megtervezett bemutatói során, kezdve a leghíresebbekkel, mint a manassasi és a gettysburgi csata, melyek újrajátszását a Nemzeti Park Szolgálat rendezte, a szponzoráló közösségeken kívül alig ismert kisebb ütközetekig. 1961 után a Nemzeti Park Szolgálat kevésbé vett részt ebben a projektben, miután a manassasi csata újrajátszása – nyilvánvalóan előhozva az észak és dél között szunnyadó kibékíthetetlen ellentétet – általános verekedésbe, majd zavargásba torkollott, jelentős károkat okozva a résztvevőkben és a parkban egyaránt. Mindezek ellenére a csaták színrevitele olyan népszerűségre tett szert a nagyközönség körében, hogy fontos turisztikai látványossággá vált az egész ország területén. 1964-ben, a polgárháború centenáriumának hivatalos befejeztével sem csökkent ez a fajta tevékenység. Ellenkezőleg, az országban folyamatosan jöttek létre olyan szervezetek, amelyek folytatták ezt a hagyományt.

Mi több, a polgárháború csatáinak újrajátszása modellként szolgált más, hasonló akciókhoz. Alighogy befejeződtek a polgárháború centenáriumának hivatalos ünnepségei, máris elkezdtek körvonalazódni az akkor tíz év múlva esedékes amerikai bicentenáriumi ünnepségre vonatkozó tervek. A forradalom majd minden fontos katonai összecsapását újraharcolták 1975 és 1981 között. Mivel az újrajátszás hobbiként és turisztikai látványosságként folyamatosan terjed, sőt, sokak számára a történelem bemutatásának és megértésének különösen hatékony formáját jelenti, történelmi és technikai értelemben is folyamatosan egyre nagyobb teret kap. Amerikában a csaták újrajátszása majdnem teljes egészében lefedi a nemzet történelmét, de változó méretekben: az eredeti eseménynél sokkal több szereplőt felvonultató, a floridai Tampában évenként megrendezett, második szeminol háború nyitó csetepatéjának eljátszásától kezdve egészen egy 1991-es texasi előadásig, melyben újrajátszották a japánok Pearl Harbour elleni támadását japán és amerikai repülőgépekkel, az amerikai flotta szimulált bombázásával. Óriási amerikai szárazföldi haderőt vetettek be, katonákkal, akik tökéletesen hű egyenruhában, felszereléssel, fegyverekkel és járművekkel alakították szerepüket.

Ez a tevékenység nemcsak az Egyesült Államokban van jelen. Mostanában például Angliában is imponáló mennyiségű újrajátszás nézői lehetünk: megrendezik a római hadsereg ütközeteit Shropshire-nél, középkori küzdelmeket és lovagi tornákat mutatnak be számtalan helyen, a hastings-i csatát az eredeti helyszínen, a keresztes lovagok devoni ostromát, angol polgárháborús és a Napóleon korabeli csatákat Cornwallnál, ráadásképpen pedig az amerikai polgárháború csatáit is.

Manapság minden bizonnyal a katonai ütközetek képezik a történelmi emlékezet alighanem leglátványosabb előadásait, de egy valójában még ennél is szélesebb körben elterjedt, a mindennapi élettel foglalkozó történelmi előadásforma is kialakult a divatba jött hadtörténeti előadások mellett. Ennek központi modellje, legalábbis az Egyesült Államokban, az 1927-ben elkezdett, és mára jelentős turista attrakciónak számító Gyarmati Williamsburg volt, de úgy tűnik, hogy valójában elsőként 1881-ben Stockholmban jött létre az, ami a későbbiekben „az élő történelem múzeumaként" lett ismert. Artur Hazelius az ország minden részéről összegyűjtötte ide az építészet, a flóra és fauna svédországi példányait, hogy megteremtse a Skanzent, a svéd kultúra folyamatos kiállítását, amely hasonlított a tizenkilencedik század végi nagy világkiállítások népszerűvé vált élő néprajzi kiállításaihoz. A Skanzenben történelmileg hiteles épületekben hegedűsök, lapp rénszarvas pásztorok, és a saját hegyi faházukban élő darkálai parasztok kaptak helyet. A Skanzen ötlete végigsöpört egész Európán, de az élő, eredeti ruhákba öltözött lakókkal benépesített múzeumfalu ötlete különösen vonzónak bizonyult az Egyesült Államokban, ahol először az Essex Intézet létrejöttét inspirálta a Massachusetts állambeli Salemben, majd Greenfield Village-et és a leghíresebbet, a Gyarmati Williamsburgöt. A gyarmati főváros ezen rekonstrukciója az első pillanattól kezdve iparosembereket vonultatott fel, felelevenítve különböző mesterségeket, mint a kovácsolás, hordógyártás és ételkészítés, melyeket gyakran korhű ruhákba öltözött emberek mutattak be. Kezdetben nem is tettek kísérletet arra, hogy az iparosokat – még a korhű ruhákba öltözötteket sem – úgy láttassák, mint történelmi figurákat bemutató előadókat, ez a kérdés azonban nem volt teljesen tisztázott, ahogyan ki is derül a Gyarmati Williamsburg 1951-es *Hivatalos útikalauzá*ból:

> Minden tőlünk telhetőt megtettünk, hogy a múlt e számos bizonyítékát ne csak kiállítsuk, hanem újra is teremtsünk egy élő közösséget. A kovács a fémek megmunkálásához ősi eszközöket használ, míg a kiállítási épületekben a hoszteszek/tárlatvezetők korabeli abroncsos szoknyát viselnek. (7)

Az amerikai skanzenekben a történelmi emlékezetet előadó performanszok terén a következő lépés New Englandben, a plimouthi településen történt, ahol a williamsburgi modellt alkalmazták a történelmi Plimouth rekonstrukciójához. A múzeum igazgatóhelyettese, James Deetz, újszerűen közelítette meg az élő történelem múzeumait: elképzeléseit nagyhatású cikksorozatban tette közzé a hatvanas évek végén és a hetvenes évek elején. „Ahhoz, hogy az élő múzeum megfelelően és sikeresen funkcionáljon, egy másfajta valóságot kell kifejeznie – egy másik kor valóságát" – érvelt Deetz („Changing" 50). Ennek a valóságnak a bemutatása nem korlátozódhat házakra, kerítésekre és földekre, a korabeli élet társadalmi kontextusát is be kell mutatni. Deetz szavait idézve:

> Arra gondoltunk, hogy az élő megjelenítők Plimouthban is a történelmi rekonstrukció része kell legyenek. Az adott kora jellemző dialektusban beszéltettük őket, amit kutatások alapján rekonstruáltunk. Ettől kezdve a látogatók lettek a tolmácsok, a megjelenítőket pedig már informátoroknak hívtuk. Olyan volt, mintha a kiállításra jövő látogatók antropológiai terepmunkások lennének, akik azért jönnek, hogy megtapasztalják a közösség életét és ebből annyi információt nyerjenek, amennyit csak tudnak. („Link" 8)

Fokozatosan egyre több és több lett a szerepjáték, míg ma már majdnem minden városlakó, akivel a turisták találkoznak, egy, az adott korra jellemző szerepet játszik. A szereplők alapos képzésben vesznek részt a gyarmati élet részleteivel kapcsolatban, hogy a látogatóknak az legyen a benyomásuk, hogy valóban az adott érában élő személlyel találkoznak. Ma már a Gyarmati Williamsburgben is ezt a modellt követik, csakúgy, mint más élő történelem múzeumokban Amerika-szerte. Azon kívül, hogy ezek a színészlakosok spontán módon eltársalognak a látogatókkal, a közösségi élet bizonyos formáit is részletesen újraélesztik: eljátsszák a városi gyűléseket, ünnepségeket, ám a leghíresebb és egyben legvitatottabb attrakciójuk a korabeli rabszolgaárverés Williamsburgben.

A williamsburgi és hasonló közösségektől ez a fajta történelmi szerepjátszás gombamódra terjedt tovább megszámlálhatatlan helyszínre, ezért ma már Massachusettsben a concordi Orchard House látogatója két színésznő személyében találkozhat a ház egykori irodalmár lakóival, Anna és Louisa May Alcott-tal; az észak-kaliforniai Fort Ross látogatóit két színész fogadja, akik ennek a helyőrségnek az utolsó orosz parancsnokát és feleségét játsszák, mintha még mindig az 1830-as években lennénk; a New York állam északi részén található Vanderbilt palota látogatói a korabeli társaság prominens alakjait, Madeline Astort és Rosamond Vanderbiltet játszó két színésznővel teázhatnak, és, hogy a társadalmi ranglétra másik végéről is legyen szó, a New York-i Lower East Side-on levő Bérház Múzeumban a látogatók olyan színészekkel találkozhatnak, akik az országba 1916-ban olasz bevándorlókként érkező Confino család tagjait alakítják.

Az 1980-as évek közepére több mint 650 élő történelem otthon és közösség létezett Amerikában, és számuk azóta is kitartóan növekszik. A legelterjedtebb típusa az ilyen előadásoknak az élő történelmi gazdaság, melyet a kormány a Smithsonian Intézeten és a Mezőgazdasági Minisztériumon keresztül támogat. Az utóbbiak 1970-ben szövetséget hoztak létre, hogy segítsék és támogassák az ilyen intézményeket. Az élő történelem gazdaságok vezetői büszkén hasonlítják össze élő kiállításaikat a szerte Európában megtalálható, rendszerint lakatlan skanzenekkel. 1980-ban G. Ellis Burcaw, az Idahoi Egyetem Muzeológia Tanszékének vezetője a következőket írta erről:

> A történelem Európában halott, szépen be van balzsamozva ugyan, de halott. A szabadtéri múzeumok az alapos kutatásoknak köszönhetően rendelkeznek ugyan pontosan beazonosítható épületekkel, de nem találkozunk a mindennapi élet ábrázolásával. A gazdasági épületek üres burkai a paraszti kultúrának, amelyeket érdekességnek hordtak össze és nem azért, hogy a társadalomtörténet magyarázatának színteréül szolgáljanak. (5)

Ezzel ellentétben, érvelnek a mozgalom támogatói, az amerikai „élő történelem" helyszínei holisztikus történelmi élményt nyújtanak. Kelsey Darwin 1976-ban arról beszélt, hogy a történelmet „közvetlenül a látványon, hangokon, szagokon, érintéseken és ízeken keresztül" (24) lehet megismerni. Jay Anderson, az élő történelem mozgalom egyik vezető krónikása úgy beszél a Plimouth Ültetvényről, mint amely „kegyetlenül valóságos hely, valóban középkorinak *látszik és érződik*". A Fort Ouiatenonban évenként megrendezett Vadászok Holdjának ünnepéről pedig úgy, mint ami „kvintesszenciálisan tizennyolcadik századi". Úgy véli, hogy a cél „elérni azt a pillanatot, amikor az ember ténylegesen úgy érzi magát, mintha része lenne egy adott történelmi kornak vagy eseménynek" (Anderson 455).

Az élő történelem múzeuma látogatójának helyzete fenomenológiai szempontból nem egyértelmű. A Plimouth Ültetvény területét bejárva például közvetlenül megtapasztalhatja a füstös szagokat, az állatok hangját, a háztartások rendetlenségét egy látszólagos valóságban, azonban a Deetz által használt, találó metafora értelmében a látogató inkább képzetlen antropológiai terepmunkás, mint valódi résztvevője ennek a valóságnak. Ha itt tényleg „holisztikus" múlt-élményben van része a látogatóknak, akkor ez egy sajátosan keretezett élmény, amely valahol a valós élmény és a keretbe foglalt élmény között áll – ilyet bármiféle distancírozás, sőt akár az emlékezet is létre tud hozni.

A meglévő múzeumok, a kormány és a különböző alapítványok által létrehozott „hivatalos" élő történelem mozgalommal párhuzamosan szárnyat bontott egy nem hivatalos, „népi" élő történelem mozgalom is, melynek alapja nem a megfigyelés, hanem a történelmi kultúrában való közvetlen részvétel. A hangsúly itt is azon van, hogy előadáson keresztül hozzanak létre történelmi emlékezetet, de fenomenológiai szempontból a működése teljesen más, sokkal összetettebb. A „hivatalos" élő történelem, amennyiben előadás is része, többnyire úgy működik, mint a hagyományos színház. A néző eljön az előadás színhelyére, hogy viszonylag passzív módon figyelje az előadókat, akik elképzelt személyek szerepét játsszák el. A „népi" élő történelem mozgalomban is lehet közönség, de a hangsúly a közvetlen részvételen van. Eseményeire a résztvevők rendszerint nem azért jönnek, hogy Deetz „antropológiai terepmunkásai" mintájára megfigyeljék egy távoli kor kultúráját, hanem azért, hogy a képzelőerő segítségével megkíséreljenek belépni abba a kultúrába, de nem megfigyelőként, hanem teljes értékű szereplőként.

Az amerikai polgárháború újrajátszásaiban mindkét irányzat jegyei hangsúlyosan jelen vannak. Ezeket eredetileg alapvetően színpadra vitt történelmi bemutatóknak szánták a nézők okulása, szórakoztatása és hazafias érzelmeinek serkentése céljából. Mindamellett az események mérete kezdettől fogva óriási számú aktív résztvevőt igényelt, akiknek háttere és motivációja nagyon eltért az élő történelem múzeum, vagy a Gyarmati

Williamsburghöz hasonló, úgynevezett történelmi szórakoztatópark félhivatásos történelmi előadóitól. A közösségek és a Nemzeti Park Szolgálat szakmai tanácsért és résztvevők toborzása céljából gyakran fordultak különböző amatőr szervezetekhez, mint például a Nemzeti Elöltöltős Lövész Egyesülethez, a Hegyi Prémvadászok Egyesületéhez és az Észak-Dél Csatározások Szövetségéhez, melyeket azért hoztak létre az 1940-es és 50-es években, hogy a tizenkilencedik századi fegyverek használatát gyakorolják általában korhű ruhákba öltözve.

A polgárháború újrajátszásai ennek a néhány szervezetnek a ténykedését nemzeti szabadidős tevékenységgé alakították sok ezer amerikai számára, később pedig európaiak és ausztrálok számára is. Több tucat polgárháborús csatát vívnak meg újra minden évben az egész világon. A legtöbb újrajátszó, akiknek a számát negyvenezerre becsülik az Egyesült Államokban, fontos állandó szabadidős elfoglaltságnak tekinti ezt a tevékenységet, ami a klub, hobbi, felnőttoktatás és nyaralás egyfajta kombinációját jelenti.

A történelmi hitelesség mértéke ezekben a rekonstrukciókban természetesen nagyon változó, de a legtöbb újrajátszó, azok, akik magukat „kemény magnak" nevezik, erősen elkötelezett az iránt, hogy a lehető leghitelesebb módon végezze ezt a tevékenységet. A történelmileg hiteles fegyvereken, öltözeteken és hajviseleteken kívül tekintélyes gyűjteményt halmoztak fel olyan kiegészítő holmikból, mint a korhű piperecikkek, konyhaeszközök, könyvek, magazinok, gyufásdobozok és mindenféle csecsebecsék. Tanulmányozzák az adott kor szókincsét, a hiteles kiejtést. Nemcsak hogy nagy részletességgel tanulmányoznak és gondosan koreografálnak bizonyos csatákat, hanem néhány esetben egyes katonák amellett, hogy megformálnak egy adott történelmi csapattagot, kiválasztanak egy létező történelmi figurát is, és komoly kutatást végeznek róla azért, hogy a lehető leghitelesebben tudják eljátszani. A halál kezelése különleges probléma elé állítja őket. A legnagyobb rendezvények közül jó néhányat szponzoráló Amerikai Nemzeti Park Szolgálat rendszerint megszervezi, hogy korhűen öltözött egészségügyi személyzet érkezzen a helyszínre és szállítsa el a halottakat, egyrészt azért, hogy hangsúlyozzák a csata komolyságát, másrészt, hogy megkíméljék a nézőket az életre kelő és a csatamezőt elhagyó elesett katonák illúzióromboló látványától. A mostanában rendezett nagy csata-újrajátszásokon nem csak katonákat lehet látni, hanem nagy valószínűséggel sebészeket, ápolókat, prédikátorokat, egészségügyi személyzetet, sőt még balzsamozókat is. Amikor a mozgalom egyik krónikása a wildernessi csata újrajátszásán a mentőosztag egyik tagjának szerepében vett részt, a csata végén ezzel a sürgető kérdéssel fogadták: „Tizenkilencedik vagy huszadik századi orvosi ellátást biztosítanak?" (Horwitz, *Confederates* 142). A kérdés feltevője egy „katonatisztet" játszó férfi volt, akinek számos katonája szenvedett valódi sérüléseket az imitált konfliktus előadása közben. Egy újrajátszó-színész,

Robert Lee Hodge legendásan tudott a földre zuhanni és eltorzítani a testét úgy, hogy teljesen meggyőzően szimulált egy felpuffadt holttestet (Horwitz, *Confederates* 7-8).

A résztvevőket a legkülönfélébb okokból vonzzák ezek a rendezvények. Van, akiknek ez egy társasági esemény, alkalom arra, hogy beöltözzenek és egyfajta felnőttes játékot játsszanak, de kevéssé érdeklik őket a fentebb leírt hiteles részletek. A déli polgárháború újrajátszói közül sokaknak ez arra nyújt lehetőséget, hogy társadalmilag elfogadott módon ünnepeljék a régi dél szellemiségét. Ezt a társadalmi jelenséget Tony Horwitz vette alaposan górcső alá a mostanában megjelent *Confederates in the Attic* (Konföderációsok a padláson) című szociológiai munkájában. Nagyon gyakori, és a jelen esszé szempontjából leginkább releváns motivációt jelent az a gyakran hangoztatott igény, hogy egy másik történelmi korral a fantázia segítségével, holisztikusan kapcsolatba kerüljenek. Sok újrajátszó beszél arról, hogy egy bizonyos történelmi pillanat megértését úgy segíti ez az élmény, ahogyan ez pusztán olvasással szinte lehetetlen lenne, és rendkívül nagyra tartják a némelyek által „időutazásos élménynek" nevezett alkalmat, amely során a gondosan összeszedett, korhű részletek és a fizikai részvétel által létrejött illúziók kombinációja olyan pillanatnyi benyomást kelt, mintha az éppen újrateremtett történelmi pillanatnak valóban részesei lennénk. Ennek megfelelően, nemrégiben a shiloh-i csata újrajátszását úgy reklámozták a potenciális résztvevőknek, hogy a cél a szereplők számára „biztosítani azoknak a különleges pillanatoknak az emlékét, amikor úgy érezhetik, hogy visszamenve az időben átélik a történelem egy aprócska momentumát, ami egy pillanatra valósággá válik" (Shiloh 24). A kemény maghoz tartozó újrajátszók ezt az élményt a „korabeliség lázának" nevezik (Horwitz, „Battle Acts" 58).

A polgárháború újrajátszása, mely körül komoly iparág alakult ki az Egyesült Államokban, a legelterjedtebb formája a történelmi előadásban való tényleges részvételnek, de vannak olyan „élő múzeumok" is, amelyek a történelmet nemcsak bemutatják látogatóiknak, hanem alkalmat teremtenek nekik arra is, hogy a polgárháborús szerepek eljátszásával valóban belebújhassanak egy-egy történelmi szereplő bőrébe. A Washburn–Norlands élő történelem központ Maine-ben például azt a lehetőséget kínálja fizetővendégeknek, hogy megtapasztalhatják „a vidéki életet, úgy, ahogy azt egy évszázaddal azelőtt élték New England északi részén". A látogatók azonosulhatnak egy-egy valódi korabeli helyi lakossal, akinek az otthonát és sírját felkeresik, és a tél kellős közepén kukoricacsuhé matracon alszanak a közös hálóteremben villany, folyóvíz és a huszadik század legcsekélyebb komfortja nélkül. Mrs. Alfred Q. Gammon, a múzeum igazgatónője szerint céljuk az, hogy egy másik történelmi korról valódi és hiteles élményt nyújtsanak (idézi Craig 9-10).

Az 1980-as években cikkek egész sora jelent meg különböző történelmi és antropológiai folyóiratokban, melyek a csaták újrajátszásának és a sokkal szélesebb körű „élő történelem" projektnek az oktatásban való hasznosságán, sőt, erkölcsösségén vitatkoztak. Történészek, múzeumi kurátorok és igazgatók még mindig nagyon különböző véleményen vannak ezzel a tevékenységgel kapcsolatban: egyesek lelkesen támogatják, mint hatékony oktatási eszközt, mások hevesen elítélik és hamisnak, bohóckodásnak, sőt egyenesen megtévesztőnek tartják. Hans-Ole Hansen, aki egy vaskori falut épített fel Svédországban, hogy tanulmányozza az építkezési és gazdasági technikákat, kutatóinak megtiltotta, hogy korhű ruhát viseljenek, vagy hogy egyáltalán megpróbáljanak szubjektumként belépni a helyszínre. Szerinte azt gondolni, hogy az őskori környezetben végzett, őskori tevékenységek közben átélt érzések bármilyen módon is azonosak valós, az őskorban élt emberek érzéseivel nem más, mint egy „állandóan jelenlévő, alattomos csapda", állítja Hansen (idézi Bibby 100). A probléma nem egyszerűen az, hogy a múltat a maga komplexitásában soha sem lehet teljesen rekonsturálni, hanem az, hogy az egész élő történelmet áthatja a Richard Handler antropológus és William Saxon filozófus által megnevezett „disszimuláció". Az összes ilyen kísérlet során mindaz, amit a korabeli emberek prereflexív módon, nem öntudatosan éltek meg, szükségszerűen reflexív műveletekhez, olvasáshoz, narrációhoz kötődik (Handler, Saxon 249). Egy ilyen kijózanító figyelmeztetés hasznos lehet az élő történelem azon rajongói számára, akik túlságosan könnyen feltételezik, hogy a történelmi szerepjátszáson keresztül holisztikus betekintést lehet nyerni a múltba. Amit azonban figyelmen kívül hagytak az „élő történelem", vagy történelmi előadás „hitelességéről" folyó elnyúló és néha heves vitákban, az, hogy a posztmodern perspektívából (ami a mai napig szinte teljesen hiányzik ebből a vitából) valójában az „élő történelem" sem vet fel más problémákat, mint a hagyományos, írott történelem. Csupán arról van szó, hogy ezek a formák újaknak, esetleg nyomatékosabbnak tűnnek abban a kultúrában, melyben az irodalom tekintélye hagyományosan nagyobb az érzékelhető dolgok tekintélyénél.

Hans Kellner a következőkben foglalja össze a történelemkutatás posztmodern szemléletét: „a történelem nem a múltról magáról szól, hanem inkább arról, ahogyan jelentést próbálunk adni a minket körülvevő, elszórt, és alapvetően jelentés *nélküli* törmeléknek" (Kellner 136-37, kiemelés az eredetiben). Ez a posztmodern szemlélet arra emlékeztet bennünket, hogy történelmi rekonstrukcióink töredékesek, befejezetlenek és szubjektívek, melyekre kihat a reflexivitás, saját kulturális kontextusunk és az a vágyunk, hogy narratívát hozzunk létre. A történelem modern, újrajátszott bemutatása – viszonyuljon hozzá az ember akár passzív megfigyelőként, akár aktív résztvevőként – nem egy új, problematikus kapcsolatot hoz létre a történelmi folyamattal, hanem felhívja a figyelmet a problematikus kapcsolatra, melyet a hagyományos, írásos megközelítési módszerekkel mindezidáig sikeresen elrejtettek. A történész, és mellesleg bárki, aki a múlt eseményeinek elbeszélésében, vagy visszaidézésében részt vesz, mindig is úgy használta feljegyzéseit, a forrás dokumentumokat, sőt még saját emlékeit is, mint az „antropológiai terepmunkások", azaz mint egy másik kultúrából érkező látogató, és akár tudatosan, akár nem, mindig részt vett képzeletbeli szereplőként saját történelmi beszámolójában azáltal, hogy a tanulmányozás során kiválasztott adatok feldolgozásához a reflexivitás, narratíva, értelmezés és képzeletbeli rekonstrukció stratégiáit alkalmazta. Mi, történészek és laikusok egyaránt, a múltat mindig is a saját szükségleteink, reményeink és fizikai és szellemi létezésünk módjai szempontjából teremtettük újjá. Az „élő történelem" ellenzőinek teljesen igazuk van abban, hogy kritizálják azt az igen ambiciózus állítást, hogy az élő történelem képes a múlt akár egyetlen pillanatának holisztikus felidézésére, de ezzel a vitának még távolról sincs vége. Sokkal fontosabb, hogy mindebből megállapíthatjuk, hogy habár a múlt a maga teljességében megragadhatatlan, elkerülhetetlenül a bűvöletébe kerülünk, és megpróbáljuk feldolgozni. Az emberiséget mindig is foglalkoztatta és foglalkoztatni fogja a történelmi emlékezet kérdése, de csak mostanában ismerték fel a testi emlékezet és cselekvés fontosságát ebben a folyamatban: gondoljunk itt olyan teoretikusokra, mint Pierre Nora, aki az „élő emlékezet" koncepciójának a megfogalmazója (12), vagy Paul Connerton, aki szerint az emlékezet „lerakódik vagy felhalmozódik a testünkben" (72). Joseph Roach a történelmi emlékezet e két teoretikusára támaszkodva megteremtette a „kinesztetikus képzelet" fogalmát, hogy a történelmi emlékezet és a test között fontos kapcsolatot tételezzen. Roach szerint a kinesztetikus képzelet „a virtuális világ lakója. Igazsága a szimuláció, a fantázia és az álmodozás igazsága", egy olyan világ, ahol a „képzelet és az emlékezet összetalálkozik" (26-27). A kinesztetikus képzelet alapvető működési területe az eljátszás, és amikor a kinesztetikus képzelet egyesül az emlékezettel, az eredmény, akár elismerik, akár nem, az „élő történelem" egy fajtája lesz. Ennek a dinamikának a felismerése e modern népi jelenség túlságosan is könnyű elutasításától, mert mindez naiv, vagy nem megfelelően reflexív, elvezet egy mélyrehatóbb felismerésig, mely szerint ez a jelenség fontos része egy folyamatos és alapvető emberi tevékenység-sorozatnak.

Szverle Ilona fordítása

Felhasznált irodalom

Anderson, Jay. *The Living History Souurcebook*. Nashville: American Association for State and Local History P, 1985.

Bibby, Geoffrey. „An Experiment with Time". *Horizon* 12.2 (1970): 90-100.

Burcaw, G. Ellis. „Can History be too Lively?" *Museums Journal* 80 (June 1980): 5-7.

Connerton, Paul. *How Societies Remember.* Cambridge és New York: Cambridge UP,1989.

Craig, T. L. „Retreat into History". *History News* 38.6 (1983): 9-10.

Darwin, Kelsey. „Harvest of History". *Historic Preservation* 28 (July-Sept. 1976): 20-24.

Deetz, James. „The Changing Historic House Museum: Can It Live?" *Historic Preservation* 23 (Jan-March 1971): 51-54.

---. „The Link from Object to Person to Concept". *Museums, Adults, and the Humanities: a Guide for Educational Programming.* Szerk. Zipporah W. Collins. Washington DC: American Association of Museums, 1981. 24-34.

Deák, Frantisek. „Russian Mass Spectacles". *The Drama Review* 19 (June 1975): 7-22.

Gerould, Daniell. „Historical Simulation and Popular Entertainment". *The Drama Review* 33. 2 (1989): 161-84.

Handler, Richard, William Saxon. „Dyssimulation: Reflexivity, Narrative, and the Quest for Authenticity in 'Living History". *Cultural Anthropology* 3.3 (1998): 242-60.

Horwitz, Tony. „Battle Acts". *The New Yorker*, Feb. 16, 1998: 58.

---. *Confederates in the Attic.* New York: Pantheon, 1998.

Hugo, Victor. „Preface à Cromwell". *Oeuvres completes*, 18 vols. Paris 1967. 3-63.

Hugot, Eugene. *Historie litteraire, critique, et anecdotique du Theatre du Palais–Royal.* Paris, 1886.

Kellner, Hans. „Language and Historical Representation". *The Postmodern History Reader.* szerk. Keith Jenkins. London: Routledge, 1997.

Nora. Pierre. „Between Memory and History: Les Lieux de Memoire". *Representations* 26 (Spring 1989): 7-25.

Roach, Joseph. *Cities of the Dead.* New York: Columbia UP, 1996.

Shiloh Reenactment Association: „An 1862 Military Experience". *Camp Chase Gazette* 14.1 (1986).

---. *The Official Guidebook.* Williamsburg 1951.

4.
A KÍSÉRTETJÁRTA SZÖVEG
(részletek *A kísértetjárta színpad: a színház mint memória-gépezet* című kötetből)

Amikor azt készülünk megnézni, hányféle módon dolgoz fel a színház különböző anyagokat újra (recycling), hogy a potenciális nézőkben bizonyosfajta befogadási struktúrákat alakítson ki, legkézenfekvőbbnek tűnik a színháznak azzal a részével kezdeni, amely hagyományosan minden más alapjául szolgál, nevezetesen az előzetesen létező (preexisting) drámai szöveggel. A legtöbb színházi kultúrában egy írott, vagy szóban terjesztett, előzetesen létező szöveg képezi az alapot, bármifajta fizikai előadás is jelentse abban a kultúrában a színházi élményt. Valójában, az előzetesen létező szöveg és annak színpadi eljátszása kapcsolatát tekintve már beszélhetünk bizonyos fajta „kísértésről", mert közel áll a színházi élmény struktúrájához, nevezetesen ahhoz, hogy egy cselekvés fizikai megtestesítését, amit néznek a színházban, jelentős mértékig kísérti az előzetesen létező szöveg. Ez a jelenség különösen nyilvánvaló az olyan korokban, mint a miénk is, amikor a közönség gyakran megy úgy a színházba, hogy már ismeri az előzetesen létező szöveget. A további fejezetekben ennek a fajta kísértésnek egyes, a befogadással összefüggő implikációit nézem meg, de mielőtt tovább megyek a fizikai értelemben vett színházi élmény és befogadása elemzéséhez, ki kell mutatnom, hogy az újrafeldolgozás milyen nagy mértékben sajátja maguknak a drámai szövegeknek. Számos fontos téren a drámai szövegek, még mielőtt belépnének a színházba, olyannyira részesei ennek a folyamatnak, hogy egyes elméletírók szerint ez a drámai szövegek egyik meghatározó tulajdonsága.

Derrida és mások rámutattak arra, hogy tulajdonképpen minden szövegben ott kísértenek más szövegek és úgy lehet érteni őket, mint megelőző szövegek összeszövését – így valójában mindenfajta befogadás ezen a szövegközi dinamikán alapul. Anélkül, hogy vitatnánk ezt a globálisabb nézetet, miszerint minden szöveg más szövegek hálójában és rájuk épülve létezik, úgy gondolom, még mindig tartható az a nézet, hogy a drámai szöveg megkülönböztetője részben a korábbi, irodalmi és nem-irodalmi szövegekkel való érintkezésének mértéke és sajátossága. Az irodalmi műfajok között elsődlegesen a dráma az, amelynek mindig is központi törekvése volt nem csak egyszerűen történetek elmondása, hanem a közönség számára már ismert történetek újra elmondása. Része ennek az utalások, költői képek, sőt, strukturális elemek és minták újrafelhasználása, ahogyan az intertextualitás elmélete leírja, de a folyamat messze túlmutat ezen. Hozzátartozik az is, hogy a drámaíró olyan narratívát alkot, amelyet csaknem minden vonatkozásában – a nevek, karakterviszonyok, a cselekmény szerkezete, sőt még apró fizikai és nyelvi részletek terén is – ott kísért benne egy bizonyos korábbi történet. Bár az újrafeldolgozás működése minden ilyen elemben nyomon követhető, én a folyamatot a következőképpen tárgyalom. Megvizsgálok néhány módot, ahogyan a drámaszöveg azon két, egymáshoz szorosan kötődő összetevőjében funkcionál, amelyek ezt a sajátosságot a legvilágosabban mutatják. Ezek pedig bizonyos narratívák újrafelhasználása, és bizonyos karakterek újra szerepeltetése.

Már a klasszikus időkben a lírai költészet, amely inkább érzelmekről, mint cselekvésekről szólt, sokkal kevésbé kötődött a történelemből, mítoszokból és legendákból származó anyaghoz, mint az eposzi vagy drámai narratívák. Az idő múlásával, a reneszánsz után az eposzok helyébe fokozatosan a regény lépett, és a dráma átvett anyagokhoz való kötődése sokkal inkább az utóbbi műfajnak vált jellemző sajátjává. Noha a regény időről időre merített a történelemből és legendákból, írói a kezdetektől fogva jóval tudatosabban kezdtek „új" történeteket mondani, még akkor is, ha történelmi környezetbe helyezték ezeket. Tulajdonképpen a regény iránti fokozódó érdeklődés és a regény népszerűsége nagymértékben okozója annak, hogy a dráma a 18., mi több, a 19. század során is sokkal jobban kezdett érdeklődni az olyan fajta új történetek iránt, amelyeket a realizmus és a naturalizmus nyújtott általában olvasóinak.

A romantika kialakulása és az, hogy az újításra, egyéniségre és egyediségre helyezett hangsúlya kihívást jelentett a klasszikus tradícióval szemben, a drámát jelentős mértékben elválasztotta hagyományos törekvésétől, hogy ismert történeteket adjon újra elő. Ebben a vonatkozásban a dráma közelebb került a regényhez (a műfajhoz, amely sokkal jobban alkalmazkodott ehhez az újfajta szellemiséghez és ebben az időben mindinkább a dráma helyébe lépett az európai irodalmi tudat centrumában). Az új és „egyedi" sztori iránt elkötelezett realizmus kialakulása szintén hangsúlyozta ezt a tendenciát. Nem szabad azonban elfelejteni, hogy a romantika és realizmus által hozott változások ellenére a dráma, története legnagyobb részében, keleten és nyugaton, elsősorban a már ismert történetek elmondására alapozott, olyannyira, hogy számos elméletíró ezt a műfaj egyik tulajdonságának tartja.

Noha jelen könyvemben főként a nyugati színházi tradícióra hivatkozom és abból veszem példáimat, fontos megjegyeznem, hogy a pre-textusként funkcionáló történetek speciális szerepe a drámairodalomban nem elsődlegesen nyugati jelenség, hanem az egész világon jellemző a drámára. Látható ez már a dráma történetének és a drámáról való írásnak a kezdetétől, mivel a világ nagy drámaírói hagyományainak mindegyike korán elkezdte hangsúlyozni, hogy a színpadon nem elmondanak, hanem újra elmondanak a közönség számára már ismert történeteket. A nemzetközi drámairodalomra vonatkozóan három elméleti alapszöveg, keleten és nyugaton egyaránt – Bharata *Natyasastra*, Arisztotelész *Poétika* című művei, és Zeami nóról szóló írásai – meglepően hasonlóképp foglal állást a meglevő történetek színházi felhasználásával kapcsolatban. Mindhárom szerint drámai célokra lehet újra elmondott, és újonnan alkotott történeteket is felhasználni, de mindhárom szerző jobbnak és jelentősebbnek gondolja az olyan drámát, melynek cselekménye már ismerős a közönségnek, mivel a hősök, királyok és istenek tetteiről szóló történelmi, legendás és mitikus anyagok közös tárházából származik. Arisztotelésznél ilyen dráma a tragédia, melynek munkája nagy részét szenteli. Noha a költészetet a történelemtől azon az alapon különbözteti meg, hogy a történelem az „egyedivel" foglalkozik, Arisztotelész megjegyzi és helyesli, hogy a tragédiák írói általában és szívesen merítenek anyagot történelmi témákból és ismert legendákból.

Miközben Arisztotelész a tragédiát tekinti a legfontosabb drámai műfajnak, Bharata a *Naták*at tartja ilyennek, amely „drámatípusban a téma jól ismert történet, és a hős szintén ismert és nagyra értékelt" (115). A *Natyasastra* nem foglalkozik az Arisztotelész által előtérbe állított, speciális érzelmi reakció kiváltódásával, hanem inkább az olyan drámára összpontosít, amely az érzelmek játékát (*rasas*) váltja ki a közönségből. Mindazonáltal, akárcsak a *Poétika*, elismeri, hogy bizonyos történetek, helyzetek és cselekményszerkezetek jobban megfelelnek erre a célra, mint mások, továbbá bizonyos történetek ismertsége és népszerűsége jórészt annak köszönhető, hogy sikeresen hoznak létre ilyen hatásokat. Amikor efféle történeteket adaptál, a drámaíró már bizonyos mértékig számol ezekkel a hatásokkal.

A japán nó mestere, Zeami legkorábbi munkája az írott szöveget a művészet éltetőjének nevezi, és szerinte „a legjobb nó dráma jellemzője az autentikus forrás, az újdonság, a kulcsfontosságú pont a cselekményben, és emellett némi elegancia vagy különleges íz". A forrásanyag ne csak „megfelelő és autentikus" legyen, hanem, ha lehetséges, „az eredeti forrást meg kell említeni a darab elején, azután pedig az emberek számára jól ismert történetet közérthető stílusban kell elmondani". Ha a darab szcenikai és történelmi szempontból érdekes helyről szól, ami számos nó drámára jellemző, „valamilyen, a hellyel kapcsolatos, ismert költői műnek kell a darab középpontjába kerülnie" (Zeami 71-72). Mintegy húsz évvel később Zeami írt egy hosszabb szöveget a drámaírásról, *Sando* címmel. Ebben hasonlóan szól szövegek újrafelhasználásáról, nemcsak történetek, hanem ismerős kifejezések vonatkozásában is, és kimondottan felhívja erre a közönség figyelmét:

> A drámában kell lennie egy olyan helynek, amely az eredeti forrásra utal. Ha ez a hely híres, vagy történelmi színhely, a hellyel kapcsolatos költészetből sorokat kell, kínaiul vagy japánul, beírni a főbb pontokhoz ... Emellett nagyra tartott mondásokat és jól ismert kifejezéseket kell a *shite*[9] nyelvezetébe beleszőni. (idézi Hare 54)

Zeami és a nó más mesterei a történelemben, legendákban és a folklórban találtak témákat, különösen pedig az irodalmi klasszikusokban, mint például a 7. századi *waka* versekben, a 9. századi *Tales of Ise* (Ise mesék) sorozatban, a 12. századi *Tales of Genji* (Genji meséi) darabjaiban, és a 13. századi *Tales of Heike* (Heike meséi) történeteiben. A nó dráma minden bizonnyal a leginkább kísértetjárta a világ klasszikus drámaformái között, mert központi alakja gyakran szó szerint egy kísértet, aki a darab folyamán felidézi, és részben újra is éli történetét. Ha a klasszikus görög és indiai drámáról elmondhatjuk, hogy ugyanannak a történetnek a korábbi előadásai kísértik, a nó drámát kétszeresen kísértettnek tekinthetjük, mert az előzetesen létező történetet nem csak a közönség, hanem a főszereplő is ismeri, aki most szellemként tekint rá vissza. Mintha Ödipusz megjelenne a halála után és végzetéről elmélkedne, miközben az arról szerzett teljes tudását megosztja a közönséggel.

* * *

Azt is figyelembe lehet venni (bár Arisztotelész nem teszi), hogy gyakorlati előnyei vannak a drámaíró szempontjából annak, hogy nyersanyagként már ismert történeteket használ fel. A színház jóval koncentráltabb forma, mint az eposz, vagy mint az eposz modern leszármazottja, a regény, és a drámaírók mindig is keresték a módját, hogy anyagukat a lehető legügyesebben és leghatásosabban tálalják. Világos, hogy a közönség számára már ismert történetek esetében kevesebb időt kellett fordítani az expozícióra és magyarázatokra, így a drámaíró mindjárt a cselekmény minél érdekesebb pontjához ugorhatott. Ez a stratégia olyan népszerű volt a görögöknél, hogy az úgynevezett késői támadási pont egyike volt a görög tragédia legtipikusabb szerkezeti jegyeinek, ugyanis a történet nagy része

---

[9] A nó drámában a főszereplő megnevezése (a fordító jegyzete).

már megtörtént a dráma kezdete előtt. A nóban szintén megtalálható ez a stratégia, különösen Zeami műveiben, akinek harcosokról szóló darabjaiban a támadási pont még későbbre kerül, mint a görögöknél, nem röviddel a hős halála előtt, hanem utána következik. Így a hős szelleme és a közönség visszatekinthet a történet ismert alakulására, de közben egyetlen esemény, sőt akár egyetlen perc emlékére összpontosíthat, mert a többi részlet csak utalásokban, implikálva szerepel.

A színházi esemény körülményei – vagyis az, hogy rövid idő alatt játszódik, és nagyszámú közönség nézi – nem nyújtanak lehetőséget a regény vagy a lírai költészet biztosította reflektálásra, vagy újraolvasásra. Ezáltal ösztönöznek arra, hogy a könnyű befogadás céljából a közönség számára valamelyest már ismerős anyagot használjon a szerző. A népszerű és politikai irányultságú színház teoretikusai gyakran hangsúlyozták ezt a szempontot. Romain Rolland 1913-as, a népi színházról írott, nagy hatású tanulmányának első számú tanácsa, hogy „az író csakis jól ismert történelmi témákat válasszon, amelyeket gyorsan színpadra lehet állítani" (124).

Ezt a kiválóan praktikus, újraírásra felhívó buzdítást csaknem minden kor minden drámája megfogadja, de gyakran más, még speciálisabb vonatkozások is segítik érvényesülni. A reneszánsz korban csaknem egyetemes volt az az elgondolás, hogy a dráma elsősorban nem elmond, hanem újra elmond történeteket. Abban az időben, amikor a drámaírók a görög és római gyakorlat értelmezése alapján elkezdtek színházat csinálni, első próbálkozásként bizonyos klasszikus darabokat egyszerűen lefordítottak, vagy adaptáltak, ami tulajdonképpen az újraírás legkezdetlegesebb típusa. Azután, ahogyan eredetibb munkák kezdtek születni, a drámaírás kedvenc témái továbbra is a klasszikus hagyományból jól ismert történetek voltak – a klasszikus szerzők által már feldolgozott mítoszok és legendák, vagy a leggyakrabban római, de időnként görög, esetleg a bibliában előforduló történelmi alakokról szóló narratívák. A reneszánsz esztétika általános elve, miszerint a görög és római gyakorlatot a lehető legszorosabban kell követni, már eleve az antikvitásból ismert anyag újrafeldolgozására buzdított. Az újrafeldolgozást különösen hangsúlyozták a dráma esetében, mivel maga a klasszikus gyakorlat, amint láttuk, meglehetősen kis számú, közkedvelt történet folyamatos újraírását tartotta feladatának.

A francia teoretikus, Jacques Peletier du Mans 1555-ös, *Art poétique* (Költői művészet) című munkájában felszólította a francia drámaírókat, hogy Szophoklész, Euripidész és Seneca munkáiból merítsenek témát – ezt a tanácsot a reneszánsz drámaírók széles köre követte Európa-szerte (idézi Forsyth 98). Christian Biet például az Ödipusz történetnek több, mint harminc különböző újraírását számolta meg Franciaországban 1614 és 1818 között (12). A legnagyobb tiszteletnek örvendő drámaforma, a tragédia egyúttal az a műfaj, amelyik leginkább elkötelezett a történetek újra elmondása iránt, és a komoly dráma kedvelt formája maradt, különösen Franciaországban és Olaszországban, a kora 19. században induló romantikáig.

A klasszikus és a modern közötti harc, és még inkább az utána következő romantika a művészetekről szólva a hagyományos témák folytonos újrahasználatától való függetlenséget szorgalmazta, de a színház hagyományos kapcsolata a kulturális emlékezettel töretlen maradt, és egyszerűen más irányokba fejlődött tovább. Lehet, hogy a német, francia, és más nemzetek romantikus drámaírói hátat fordítottak a sokáig központi szerepet játszó mítoszoknak, legendáknak, és a klasszikus antikvitás történeteinek, de gyakran csak azért, hogy saját kultúrájuk mítoszaival, legendáival és történeteivel helyettesítsék őket. Ha valami, hát ez az új irányultság ismét megmutatta, hogy a színháznak mindig is milyen központi szerepe volt abban, hogy egy kultúra részeseinek újra és újra elismételje saját történeteit.

A sokszor újraírt, ismert klasszikus mítoszok sem tűntek el a színpadról. Annak ellenére, hogy a 19. században előtérbe került a nemzeti kulturális anyag, Elektra, Ödipusz és Médea ismert régi történetei továbbra is inspiráltak fontos drámai újraírásokat csaknem minden generáció során. Még a 20. században is, a realizmus győzelme után, újra és újra elmondják ezeket a történeteket, hogy minden egyes új generáció erről az ismert alapról kezdjen saját korának speciális kérdéseivel foglalkozni. A számtalan 20. századi példa között Amerikában Eugene O'Neillt idézhetjük, aki görög módra, egy tragikus trilógiában kísérelte meg újraírni Elektra és Oresztész történetét *Amerikai Elektra* (*Mourning Becomes Electra*) címmel; művét áthatotta, mint a kortárs művészet számos alkotását, a freudi pszichológia. Franciaországban Jean Anouilh *Antigoné*ja a német megszállás idején született és a kor erkölcsi és szellemi feszültségeit tükrözi, Németországban pedig a késő 20. század vezető drámaírója, Heiner Müller elvont, kísérletező darabja, a *Medeamaterial* (Médea-töredékek) egy további példa, amelyet, mint a szerző sok más művét, az éles, széthullt töredékekben tovább élő múlt kísérti.

Számos teoretikus próbált magyarázatot adni arra, hogy a dráma miért vonzódik annyira töretlenül a már használt anyaghoz. C. R. Post, aki a jelenségről a vígjátéki hagyományon belül különösen a görög új komédia és követői történeteinek újraírását taglalja, erősen teleologikus magyarázatot nyújt:

> A múltbeli ideál az volt, hogy ugyanazt a témát addig kell újra és újra ismételni, amíg tökéletes kifejezést nem nyer ... a tragikus költő a sokat szerepelt mítoszokat veszi elő, a vígjátéki szerző az ismerős intrikákat, és mindegyik rávetíti a régi anyagra saját egyediségét abban a reményben, hogy az ő értelmezése lesz a végleges. (idézi Biet 116)

Ez az elmélet érdekes és hasznos irányba mutat, noha az erősen arisztotelészi elképzelés arról, hogy minden téma egy végső, „tökéletes kifejezés" felé halad, nem igazán pontosan írja le a folyamat tényleges dinamikáját.[10] Az arisztotelészi alapon álló teoretikus számára vonzó lehet ez az elvont nézet, de nem tűnik valószínűnek, hogy az elsődleges ok, amiért az új komédia írói gyakran visszatértek ugyanahhoz a fő cselekményvonalhoz, vagy a komoly dráma szerzői Elektra és Médea történeteit azért mondták el újra, hogy végre „jó legyen". Álmodhat egy drámaíró arról, hogy ő írja meg egy történet „végső" változatát, olyat, amely kiűzi az összes többit az emberek emlékezetéből és a további variációkat szükségtelenné teszi, a folyamat azonban általában egyáltalán nem így működik. Még Szophoklész *Ödipusz*át is, az egyetlen darabot, amelyik talán a történet „meghatározó" változata, számos más drámaíró újraírása követte; éppen a történet nagyszerűsége bizonyára az egyik ok, amiért az ilyen újraírások továbbra is feltűnnek.

* * *

Még akkor is, ha közvetlen versengésre vagy rivalizálásra nem került sor, mint a klasszikus görög, vagy a neoklasszikus francia színházban, a drámaírók gyakran írtak át ismert történeteket, hogy munkájukat egy hagyományhoz kapcsolják, vagy mert egy ismert történet újraírása lehetővé tette a változat finomságainak hangsúlyozását, és a szerző így megfelelően tudott a számára érdekes tartalmi vagy stílusbeli jegyeket kiemelni. Menanderről írva Netta Zagagi kritikus-elődjével, Posttal arról vitázik, hogy milyen indítóokok álltak az ismert történetek újraírása mögött a klasszikus és a neoklasszikus színházban. Zagagi szerint ezekben a színházakban a néző „szívesebben építette elvárásait ismert talajra, mintsem sötétben tapogatózzon egy író homályos világában, aki a hagyományos gondolati mintáktól eltérően alkotja meg szituációit a semmiből". Az író által kitűzött cél nem annyira az anyag Post szerint „végleges" kidolgozása volt, hanem gazdag és komplex új bemutatása. Zagagi így érvel: „Az adott téma variációi sokkal jobban ösztönözték a képzeletet, és minél összetettebb és átfogóbb volt az egyedi mű és a forrásául szolgáló irodalmi hagyomány közötti kapcsolat, annál inkább számíthatott az író arra, hogy munkájával dicséretet és elismerést szerezzen magának" (15-16).

A dráma újraírási stratégiájának egyik legfontosabb hatása, hogy a nézőt arra ösztönzi, vesse össze ugyanannak a történetnek a különböző változatait, és ezáltal jobban figyeljen a történet elmondásának mikéntjére,

---

[10] Az ilyen teleológiai irányultság Arisztotelésznél mindenütt megtalálható, melynek egyik ismert példája a tragédia kialakulásáról szóló kommentárjában van. Szerinte „Sok változáson keresztül, a tragédia végül megállapodott, mikor megkapta természetének megfelelő alakját" (Arisztotelész, ford. Sarkady 10).

és ne annyira magára a történetre. Paradox módon, így az ismert történet újraírása a szerző munkájának eredetiségét hangsúlyozza. Bizonyos értelemben egy olyan történet, mint a Faust újraírása, olyan címet kaphatna, mint ahogyan Paul Valéry nevezi az ő változatát: *Mon Faust* (Az én Faustom).[11] Világos, hogy ez nem csak nyugati jelenség, hanem fontos része volt a közönség élményének számos korban és a legtöbb színházi kultúrában. D. J. Crump, a klasszikus kor kínai drámájáról írva például megállapítja, hogy „a kínai drámák többsége 'történelmi'. Vagyis olyan emberekről szólnak, akik valaha éltek, és olyan cselekedetekről, amelyek a kínaiak gondolkodása szerint megtörténtek a múltban, és még *az írástudatlanok is meglepően jól ismerik ezeket*" (Carlson kiemelése). Ez az előzetesen meglévő tudás Crump szerint „növeli a drámaíró által nyújtott cselekmény és szereplők értékét".

> A drámaíró például finoman bánhat egy jól ismert történelmi szereplővel – mondjuk egy kegyetlen tábornokkal –, ami esetleg ellentmond annak, ahogyan a köznép emlékszik rá és a nyugatiaknál hiányzó effektusokat hozhat létre. Még fontosabb, hogy a drámaíró közönsége kétségkívül elfogadja a prózai vagy verses sorok szélsőségeit a szerző szándéka szerint, mivel mind a közönség, mind a drámaíró nagyjából egyformán vélekedik a drámai szereplőkről. (Crump 181)

A modern időkben, amikor a realizmus hagyománya a drámaírókat elfordította attól, különösen az angol nyelvterületen, hogy ismert anyagot írjanak újra, a korábbi változatokkal való összehasonlítás, mint a befogadás folyamatának nem elhanyagolható része sokat veszített jelentőségéből, noha számos korban fontos, egyes korokban pedig domináns elem volt.

A görögök óta egy bizonyos eszköz, nevezetesen az irónia, teljes mértékben függött attól, hogy a közönség előzetesen ismerte-e az éppen megnézett darabot. Tulajdonképpen számos modern kritikus érvelése szerint az irónia olyannyira alapvető vonása a drámának, hogy a két terminust nem lehet egymástól elválasztani. Kenneth Burke például a *drámát* és az *iróniát* lényegében azonosítja egymással a *Grammar of Motives* (Motivációk nyelvtana) című könyvében (503-17), míg D. C. Muecke, az ironikusról írott könyvterjedelmű tanulmányában azt mondja, hogy „az irónia alapvetően egyaránt színházi és drámai", majd hozzáteszi: „a dráma legalábbis tipikusan ironikus és talán alapvetően irogenikus is, azaz iróniát képes létrehozni" (71). Burke nyomán Bert States azt állítja, hogy „megbízható, intuitív igazság van abban a közös hajlamunkban, hogy az *irónia, dialektikus* és *dráma* terminusokat együvé csoportosítjuk és gyakran használjuk őket egymás definiálásában" (xv-xvi).

---

[11] Valéry megjegyzi: „Faustnak és félelmetes társának karaktere mindenfajta reinkarnációra jogosult" (7).

Of Irony, Especially in Drama (Az iróniáról, különösen a drámában) című könyvében G. G. Sedgewick azt sugallja, hogy az ironikus módnak ez a különleges összekapcsolódása a drámával jellemzője magának a színháznak, amely szerinte „egyfajta ironikus konvenció sorozatot nyújt, mert a néző leül egy jó helyre, mint a valóságban, és egy illúzión alapuló világba nyer betekintést, hogy 'felülről láthassa az életet'." A színházi élmény különleges vonása, hogy „szemléljük az életet, amelybe, igaz, nincs beleszólásunk, de amely fölött tudásunk révén kontrollt gyakorlunk". A felsőbbrendű tudás és kívülállói együttérzés egyensúlyának eredményeképp, mondja Sedgewick, *„a nézői érdekeltség mint attitűd teljes mértékben ironikus lesz"* (32-33). A színház által kiváltani szándékolt érzelmi reakciók teljes spektruma, a könnyű vígjáték által nyújtott szórakozástól a tragédia nyomán érzett pátoszig nagymértékben arra támaszkodik, hogy a néző megérti, hogy a szereplők jövőbeli cselekvései vagy a dolgok valódi állása nem jelennek meg a színpadon. Ez olyan különbözés, amelyet a Shakespeare-kutató Bertrand Evans „eltérő tudatosságnak" („discrepant awareness") nevez (337).[12]

Van bizonyos fajta ironikus elem Sedgewick szerint abban az alaphelyzetben, hogy a néző nem megfigyelt és nem résztvevő megfigyelő, de az irónia sokkal élesebb és fókuszáltabb, amikor a megfigyelő valamilyen módon olyan tudás birtokába jut, amely a megfigyelt jelenségre vonatkozik, de a résztvevők számára nem adott. Így létrejön az iróniához szükséges megkettőzött vagy dialektikus helyzet, mivel az „eltérő tudatosság" önmagában nem elég; a megfigyelőnek egyúttal tudatában kell lennie annak, mit tudnak a szereplők a színpadon, továbbá a feltételezetten teljesebb és összeegyeztethetetlenséget tartalmazó vagy ellentmondásos állapotnak, ahogyan Sedgewick értelmezi ezeket.

* * *

A nacionalizmus megjelenése új jelentőséget adott a történelmi témák dramatizálásának a 19. században, de az ilyen anyagok dramatizálása már gyakorlatként működött. Noha a reneszánsz és barokk színházban általában a klasszikus anyag szolgált forrásul a drámai újraírás számára, egyáltalán nem az egyetlen ilyen forrás volt. Időben közelebbi történések, mítoszok és legendák továbbra is forrásként szerepeltek, akárcsak a görögöknél, és bizonyos történetek, miután bekerültek a drámai repertoárba, számtalan drámai újraírást inspiráltak, mint korábban Elektra és Antigoné történetei. Közöttük az egyik első Szent Johanna története volt, amelynek első drámai feldolgozására egy késő középkori misztériumban került sor, még ugyanabban az évszázadban, amikor Johanna élt, *Mistère du siège d'Orléans*

---

[12] Evans szerint ez „Shakespeare kedvenc drámai előfeltétele", és az összes komédia értelmezéséhez felhasználja, mint kulcsfogalmat.

(Orleans ostromának misztériuma) címmel. A történet színházi lehetőségei rögtön nyilvánvalóvá váltak és megerősítést nyertek azzal, hogy Johannát a francia nacionalizmus feltámadásával asszociálták. A Szent Johanna anyag klasszikus, 1894-es bibliográfiája több mint kétszáz francia és más nemzetiségű drámai művet sorol fel, amelyek addig a témát feldolgozták (Lanéry).[13]

A királyokról és hősökről szóló történetekkel együtt, amelyeket az ókortól fogva újraírnak a drámairodalomban, a drámaírók az utóbbi időben egyre inkább a jól ismert közéleti események dramatizálásához fordulnak, bár ezek főszereplői szerényebb rangúak. Elsősorban a nagy publicitásnak örvendő botrányokról és bűntényekről szólnak az ilyen történetek. Világos, hogy az újraírás indítéka itt nem a hazaszeretet vagy nemzeti büszkeség bátorítása, hanem egy sokkal inkább hétköznapi cél: hasznot húzni a kurrens szenzációkból a közönség vonzásának érdekében. Angliában az úgynevezett családi (domestic) dráma az 1592-es *Arden of Feversham*-mel kezdődik, amely egy, Kentben élő, megelőző generáció idején történt szenzációs, nagy publicitást élvező bűntényt dramatizál. Ugyanebben a korban tűnt fel a színházban két, hosszú életű színházi mítosz, amelyek feltehetően szintén a valóságban megtörtént botrányokból származtak, nevezetesen Dr. Faust története Németországban és Don Juané Spanyolországban. Mindegyik történet, mint Szent Johannáé, hamarosan bekerült a folyamatosan újraírt színházi narratívák repertoárjába, és több száz alkalommal játsszák őket újra a színpadon és egyre újabb variációkat inspirálnak (az egyik legújabb változat címe *F@ust, Version 3.0*, ezt a barcelonai Fura dels Baus nevű kísérleti társaság mutatta be és a régi történetet egyenesen az internet korába helyezte, amint a mű címe is mutatja).

Yoshinobu Inoura és Toshio Kawatake a 18. századi Bunraku drámaíró, Chikamatsu családi drámáit így jellemzi: „a napilapokban számos helyi hírhez és híranyaghoz kapcsolódnak ... nemrég történt aktuális események dramatizált változatai" (158). Ez a leírás nemcsak a japán Bunraku és Kabuki színházak legnépszerűbb darabjainak nagy részére illik, hanem sok európai műre is, amelyeket ebben a korban, illetve az ezután következő több, mint egy évszázad során írtak. George Lillo *The London Merchant* (A londoni kereskedő) című darabja, amely a 18. század legnépszerűbb komoly drámája volt, egy ismert bűntényt választott témájául, hasonlóan a következő évszázad számos népszerű melodrámájához, mint például a hatalmas sikert arató *Maria Martin* és *The Red Barn* (A vörös pajta). A kurrens és nagy publicitást élvező gyilkossági esetek szenzációkeltő újraelmondásai jórészt azért arattak tetszést, mert a közönség sok részletet ismert a bűntényekről szóló, népszerűsítő híradásokból.

---

[13] Jan Joseph Soous még 142 címet tesz ehhez hozzá.

Nem csak a szenzációs bűntényeket, hanem bármilyen, az emberek képzeletét megragadó történetet általában a színházban adtak elő újra a közönségnek, a televízió kora előtti időben. 1711-ben például Richard Steele lapjában, a *Spectator*-ben megírta egy fiatal londoni kereskedő, Thomas Inkle történetét, akiről az a hír járta, hogy elutazott Barbadosba, ahol beleszeretett egy bennszülött lányba, Yarico-ba, és gyermekük is született. Inkle később hűtlen lett a lányhoz, és eladta rabszolgának. A patetikus történet egyaránt sokkolta és vonzotta a közönséget a szentimentális 18. században, és a korban több, mint tizenöt drámában jelent meg a történet különböző nyelveken (a változatokról lásd Price könyvét).

A legtöbb fentebb említett újraírási stratégia mind keleten és nyugaton eddig elsősorban komoly drámában jelent meg, ha nem is az arisztotelészi értelemben vett, igazi tragédiákban. Arisztotelész és Bharata egyaránt több lehetőséget ad a komédia szerzőnek, mint a komoly dráma írójának az új történetek alkotása terén, és a komikus kyogen gyakorlata a komoly nóval ellentétben a japán klasszikus hagyományon belül szintén hasonló irányba mutat náluk. Az újraírás dinamikája azonban mélyen gyökerezik a színházi befogadás folyamatában, és a komédia látszólagos függetlensége a történetek újra elmondásától, amelyet a komoly drámák gyakran alkalmaznak, egyáltalán nem jelenti, hogy műfajként is függetlenek ettől a dinamikától. Inkább az a helyzet, hogy a rendkívül sokágú vígjátéki hagyomány kifejlesztette saját újraírói stratégiáit. Továbbá gyakran feltételezte, hogy a téma előzetes ismerete fontos a befogadás szempontjából, hasonlóan a konvencionális tragédia elvárásaihoz, noha témáik általában egészen más jellegűek.

Mielőtt átgondoljuk ezeket az alternatív stratégiákat, meg kell jegyeznünk, hogy Arisztotelész a vígjáték írók, akik először megírják a komikus cselekményt, és azután „a szereplőknek tetszés szerinti neveket adnak", és a tragédia szerzők között, akik „kitartanak a történeti nevek mellett" (19) olyan különbségre utal, amely nem csak az ő kulturálisan és történelmileg behatárolt korára volt jellemző, amikor is az úgynevezett új komédia dominánssá vált. Azt, hogy a komédia időnként történelmi és legenda-beli alakok „igazi neveit" is használta, jócskán demonstrálja Arisztophanész régi komédiája, és ha tovább kutatunk a drámai ábrázolás történetében, találhatunk egy sereg rendszeresen újraírt vígjátéki cselekményt, amelyek tragikus cselekmények egyenes megfelelői, mert azokkal párhuzamos klasszikus forrásokból származnak. A legjelentősebb példa valószínűleg Amphitryon története, melynek sokrétű színpadi pályafutásán finoman gúnyolódik Jean Giraudoux képzeletgazdag, *Amphitryon 38* című műve – eszerint a történetnek harminchét korábbi változata van.

Arisztophanész azonban a tragédia által újrahasznált témák másik fajta komédia-beli megjelenése felé visz bennünket, amely sokkal általánosabb a drámaírás teljes hagyományában a klasszikus időktől a jelenig. Ez pedig a drámai burleszk, vagy paródia, amely meríthet direkt módon a komolyabb dráma témáinak tárházából, de még gyakrabban indirekt módon teszi ezt, úgy, hogy komikusan dolgozza át az előzőleg komoly színpadon bemutatott anyagot.

A paródia igen régi jelenség. A történetmondás megszületésével csaknem egy időben bukkan fel, maguk a történetek parodizálás tárgyává váltak. A görög *parodia* szót mai tudásunk szerint először Arisztotelész használta a *Poétiká*ban, aki ennek a kifejezési formának a feltalálását a thaszoszi Hégemónnak tulajdonítja. Az ő költői narratívái, írja Arisztotelész, némiképp úgy viszonyulnak Homérosz eposzaihoz, mint a komédiák a tragédiákhoz (7). Nyilvánvalóan egyedül Homérosz inspirálta az ilyen műveket, de nem elsősorban a történeti anyag, hanem inkább a metrum, stílus, szókincs vonatkozásában – ezeket könnyebb témák feldolgozása során alkalmazták. A nyugati komédia kezdete óta alkalmazza a paródiát, leginkább észrevehetően Arisztophanész *Békák* című darabjában, amely a görög tragikus drámaírók írásmódját, témáit és általános konvencióit parodizálja.[14]

Miközben az előzetesen létező narratívák komoly műfajban történő újraírását a dráma igen kedveli, a nem csak előzetesen létező narratívák, hanem kevés kivétellel bármilyen előzetesen létező kulturális anyag komikus újraírása olyan vonás, amely közös a drámában és más irodalmi művekben, sőt a művészetben, zenében, és a pop-kultúra többféle formájában is. Az idők folyamán számos szakszó tűnt fel a jelenség leírására, és a témáról író legtöbb szakember kénytelen a tanulmányát azzal kezdeni, hogy elkülöníti egymástól a paródia, travesztia, szatíra, burleszk stb. jelentését. Ezek a szakszavak gyakran (és sokszor egymás szinonímájaként) jelennek meg a színházban. Ezen a ponton csak egyfajta különbségtételre szeretnék utalni, mégpedig a burleszk és a paródia közöttire. Robert F. Willson a burleszk darabokról írott tanulmányában mondja, hogy a „paródia a legszigorúbb értelemben véve egyedi művekkel foglalkozik", míg a burleszk „általában lazább módon próbál nevetségessé tenni egy beazonosítható formát, mint például a hőstragédiát, operát, eposzt vagy a lírát" (x).

A paródia és burleszk hagyományban az olyan kiváló darabok, mint George Villiers *The Rehearsal* (A próba) című műve, Sheridantől a *The Critic* (A kritikus), Gilbert és Sullivan komikus operái, vagy Tom Stoppard *The Real Inspector Hound* (*Az igazi Kopó felügyelő*) című vígjátéka egytől egyig tartalmaz bizonyos korábbi művekből visszhangokat, de Willson distinkciója szerint mind inkább burleszk, mint paródia. Ugyanez igaznak tűnik a legismertebb irodalmi szatírákra, például a *Don Quijoté*ra, vagy a *Northanger Abbey* (*A klastrom titka*) című regényre. A nyugati színházi tradíció

---

[14] A drámának ezt az aspektusát alaposan elemzi Peter Rau, *Paratragödia, Untersuchungen einer komischen Form des Aristophanes*. München: Beck, 1967. Lásd még erről Margaret A. Rose, *Parody, Ancient, Modern and Post-modern*. Cambridge: Cambridge UP, 1993. Főként 18-19.

azonban szintén számos példát nyújt a dráma paródiára Willson „legszigorúbb" értelmezésében, vagyis bizonyos komoly művek komikus átdolgozásakor. Ez különösen igaz a 17. századtól a 19. századig, mivel a neoklasszicizmus terjedése az európai színházban magával vitte a paródia hagyományát, mint a neoklasszikus örökség egy részét. Számos színházi fővárosban, különösen Párizsban és Bécsben, voltak színházak, amelyek ilyenfajta művekre specializálódtak. Párizsban a Comédie Italienne és a vásári színházak gyakorlatát jellemezte. Csaknem azután, hogy a hagyományos olasz vígjáték Párizsban kezdte a francia nyelvet is bevonni a produkciókba, a 17. század végén és a 18. század elején a franciát először arra használták, hogy közvetítésével olyan ismert francia klasszikusokat parodizáljanak, mint a *Cid* és a *Bérénice*. A következő évszázad során a hasonló klasszikusokról a kortárs művek felé fordult a figyelem, és alig volt jelentősebb új darab a Comédie Française színpadán, amely ne inspirált volna egy vagy több paródia változatot az Italienne színpadán vagy a népszerű vásári színházakban. Egy, de gyakran számos paródia változat követte hamarosan Voltaire és kortársai komoly műveit, és a neoklasszicizmus eltűnése sem vetett véget ennek a gyakorlatnak. A leghíresebb romantikus drámát, Hugo *Hernani*ját, amelyet a Comédie adott elő, csaknem rögtön követték paródiák: a *Harlani* a Vaudeville-ben, és az *N. I. Ni* a Porte-Saint-Martin Színházban.

* * *

Mint a történetek újrafeldolgozása, a karakterek újra szerepeltetése is azon a feltételezésen alapszik, hogy maga a színházi közönség is újra megjelenő (recycled), olyan emberek gyülekezete, amely, akárcsak a kísértetként visszajövő király, „ma este újra megjelenik itt", és kollektív emlékezetükben hordozzák a színházi élményt formáló tudatosságot. Rendkívüli koncentráltsága miatt igen praktikus előnyei vannak annak, hogy a dráma nagy mértékben támaszkodik a közönség emlékezetére. Egy már ismert szereplő bemutatása egy ilyen közönségnek, hasonlóan a már ismert történet bemutatásához, lehetővé teszi a drámaírónak, hogy lerövidítse a hosszadalmas tájékoztatást. Egy olyan újra színre vitt karakter esetében, mint mondjuk Harlequin, a drámai ökonómiánál fontosabb indítóok azonban az a kilátás, hogy a közönség számára vonzó dolog olyan szereplő vagy szereplők további kalandjairól is értesülni, akiket élvezettel néztek korábbi színpadi bemutatókban. A leghíresebb példa erre valószínűleg Shakespeare esetében *A windsori víg nők* megírása. 1709-es kiadásában Nicholas Rowe a következőkről tudósít:

> *Erzsébet* királynő előtt Shakespeare számos drámáját bemutatták, és ő tetszésének kétségkívül számos kegyes jelét adta ... Annyira tetszett

neki a csodálatra méltó szereplő, Falstaff a *IV. Henrik* két részében, hogy utasította az írót, tegye bele a szereplőt még egy darabba, és mutassa szerelmesként. Azt mondják, ebből az incidensből született *A windsori víg nők.* (1 xiii-ix)[15]

Az évszázadok során sok lelkes néző osztotta Erzsébet királyné óhaját, hogy lássa bizonyos népszerű figurák további kalandjait. Csaknem minden korban, amikor a színház jóléte egy nagy, a népszerűség által vonzott közönségtől függött, a drámaírók úgy reagáltak erre az érdeklődésre, vagy próbálták kihasználni, hogy egy népszerű karaktert vagy karaktereket hoztak vissza folytatásos sorozatban, mint például Beaumarchais tette Figaróval és tulajdonképpen a teljes Almaviva háznéppel.

Amikor újra ábrázolt szereplők specifikusan hozzájuk társuló, újra bemutatott történet nélkül jelennek meg, a nézők arra kényszerülnek, hogy ne annyira a változásokra figyeljenek az új verziókban, hanem éppen ellenkezőleg, arra, ami nem változott, vagyis a várható egyéni különcségekre, vonásokra és az újra színre vitt karakter vagy karakterek személyközi kapcsolataira. Az újrafelhasznált drámai elemek működését, amely fontos átalakításokat kíván meg a korok és kultúrák változásával, ez a körülmény könnyebbé teszi az újra bemutatott történetek esetében, mert elég kényelmesen elbírják az ilyen változtatásokat. Nehezebbé teszi viszont az újra színre vitt szereplők esetében, rugalmatlanságuk miatt. Bár a színháztörténet számos korszakában megjelentek népszerű karakterek darabok egész sorában, csak néhány esetben élnek tovább ezek a karakterek, mint mondjuk Harlequin, hogy drámai pályafutásukat további darabokban és megváltozott körülmények között folytassák. Még Beaumarchais igen népszerű, és nyilvánvalóan igen rugalmas Figarója, amely a Francia Forradalom gyorsan változó kultúrájában született, sem tudott sikeresen alkalmazkodni a változó világhoz, és a harmadik Figaró darab, *La Mère coupable* (A bűnös anya) sosem vált olyan kedveltté, mint elődei.

Ez a rugalmatlanság nem egyedül a társadalmi változásoknak köszönhető. Egy sor darabban megjelenő egyetlen szereplő vagy szereplő csoport igen gyakran egyetlen drámai szerző, illetve egyetlen színész vagy színészi csoport alkotása, és a közösségi gondolkodásban olyan szorosan kötődik annak a szerzőnek vagy azoknak a színészeknek a megközelítéséhez és stílusához, no meg a konkrét kulturális pillanathoz, hogy divatjuk, bármilyen nagy is legyen, ritkán tart tovább, mint egy évtized. Például itt van a napóleoni korban J. Aude által szerzett darabok sora két népszerű alakról, Cadet Roussel-ről és Madame Angot-ról, amelyek mára nagyrészt feledésbe mentek. A 19. század elejének és közepének amerikai színháza különösen

---

[15] Noha erről az utasításról nincs korábbi dokumentáció, a darabról írott tanulmányában William Green úgy érzi, a körülmények igazolni látszanak a feltevést. *Shakespeare's* Merry Wives of Windsor. Princeton: Princeton UP, 1962. 54.

gazdag volt ilyen karakterekben. Olyan etnikai és társadalmi típusok sorát szerepeltették, mint a jenki, az ír, a holland, a néger, a New York-i Bowery b'hoy (Bowery vagány). Ezek nem csak tipikus karakterként jelentek meg számtalan népszerű darabban, hanem gyakran mint egy egyedi nevet viselő karakter, aki csak néhány évig volt divatos, amíg felváltotta egy másik színész vagy drámaíró által létrehozott újabb megszemélyesítő. Így az 1820-as években a színpadi jenki számos darabban Jonathan néven jelent meg, az 1830-as években Jedediah Homebredként, az 1840-es években Deuteronomy Dutiful néven, és mint Hiram Hireout az 1850-es években (Grimsted 186). A 19. századi színház ilyen tünékeny, újra bemutatott karakterei között leginkább a kemény nyakú Bowery tűzoltóra, Mose-ra emlékeznek ma is, aki nem kevesebb, mint négy különböző drámában fordult elő a New York-i színpadon az 1848-49-es, egyetlen évad során (Meserve 122-27). Az újra feltűnő szereplő és egy bizonyos színész közötti gyakori szoros kapcsolatot tovább vizsgálom a következő fejezetben, ahol az egyes előadói testek által felidézett emlékeket tárgyalom.

Az eddig említett számos, a klasszikustól a modern korig húzódó időszakból, és a világszerte található színházi kultúrákból vett példa remélem, megmutatta, hogy az újraírás mennyire fontos a drámai szövegek történetében. Folyamatos jelenlétének okai között jó néhány praktikus és művészi előnyt említettem, de szeretném hangsúlyozni, hogy a drámának az újraíráshoz való folyamatos vonzódását még egy alapvető dolog is aláhúzza. Úgy tűnik, magában a színházi élmény természetében van valami, ami ebben a műnemben inkább, mint a többiben, annak szimultán tudatát ösztönzi, hogy valami korábban tapasztalt és valami jelenben bemutatott egyszerre ugyanaz és különböző. És mindezt csak akkor lehet teljesen megérteni, ha a közönség rendelkezik egyfajta kettős látásmóddal.

Az újrafelhasznált drámai szövegek által inspirált kettős látás párhuzamai a színházi élmény minden egyes részét jellemzik; tulajdonképpen olyan alapvető a színházi előadás (ami különbözik a korábban létező szövegtől) bizonyos aspektusai szempontjából, hogy szerintem igen valószínű, hogy az újrafelhasználás tendenciáját, amelyet a drámai szövegben követtünk, magának az előadásnak a szerkezetén belüli, ezen lényegi sajátság és a személyes és kulturális emlékezettel való közeli kapcsolata segíti, illetve előidézi. A szöveget érintő újraírás két fő, általam tárgyalt fajtája szorosan kötődik az előadás bizonyos aspektusaihoz, ezeket külön fejezetben nézem meg. Az újra színre vitt karakter, amint arra már utaltam, gyakran kötődik egyetlen színészhez, és ez a jelenség, többek között, lesz tárgya „A kísértet járta test" című fejezetnek. Az újra bemutatott történet természetesen nem csak egy színész, hanem egy társulat csoportos munkáját érinti, és az ezen a szinten történő újra bemutatás néhány részletét „A kísértet járta produkció" című fejezetben elemzem majd tovább.

Kurdi Mária fordítása

Felhasznált irodalom

Arisztotelész. *Poétika.* Ford.: Sarkady János. Budapest: Kossuth Könyvkiadó, 1992.
Bharata. *Natyasastra.* Ford. és szerk. G. K. Bhat. Poona, India: Bhandarkar Oriental Research Institute, 1975.
Biet, Christian. *Oedipe en monarchie: tragédie et théorie juridique à l'âge classique.* Paris: Klincksiecks, 1994.
Burke, Kenneth. *Grammar of Motives.* New York: Prentice-Hall, 1945.
Forsyth, Elliott. *La Tragédie française de Jodelle à Corneille.* Paris: Nizet, 1962.
Grimsted, David. *Melodrama Unveiled.* Chicago: U of Chicago P, 1968.
Hare, Thomas Blenman. *Zeami's Style.* Stanford: Stanford UP, 1986.
Inoura, Yoshinobu, és Toshio Kawatake. *The Traditional Theatre of Japan.* New York és Tokyo: John Weatherhill, 1981.
Lanéry, Pierre. *Bibliographie raisonnée et analytique ouvrages relatifs à Jeanne d'Arc.* Paris: Librairie Techener, 1984.
Meserve, Walter J. *Heralds of Promise: The Drama of the American People during the Age of Jackson, 1829-1849.* New York: Greenwood, 1986.
Muecke, D. C. *The Compass of Irony.* London: Methuen, 1969.
Price, Lawrence Marsden. *Inkle and Yarico Album.* Berkeley: U of California P, 1937.
Rolland, Romain. *Le Théâtre du peuple.* Paris: Hachette, 1913.
Rowe, Nicholas, szerk. *The Works of William Shakespeare,* 6 vols. London: Jacob Tonson, 1709.
Sedgewick, G. G. *Of Irony, Especially in Drama.* Toronto: U of Toronto P, 1948.
Soous, Jan Joseph. *Jeanne d'Arc au Théâtre, 1890-1926.* Purmerend, Neth.: J. Muusses, 1929.
States, Bert O. *Irony and Drama: a Poetics.* Ithaca: Cornell UP, 1971.
Valéry, Paul. *Mon Faust.* Paris: Gallimard, 1946.
Willson, Robert F. *„Their Form Confounded": Studies in the Burlesque Play from Udall to Sheridan.* The Hague: Mouton, 1975.
Zagagi, Netta. *The Comedy of Menander: Convention, Variation and Originality.* Bloomington: Indiana UP, 1995.
Zeami. *Kadensho, or the Flower Book.* Ford. Nobori Asaji. Osaka, Japán: Union Services, 1975.

5.
A PERFORMANSZ ÉS A POSZTMODERN PERFORMANSZ ÉS IDENTITÁS: ÖNÉLETRAJZI PERFORMANSZ
(részletek *A performansz: kritikai bevezetés* című kötetből)

Posztmodern és posztstrukturalizmus
Charles Jencks kettős kódolás fogalmán és a hozzá kapcsolódó elméleti kifejezéseken keresztül valamelyest követtük a hátterét annak, amit Hal Foster „neokonzervatív" posztmodernizmusnak nevez. Nézzük most Foster elméletének második részét, amely a posztmodern kifejezésmódról szól a posztstrukturalizmushoz való viszonyában, és mostanában fontosabbá vált a színházról és performanszról szóló írásokban. A performansz fenomenológiai megközelítése, amely (Michael Fried figyelmeztetése ellenére) a jelenlétet hangsúlyozza, a posztstrukturalista elmélet megjelenésével sokkal problematikusabbá vált, mivel az utóbbi megkérdőjelezi a teljesség értelmét, és azt is, hogy létezik külső értékektől és feltételezésektől való szabadság, ahogyan azt a fenomenológiai megközelítés állítja. A posztstrukturalizmus megkérdőjelezi a jelenlét esztétikáját, és ezáltal kétségbe vonja a performansznak az egyéb művészeti ágaktól, különösen a színháztól való modernista és esszencialista megkülönböztetésének igényét is, amely az előadó testének jelenlétére alapoz. Amint azonban a performansz modernista felfogása háttérbe szorult, helyét fokozatosan átvette az a posztmodern performansz értelmezés, amely ugyan nem vált meg a jelenlét és hiány, vagy éppen színház és performansz terminusainak használatától, de radikálisan másképp értelmezi ezeket és egymáshoz való viszonyukat.

Henry Sayre rámutat arra, hogy a posztstrukturalizmus hatására a performansz „a jelenlét immanentista esztétikájától", amely igyekszik túllépni a történelmen és megszabadulni az időbeliségtől, „a hiány esztétikája" felé mozdult el, amely elfogadja az esetlegességet és a hétköznapinak a művészetre gyakorolt hatását (174). Sayre szerint a hiány modern szókincse elsősorban a posztstrukturalizmus központi alakjának, Jacques Derridának az írásaiból származik, aki meghatározó értelemben „ugyanaz az irodalmi elit számára, mint a performansz és a konceptuális művészet a múzeum számára: felfedi a Rendszer gyengeségeit, rámutat stratégiai hiányosságaira, és aláássa annak tekintélyét – Derrida kifejezésével élve: *dekonstruálja* azt" (182). A jelenlét esztétikájának a hiány esztétikájával való puszta helyettesítése ugyanakkor csupán megfordítaná, nem pedig tagadná a hagyományos struktúrát, Derrida pedig óva int attól, hogy pusztán megerősítsük a kétosztatú struktúrát a fogalmak felcserélésével. Inkább a fogalmak közötti állandó játékra/kölcsönhatásra hívja fel a figyelmet, egy olyan térre, ahol a jelenlétet áthatja a hiány, és amely állandóan folyamatban és mindig egy köztes állapotban van, a jelenlét és hiány között. Az ilyen művészet „elutasítja a formát, mert rögzített, és helyette a töredékességet és elcsúszást választja" (Féral, „Performance" 175).

Derrida írásainak többsége érinti a Sayre által említett kérdéseket, ám két 1968-as esszéje központi jelentőségű a színház, performansz, jelenlét és hiány összefonódó kérdéseit illetően. *A Kegyetlenség Színháza és a reprezentáció bezáródása* és *A megfújt beszéd* egyaránt az Antonin Artaud modernista „Kegyetlen Színház" elképzelése által felvetett gondolatokat vizsgálja. Derrida elutasítja Artaud vizionárius színházának lehetőségét egy olyan érvelésben, melynek segítségével nem csak Friednek a művészet „színháziasságtól" való megtisztítására irányuló törekvését lehet elvetni, de jórészt azt is, hogy a fenomenológia előtérbe helyezi a jelenlét szerepét a happeningekben, és a korai performanszművészetben és -elméletben. Ezt a hagyományt áthatja a nyelv, a diszkurzív gondolkodás, sőt a hagyományos szimbolikus struktúrák tematikája általában, mint az ismétlődés olyan szerveződései, melyeknek ereje és tekintélye valami eredendő lényegből vagy eseményből származik, ám ennek hatásával már nem rendelkezik. A modern művészet, a performansz vagy éppen a Kegyetlen Színház különböző módszerekkel kísérel meg előidézni egy olyan helyzetet, amelyet nem fertőzött meg ez a származtatott, másodlagos minőség. Derrida ugyanakkor amellett érvel, hogy az ismétléstől való megszabadulás (és így a színháztól való szabadulás is) lehetetlen, mert a tudat már eleve ismétlésbe ágyazódik (Derrida 249-50). A középpont, az eredeti jelentés rögzített helyének ilyen háttérbe szorítása minden diskurzust, cselekvést és előadást a jelölés állandó játékába hoz, ahol minden jel különbözik a többitől, ám a jelek végső, hitelesítő jelentése mindig elhalasztódik (Derrida a *differring* és a *deferring* kifejezéseket kombinálva alkotja meg az egyik legismertebb neologizmusát, a *différance*, magyarul *elkülönböződés* kifejezést).

Derrida után azok az elméletírók és performerek, akik ismerték Derrida vagy mások posztstrukturalista elméletét, már nem tudták többé magukévá tenni a modernitás számára annyira vonzó tiszta jelenlétet, mint célt. Herbert Blau a „Universals of Performance" (A performansz univerzáléi) című, 1983-ban megjelent írásában, jórészt Derrida szellemében, kimondottan elutasítja a modernisták arra irányuló próbálkozását, hogy a „színháznak" a „performanszból" való kivonásával a közvetlen jelenlét élményét hozzák létre. Blau szerint valójában a színház, amely a közvetítettséget és ismétlést egyaránt magában foglalja, „a performansz *minden* fajtáját kísérti", és kikényszeríti annak felismerését, hogy a színház és a performansz természetében *egyaránt* van valami arra utaló, hogy „nincs első alkalom, eredet, hanem csakis ismétlődés és újraalkotás" (Blau 143, 148).

Josette Féral: performansz és teatralitás
A modernizmus (és a korai performanszművészet) „tiszta" jelenlétének posztstrukturalista elutasítása azonban nem váltotta ki a performansz vagy a jelenlét teljes posztmodern elutasítását, hanem inkább e fogalmak átértelmezését ösztönözte. A *Modern Drama* 1982-ben megjelent, a dráma- és performansz elméletnek szentelt különszámában két ilyen újraértelmező tanulmány jelent meg: Josette Féral „Performance and Theatricality: the Subject Demystified" (Performansz és teatralitás: a téma tisztázása) és Chantal Pontbriand „The eye finds no fixed point on which to rest..." (A szem nem talál rögzített pontot, amelyen megpihenhet ...) című írása. Pontbriand a jelenlét fogalmának szenteli a tanulmány nagy részét, ám megkülönböztet „klasszikus jelenlétet" és „posztmodern jelenlétet". Mindkettő hasznosítja a performanszot, ám az előbbire igen jellemző a közvetítés és az ismétlés, célja pedig az, hogy korábban megállapított igazságokat mutasson be a jelenben, továbbá helyreállítsa és újból aktuálissá tegye ezek jelenlétét (Pontbriand 157). Pontbriand nem teszi külön kategóriába a „modern jelenlét" fogalmát, minthogy annak feltevései hasonlóak a „klasszikus jelenlét" jellemzőihez: a performansz olyan rejtett és egyetemes igazságokat jelenít meg, amelyek valójában időn és téren kívül helyezkednek el. A „modern" attitűd – fenomenológiai beállítottsága ellenére – osztja a „klasszikus" attitűdnek azt a feltételezését, hogy létezik valahol másutt egy eredendő, hitelesítő igazság, így tehát sokkal inkább a reprezentációval, mintsem a prezentációval foglalkozik. Míg a minimalista műalkotás is egyfajta jelentés megtestesítésére, kodifikálására törekedett, addig a posztmodern performansz „eleve törést", „folytonos mozgást, kimozdítást, vagy újrapozícionálást" nyújt (Pontbriand 155, 158). Hasonló fogalmakat használ Nick Kaye is, azt állítva, hogy a posztmondern „leginkább úgy fogható fel, mint ami *történik*", és ez a történés együtt jár „bizonyos formáktól és alakzatoktól való megszabadulással. Az ok, amiért a performansz különösen megfelel a posztmodern tapasztalatnak, az, hogy

mindkettő elutasítja a rögzített pozíciót, és ingadozik a jelenlét és a hiány, a kimozdítás és a helyreállítás között" (22-23). Ebben az ingadozásban, a rögzítettség elutasításában ismét felismerhető Derrida „*elkülönböződés*-*játéka*".

Féral a színház és performansz különbségét tárgyaló tanulmányában a színház elutasításának friedi elképzeléséből indul ki, ám a folytatásban kimozdul a modernista és minimalista művészetelméleti kontextusból, a francia posztmodern és posztstrukturalista teoretikusok gondolatmenete felé: nem csak Derrida, hanem a posztstrukturalista pszichoanalitikus elméletírók – Julia Kristeva, Jacques Lacan – fogalmaira, elképzeléseire építve. Így tehát nem annyira a jelenlét és időtartam témáival (legalábbis nem a Fried-féle megközelítésben) foglalkozik, hanem inkább a reprezentáció, a lacani imaginárius, és a szubjektum konstrukciójának kérdéseivel. Féral nem a művészetek „lényegre" történő redukciójának minimalista céljából indul ki (amely célkitűzés mindenképp összeegyeztethetetlen a posztmodern relativizmussal és a határok elmosásával), hanem abból a posztstrukturalista stratégiából, amely problematizálja a strukturalista feltevéseket, és a struktúrák határait kutatja. Véleménye szerint a teatralitás a reprezentációhoz, narrativitáshoz, lezáráshoz, a szubjektum fizikai és pszichológiai térben való konstrukciójához, a kodifikált struktúrák birodalmához, és a Kristeva által szimbolikusnak nevezett tartományhoz kötődik.

A performanszot Féral közvetlenül szembeállítja a teatralitáshoz kapcsolódó cselekvésekkel; a performansz aláássa, dekonstruálja a teátrális készségeket, kódokat és struktúrákat. Noha a színház összetevőivel indul (kódokkal, testekkel mint szubjektumokkal, cselekvésekkel és tárgyakkal mint a jelentés és reprezentáció elemeivel), lebontja ezeket a jelentéseket és reprezentációs viszonyokat annak érdekében, hogy teret engedjen a vágy és élmény szabad áramlásának. Megtagadja a narrativitást, kivéve a távolságtartó, ironikus idézést, azért, hogy felfedje a narratíva belső működését és határait. „Nincs mit megragadni, ki- és befelé vetíteni, csak áramlatokat, hálózatokat és rendszereket. 'Átmeneti tárgyak' galaxisaként tűnik fel és el minden, csak a reprezentáció kudarcait reprezentálva". A performansz „nem elmondani próbál valamit (ahogyan a színház teszi), hanem inkább a szubjektumok közötti szinesztéziás kapcsolatok provokálására törekszik" (Féral, „Performance" 179).

A performansz mint élmény

Az ilyen írásokban a figyelem már nem a művészi tárgyra irányul (mint például az olyan kritikusok esetében, mint Fried), hanem a művészi élményre. Ezt az elmozdulást azonban – amely a performansz fogalmának is fontos összetevője – a jelenlét fogalmához hasonlóan a posztstrukturalista és posztmodern teoretikusok merőben eltérően közelítik meg. *A posztmodern állapot* című, 1984-ben megjelent, nagy hatású könyvében Jean-François Lyotard szándékosan a kortárs természettudománnyal és a tudás problémájával foglalkozott, ám ahogy arra Fredric Jameson rámutatott a kötet angol kiadásához írt előszavában, Lyotard elgondolásai mélyreható következtetéseket tartalmaznak „az esztétika és a gazdaság vonatkozásában" is (Jameson vii). Az esztétikában Lyotard-nak az eseményre és a „performativitásra" mint a tudás működési elvére irányuló figyelme jelentősen befolyásolta a performanszról szóló posztmodern gondolkodást. A posztmodern állapot Lyotard szerint abból ered, hogy megrendült a hit a „metanarratívákban", amelyek korábban a kulturális normák, eljárások és vélekedések széles körét legitimizálták. Érvelésében a „modern" korszakot az jellemzi, hogy az olyan tudás mellett elkötelezett, amely magát legitimálandó „a metadiskurzusra utal ... és explicit módon olyan nagy elbeszélésekhez folyamodik, mint amilyen a Szellem dialektikája, a jelentés hermeneutikája, a racionális, vagy cselekvő szubjektum emancipációja, vagy a Jólét megteremtése" (Lyotard 7). Lyotard szavaival, „végsőkig leegyszerűsítve", a posztmodern nem más, mint „a nagy elbeszélésekkel szembeni bizalmatlanság" (Jameson xxiv, xxvii). Miután a modern tudomány elveszítette a metanarratívák nyújtotta támaszt (amely a tudományos felfedezést az abszolút szabadsághoz és tudáshoz kötötte), szakterületek sokaságára bomlott. Ezek mindegyike a saját eljárásait és nyelvi játékait követi, és nem képes a többivel való összehangolt működésre, mivel nem hivatkozhat semmilyen általános érvényű igazságra, vagy tekintélyre. Amit tudásnak nevezünk, nyelvi játékokon alapul, amelyeknek két aspektusa van Lyotard szerint: a *diskurzus* és az *alakzat* (ezek nagyjából megfeleltethetőek a klasszikus nyelvészet *parole* és *langue* fogalmainak). A *diskurzus* az az általános folyamat és struktúra, amelyen keresztül a narratíva jelentése képződik, míg az *alakzat* a narráció bizonyos esete. A modern azt hangsúlyozza, hogy a *diskurzus* kontrollálja és korlátozza az *alakzat* esetlegességét, és egyfajta feltételezett univerzalitásnak veti alá. A posztmodern visszaállítja az *alakzat* hatalmát, hogy magának olyan bomlasztó teret igényeljen, amely sem jobban, sem kevésbe nem „egyetemes", mint bármi más. „Egyetlen narratíva sem lehet domináns más narratívák felett azért, mert magasabb rendű", mondja Lyotard (idézi Readings 69). Bahtyin performatív „megnyilatkozás", illetve de Certeau „taktika" fogalmához hasonlóan ez az orientáció is az általános intellektuális vagy kulturális struktúrákról az egyes eseményekre irányítja a figyelmet, egy általános igazság vagy általánosan működő stratégia meghatározó voltáról a „performativitásra", egy olyan cselekvésre, amely teret ad az egyszeri helyzetben érzett szükségleteken és vágyakon alapuló, rögtönző kísérletezésnek. Ebben az új irányultságban a realitás próbája nem az, hogy mi mutatható meg általánosan „igaznak", hanem egyszerűen az, hogy mi mutatható meg. Lyotard írásainak hatására a „performativitás" és az esemény kiemelt szerepét a posztmodernizmushoz kötik, és – a posztmodernhez hasonlóan – a kortárs kulturális jelenségek széles skálájára kezdik alkalmazni. „On Ambiguity: Towards a Post-modern Performance Theory" (A többértelműségről: egy posztmodern performanszelmélet felé) című, 1989-ben megjelent esszéjében David George kiváló összefoglalását adja ezeknek az összefüggéseknek. George szerint a játék, ellentmondás, folyamat és performansz fogalmainak posztmodern hangsúlyozása azt sugallja, hogy „talán olyan korba lépünk, amelyben *csak* média (szemiózis, feltevések, paradigmák, modellek) létezik, nincs ontológia, csak tapasztalatok (és nincs más Én, mint az, amelyik a színész pályafutásához hasonlóan újrajátszott és újraírt szerepek sorából áll), egy olyan világba lépünk, amelyben a különbség elsődleges (nincs Ős-egység), és az idő végtelen". Egy ilyen korban, zárja George a gondolatmenetet, „a performansz az ideális médium és modell" (83).

A közönség szerepe
Az új orientáció egyik hatása az, hogy a korai performanszoknak az előadói testre irányuló fókusza kitágult, és áttevődött az általánosabbnak tekintett performansz szituációra, amelybe természetesen a közönség is beleértendő. Az a közönség, amelyet Fried éppen azért igyekezett kizárni, mert az esetlegesség, idő és szituáció érzetét hozza be a művészi élménybe. Amikor a teoretikusok a performatív minőséget jelölik meg a művészet leginkább posztmodern aspektusának, akkor gyakran pontosan arra az esetlegességre gondolnak, amely a műalkotásra a befogadás folyamatában hatással van. Hans Georg Gadamer recepcióelméleti munkásságát kommentálva Joel Weinsheimer az előadás fontosságát és szerepét hangsúlyozza abban, hogy aláaknázza az esszenciális színjátékszövegről való gondolkodást:

> Az előadás nem valamiféle alárendelt, véletlenszerű vagy éppen felesleges dolog, amely elkülöníthető a tulajdonképpeni színdarabtól. A tulajdonképpeni színdarab elsősorban és csakis akkor létezik, amikor játsszák. Az előadás kelti életre a darabot, és a darab játszása maga a darab. ... A darab a reprezentációban és a színpadon való megjelenésének minden esetlegességében és egyediségében létezik. (109-10)

Gadamer számára ugyanakkor a színház kivételesen nyilvánvaló, ám semmiképpen sem egyedi példája a játék jelenségének. Nem csak az úgynevezett előadóművészetek, hanem minden művészeti ág „előad" ebben az értelemben, mivel csak a különféle kontextusokban való befogadásuk pillanatában léteznek, és aszerint változnak, ahogyan időben és térben mozognak. Fried és a minimalisták csak úgy próbálkozhatnak azzal, hogy a műalkotásokat változatlannak és „esszenciálisnak" írják le, ha tagadják a művészetek performativitását és a befogadás dinamizmusát. Már a performanszművészet legkorábbi kísérletei is ebbe az irányba indultak, és első évtizedének végére ezt a megváltozott orientációt már általánosan elfogadták és elismerték. Ahogy a figyelem a műalkotásról a művészi eseményre tolódott, a befogadás elemzése és elmélete is kiemelt szerephez jutott. Ezt a változást világosan tükrözik performanszművészek egy csoportjának az *Artforum* 1980 eleji felmérésére adott válaszai. A kérdés ez volt: „Milyen esztétikai vagy egyéb hangsúlybeli elmozdulást hozott a performanszművészetre és a projekt művészetre jellemző specifikusság és az állandóság hiánya?" Vito Acconci megfigyelése szerint azzal, hogy a galériát választotta „a műalkotás létrejöttének helyszínéül", a művészet „csinálásáról" a művészet „megtapasztalására" irányította a figyelmet. Ez – ahogyan több művész is megjegyezte – a közönséghez és a közönség aktív részvételéhez való új hozzáállást hozta magával. Eva Sonnemann pedig felhívta a figyelmet, hogy a közönség „választások sokaságával" szembesült, és arra kapott ösztönzést, hogy „felépítse saját intellektuális munkájának vagy esztétikai örömének grammatikáját" (22-29).

Ennek a grammatikának a felépítése azonban szükségszerűen ideiglenes, részleges, és elhúzódó folyamat; Féral és Pontbriand megfogalmazásában az esemény energiák és viták folyamatos áramlása. A Shakespeare-komédiákról írt pszichoanalitikus tanulmányában Barbara Freedman rámutat arra, hogy a posztmodern ugyanazon okból használja a színház-metaforát, mint amiért a pszichoanalízis (és ugyanezért Fried elutasította): mert elveti „az objektív megfigyelő, a statikus tárgy vagy éppen a nézés stabil folyamatának lehetőségét". A posztmodern és a pszichoanalízis egyaránt „színházi eszközöket működtet, hogy felforgassa a megfigyelő rögzített pozícióját, és ezzel részleges nézőpontok folytonos játékát eredményezze – melyek közül egyik sem stabil, biztos vagy teljes" (Freedman 74).

Jon Erickson rámutat arra, hogy a közönség szerepe iránti érzékenység a politikai színház működésével kapcsolatos, számos hagyományos feltételezés megkérdőjelezéséhez vezet. A politikai színház teoretikusai túlságosan gyakran „úgy vélik, hogy a közönség pusztán saját maguk kivetülése, és minthogy szeretnék, ha egy adott színházi stratégia működne (általában azért, hogy illusztráljon egy már korábbi elméletet), úgy gondolják, hogy ez mindenki számára működik". Valójában azonban, mondja Erickson, a közönség azon tagjai, akik nem osztják az adott teoretikus vagy performer nézeteit, teljesen másképp tapasztalják meg a felforgatónak vagy ellenállónak szánt műalkotást. „Minél kifinomultabb módszerekkel alkalmazzák például az iróniát, annál valószínűbb, hogy éppen az ellentétes jelentést érzékeli a közönség, aláaknázás helyett az erősítődik meg számukra" (Erickson 235). Ehhez a kérdéshez a feminista performansz és maskarádé kapcsán még visszatérünk.

7. Performansz és identitás

Önéletrajzi performansz

Az 1970-es évektől kezdve egyre ritkábbá váltak a ritualizált és mítoszhoz kapcsolódó performanszok, míg az önéletrajzi, és egyéb, személyes élményhez kötődő performanszok gyakoriak maradtak, sőt, sokak számára a legtipikusabb feminista irányt jelentették. Az ilyen performanszoknak Moira Roth a „személyes kacatok és az érzelmek burjánzása" címet adta, a modern performanszművészet egyik emlékezetes pillanatát idézve. *Belső tekercs* (*Interior Scroll*) című, 1975-ös művében a meztelen Carolee Schneemann egy papírcsíkot húzott elő a vaginájából, és hangosan felolvasta a szöveget, amely arról szólt, hogy egy „strukturalista filmrendező" férfi elmagyarázza, hogy bár kedveli Schneemannt, mégsem bírja megnézni a filmjeit az azokra jellemző „személyes kacatok, ... érzelmi burjánzás, ... kézzelfogható érzékenység ... naplószerű ömlengés ... [és] primitív technikák" miatt (Schneemann 238). A strukturalisták és modernisták körében – akiknek a hangja a korai hetvenes évek kísérleti performanszait és filmjeit egyaránt uralta – nemigen voltak népszerűek az énnel, énképpel és a társadalmi énnel kapcsolatos problémák, de az adott korszakban egyre erősödő nőmozgalom számára ezek központi kérdésekké váltak, a performansz pedig e kérdések kifejezésének fontos területe lett. Eleanor Antin megfogalmazásában a feminista performansz „leginkább társadalmi, politikai és pszichológiai műfaj, és azzal foglalkozik, hogy mit jelent nőnek lenni ebben a társadalomban, egy adott nőnek, művésznek ... és gyakran valódi, politikai kérdések vetődnek fel benne" (idézi Rubinflen 76).

A feminista performansz egyik első, ám mai napig fontos megnyilvánulása specifikusan önéletrajzi alapanyagból építkezik, és az ilyen megközelítés csaknem állandóan tudatosítja az alapanyag politikai és társadalmi dimenzióit, jelzi Antin. *The Story of My Life* (Az életem története) című, 1973-as művében Linda Montano három órán keresztül gyalogolt egy hegymenetre állított taposógépen, és közben az élettörténetét mondta egy kihangosított mikrofonba (Montano). Yvonne Rainer önéletrajzi és fiktív anyagot szőtt egybe a *This is the Story of a Woman Who* (Ez egy nőnek a története, aki ...) című művében (1973), amelyből később jelentős feminista film készült (Roth 124).

Önéletrajzi performansz és formalista elmélet
Fontos hangsúlyoznunk, mennyire népszerűek és gyakoriak voltak az önéletrajzot és más „személyes kacatokat" felhasználó performanszok a modern performanszművészet kezdetétől fogva, hiszen nem csak

strukturalista filmesek, mint Schneemann barátja, hanem a strukturalista és modernista teoretikusok és a performansz történetírói is megpróbálták „kiírni" ezeket a történelem tárházából. A korai performansz és az érett modernizmus közötti szoros kapcsolat alapján talán érthető, hogy a szélesebb nyilvánosság továbbra is összeköti e két dolgot, de néha még a performanszművészet tapasztaltabb teoretikusai is egyfajta monolitikus, formalista és modernista elveken alapuló szemlélettel nézték a performanszot. Josette Féral a modern performansz történetére visszatekintő, 1992-ben írt cikkében például amellett érvelt, hogy bár a performansz mint fogalom „állandósul és intézményesül", a performansz, ahogy azt az 1970-es években művelték, még teljesen más volt, mivel „egyetlen feladatának azt tekintette, hogy megkérdőjelezze a kor esztétikai rendjét, és a művész művészethez való viszonyát vizsgálja". Féral szerint az ilyen típusú formalista megközelítések az 1980-as évek közepéig jellemezték a performanszot, és ezek elhalványulásával az „igazi" performanszművészet el is tűnt. Helyére egy másik elképzelés került, amely szerint a performansz nem kizárólag a művészet megtapasztalását célozza, hanem bármilyen kérdések kifejezésére felhasználható műfaj – ez pedig az „üzenethez és szignifikációhoz" való visszatérést jelzi. Féral ezeket az inkább szemiotikus megközelítéseket károsnak tartja a performansz eredeti, esztétikai irányú céljai szempontjából („What is Left" 148-49).

Minden bizonnyal igaz, hogy a nyolcvanas években egyre több performansz foglalkozott társadalmi és politikai kérdésekkel (erről az utolsó fejezetben lesz szó), és az is igaz, hogy – ettől nem teljesen függetlenül – a nyelv egyre fontosabb szerepet játszott a performansz alakításában. Az „üzenet és a szignifikáció" mindazonáltal kezdettől fogva kiemelkedő része volt a performansznak, és legszembetűnőbben a feminista performanszművészetnek, melynek az önéletrajzi és a társadalmi válfajáról azonban nyilvánvalóan bármit el lehet mondani, csak azt nem, hogy pusztán formalista irányultságú lett volna.

Perszóna performansz
Az önértelmező performanszok egy másik, a hetvenes években szintén jól meggyökeresedett fajtája láthatólag még a fentieknél is kevésbé kompatibilis a formalista teoretikusok (például Féral) nézeteivel, akik a „performanszot" el akarták határolni a „színháztól" arra hivatkozva, hogy az előbbiből hiányzik a mimézis, vagyis a szerepjátszás. A karakter-, vagy más néven perszóna performansz körébe tartozó művek nem önéletrajzi, vagy „valós életből" vett élményeket, hanem alternatív, elképzelt, sőt, mitikus énképeket dolgoztak fel. Martha Wilson a *Posturing: Drag* (Pózolás: drag) című, fényképes performanszában a képalkotást mint identitásalkotást vizsgálta. Később Jacki Apple-el együtt Wilson egy összetett, képzeletbeli „ént" alkotott meg, Claudiát, „akit" azután mások is játszottak. Apple-t, aki

korábban divattervezőnek tanult, a másokkal való szerepcsere és a mások érzékelése által meghatározott, összetett énképek foglalkoztatták. Lynn Hershman 1975 és 1978 között egy még részletesebben kidolgozott képzeletbeli személyt, „Roberta Breitmore-t" alakította. Robertának volt saját jogosítványa, bankszámlája, pszichológusa és képzeletbeli előtörténete, és mielőtt ünnepélyesen eltemették Olaszországban, a hetvenes évek közepén élő nők tipikus nehézségeit és személyes konfliktusait élte át (Roth 17, 20, 102).

Az egyik legismertebb perszóna művész, Eleanor Antin „posztkonceptualista művészként" határozta meg önmagát, és „az emberi valóság természete, különösen a szelf átalakítható természete" foglalkoztatta. A hetvenes évek elején készült, az „énnel" foglalkozó művei irányultságukat és témáikat tekintve kifejezetten feminista alkotások, noha a korszak férfi testművészetéhez kötődtek. 1972-ben kiállított egy művet, amely „a régi művészettörténeti és módszertani fogalmak újradefiniálását" célozta, elsősorban saját testét és élményeit használva nyersanyagként. A *Representational Painting* (Reprezentációs festmény) című első videójában ő maga szerepelt, amint a kamerát tükörként használva kifesti magát, míg egy ehhez kapcsolódó másik mű, a *Sculpture* (Szobor) című alkotás Antin testéről készült fotókból állt: egy hónapon át minden nap újabb fotót állított ki, miközben három és fél kilót fogyott, így változtatva meg testét azért, hogy egy másik 'ént' tárjon a világ elé (Nix 3).

Testének a kozmetikumok és fogyás hagyományos női stratégiáin keresztül történő sajátos átalakításait követően Antint az az összetettebb kérdés kezdte érdekelni, hogy „meghatározzam önmagam határait, ami azt jelenti, hogy ki-, be-, le- és felfelé mozdulok önmagam határvonalain. Az önmeghatározás szokásos segédeszközei – nem, kor, készségek, idő és tér – pusztán a választás szabadságának önkényes korlátozásai" (idézi Burnham 406). Antin kitalált, egzotikus és fantáziadús alternatív „énjei" között szerepelt egy Király, Balerina, Filmcsillag és Ápolónő; ezeket évek során át, különböző performanszokban alakította ki. A „perszónák" mindegyike saját, komplex fantázia életet élt: az Ápolónő például mint Florence Nightingale tűnt fel, és kapcsolatok összetett sorát játszotta el képzeletbeli életének szereplőivel, akiket papírfigurák jelenítettek meg. A Király „karaktere" úgy alakult ki, hogy Antin kifestett arccal és jelmezben járkált Solana Beach-en az „alattvalói" között, akiktől megkérdezte, hogy mennek a dolgok a királyságban (Munro 427).

Nem szabad azonban elfelejteni, hogy az Antin, Apple és Wilson által előadott perszónák nem „karakterek" a hagyományos, színpadi értelemben – nem önmaguktól különböző, másvalaki által „megírt" szerepek. 1976-ban Antin és hét másik „önátalakító" művész Los Angeles-ben megrendezett kiállítása találóan az „Önéletrajzi fantáziák" nevet kapta (Taylor). Éppen a személyeshez és a sajátoshoz való ragaszkodás az, ami a feminista performanszművészet többségére jellemző, és egyben a társadalmi, politikai hatékonyságot célzó törekvésüket is adja. Catherine Elwes szerint, aki maga is performanszművész, „amikor egy nő a performansz hagyományán belül beszél, akkor azt úgy értelmezik, hogy a saját észleléseit, fantáziáit és elemzéseit közli". A női performanszművész „egyesíti az aktív szerzőséget és egy nehezen megfogható közvetítőt, hogy saját cáfolhatatlan jelenlétét (egy feminista aktust) hangsúlyozza egy ellenséges környezet (a patriarchátus) számára" (Elwes 162).

Rosner Krisztina fordítása

Felhasznált irodalom

Apple, Jacki. „Art at the Barricades". *Artweek* 21, 1990.
Blau, Herbert. „Universals of Performance: or, Amortizing Play". *Sub-Stance* 37-38 (1983): 140-61.
Burnham, Linda Fry. „Performance Art in Southern California: An Overview". *Performance Anthology.* Szerk. Carl E. Loeffler és Darlene Tong. San Francisco, Calif.: Last Gasp, 1989. 390-438.
Derrida, Jacques. *Writing and Différance.* Ford. Alan Bass. Chicago Il.: U of Chicago P, 1978.
Elwes, Catherine. „Floating Femininity: A Look at Performance Art by Women". *Women's Images of Men.* Szerk. Sarah Kent és Jacqueline Morreau. London: Writers and Readers Publising, 1985. 164-93.
Erickson, Jon. „Appropriation and Transgression in Contemporary American Performance". *Theatre Journal* 42.2 (1990): 225-36.
Féral, Josette. „Performance and Theatricality: the Subject Demystified". *Modern Drama* 25 (1982): 170-81.
---. „What is Left of Performance Art? Autopsy of a Function, Birth of a Genre". *Discourse* 14 (1992): 142-62.
Freedman, Barbara. *Staging the Gaze.* Ithaca NY: Cornell UP, 1991.
George, David. „On Ambiguity: Towards a Post-Modern Performance Theory". *Theatre Research International* 14.1 (1989): 71-85.
Jameson, Fredric. „Foreword" to Jean-François Lyotard, *The Postmodern Condition: A Report on Knowledge.* Minneapolis Minn.: UP Minnesota, 1984. vii-xxi.
Kaye, Nick. *Postmodernism and Performance.* New York: St Martin's, 1994.
Lyotard, Jean-François. „A posztmodern állapot". *A posztmodern állapot. Jürgen Habermas, Jean-Francois Lyotard, Richard Rorty tanulmányai.* Budapest: Századvég, 1993. 151-79.
Montano, Linda. *Art in Everyday Life.* Los Angeles: Astro Artz, 1981.
Munro, Eleanor. *Originals: American Women Artists.* New York: Simon, 1979.
Nix, Marylin, „Eleanor Antin's Traditional Art". *Artweek* 3.3 (1972).

Pontbriand, Chantal. „The Eye Finds No Fixed Point ...". Ford. C. R. Parsons. *Modern Drama* 25 (1982): 154-62.
Readings, Bill. *Introducing Lyotard: Art and Politics*. London: Routledge, 1991.
Roth, Moira. *The Amazing Decade*. Los Angeles: Astro Artz, 1983.
Rubinflen, Leo. „Through Western Eyes". *Art in America* 66 (1978): 75-83.
Sayre, Henry M. „The Object of Performance: Aesthetics in the Seventies". *The Georgia Review* 37 (1983): 169-88.
Schneemann, Carolee. *More than Meat Joy*. New Paltz, NY: Domentext, 1979.
Sonneman, Eve. „Situation Esthetics: Impermanent Art and the Seventies Audience". *Artforum* 18 (1980): 22-29.
Taylor, Marcia. „Catalogue: Autobiographical Fantasies". *Laica Journal* 10 (1976).
Weinsheimer, Joel C. *Gadamer's Hermeneutics: A Reading of „Truth and Method"*. New Haven: Yale UP, 1985.

6.
PERFORMANSZ ÉS IDENTITÁS:
AZ 1990-ES ÉVEK VITÁI
PERFORMANSZ ÉS ETNICITÁS
(részletek *A performansz: kritikai bevezetés* című kötetből)

„A NEA négyes"[16]
A homoszexuális művészek valóságos, mai társadalmi tapasztalatairól szóló performanszait még nehezebb beilleszteni a börleszk „drag show"[17] hagyományába, ezért sokkal inkább zavarba ejtik a kortárs performansz konzervatív kritikusait. 1990-ben a Nemzeti Művészeti Alap (National Endowment for the Arts) azzal robbantott ki hatalmas vitát, hogy a már megítélt támogatást visszavette négy performanszművésztől, akik közül három homoszexuális (Tim Miller, Holly Hughes és John Fleck), egy pedig harcos feminista (Karen Finley). Cenzúrázásra hivatkozva ezek a művészek felterjesztették az esetet a bíróságra, de miután két alsó fokú bíróság támogatta őket, és megítélték nekik a visszatartott pénzt, az Egyesült Államok Legfelsőbb Bírósága (United States Supreme Court) 1998-ban elutasította kérelmüket. Az éveken át húzódó polémia során a „NEA négyes" az Egyesült Államokban egyre erősödő konzervatív eszmék és politikai erők hatalmának egyik leglátványosabb példájává vált, különösen a művészetre tett hatás szempontjából. Ugyanakkor ez a támadás, némileg paradox módon, jóval nagyobb országos figyelmet és láthatóságot biztosított a kritizált művészeknek, mint amilyet bármelyikük is tapasztalt volna korábban. Egyúttal ráirányította a figyelmet a „performansz-

---

[16] National Endowment for the Arts, A NEA négyes: Karen Finley, Tim Miller, Holly Hughes, és John Fleck.
[17] „DRessed as A Girl": nőnek öltözött, gyakran homoszexuális férfiak által előadott műsor, tánccal, monológokkal, énekkel (a fordító jegyzete).

művészetre", noha kifejezetten botrányos színezettel (lásd erről Phelan 131-42).

A NEA körüli vita egyértelműen hatással volt mind a négy művész későbbi munkáira, mind a közönség hozzájuk való viszonyára. Miközben mind a négyen életrajzi anyaggal dolgoztak további munkájukban, az ilyen anyag használata az 1990 előtti előadásaikban láthatóan sokkal inkább magánjellegű és személyes volt, gyakran családi kapcsolataikkal, szexuális öntudatra ébredésükkel, vagy a legszorosabb személyes barátságaikkal foglalkozott. Ezt még a négy, támogatástól megfosztott munkát kissé szenzációvadász módon összefoglaló jegyzetekben is láthatjuk, melyeket a Justice Scalia véleményéhez mellékeltek:[18]

> Finley vitatott műsora, a *„We Keep Our Victims Ready"* (Áldozatainkat készenlétben tartjuk), három részből áll. A másodikban Finley vizuális eszközökkel beszél el egy szexuális támadást oly módon, hogy levetkőzik csípőig és a mellét csokoládéval összekeni; és profán nyelven írja le a támadást. Holly Hughes monológja, a *„World Without End"* (Végtelen világ), meglehetően szemléletesen idézi fel a művész saját leszbikusságának felismerését, valamint emlékeit anyja szexualitásáról. John Fleck a *„Blessed Are All the Little Fishes"* (Áldottak mind a kis halak) című színpadi performanszában az alkoholizmust a katolicizmussal ütközteti ... Tim Miller *„Some Golden States"* (Aranyló állapotok) című performansza gyermekkori emlékeiből, homoszexuális élményeiből, és az AIDS folyamatos fenyegetésének érzéséből táplálkozik.

A négy művész munkájára 1990-től kezdve elkerülhetetlenül hatással volt a NEA ügy, saját élményeik miatt és amiatt is, hogy a közönség már elsődlegesen ezzel az üggyel kapcsolta össze őket. Főleg Hughes és Miller későbbi művei fordultak határozottan politikai irányba, habár ez a változás bizonyos mértékig a performanszművészetnek a század végére megváltozott orientációját is tükrözi. Későbbi műveikre, amelyek a társadalmi és kulturális kapcsolatokat vizsgálják a kortárs performanszokban, vissza fogok térni a következő fejezetekben.

John Fleck nagyon kevés performansz művet alkotott 1990 után, ehelyett a film és a videó felé fordult, noha egy évtizeddel később, 2001-ben ismét színpadra lépett egy új darabbal, *„Mud in your Eye"* („Sár a szemedben") címmel. Ebben visszatért a szexuális krízis régi témájához és a konzervatív vallással való konfrontációjához – melynek új relevanciát adott a vallásos jobboldaliak térnyerése. A csillagokkal borított piros, fehér és kék háttér egyértelmű politikai színezetet kölcsönzött a produkciónak.

---

[18] Proceedings of the United States Supreme Court, no. 97-371, National Endowments for the Arts et al. v. Karen Finley et al., 25 June. 1998.

Míg Fleck a nagyközönség előtt viszonylag homályban maradt, 1990 után Karen Finley kifejezetten láthatóvá vált, mint a legtöbbet rágalmazott és a legjobban ismert alak a NEA négyes tagjai közül. Ez talán nem meglepő, mivel munkájára kevésbé jellemző Miller, Hughes vagy Fleck barátságossága és vonzereje, sokkal inkább direkt módon konfrontatív és pszichológiailag felkavaró az övé. Elinor Fuchs írja, hogy a ritualizált, mármár szakralizált női performerek teste, mint például Carolee Schneemanné, az előző évtizedben átadta helyét a Finleyhez hasonló performereknek, akik az „obszcén testet, annak agresszív, trágár és néha pornográf" mivoltában mutatták be (33). Olyan korai előadásaival, mint az *I'm an Assman* (Szamárember vagyok, 1982), Finley nemzetközi hírnévre tett szert obszcenitásuk és a saját teste kínzásának révén. Hírneve az avantgarde színház követői között azzal szilárdult meg, hogy C. Carr 1986 júniusában a *The Village Voice*-ban vitákat kavaró címlapsztorit közölt karrierjéről (17), illetve négy évvel később a nagyobb közönség előtt a NEA polémiáknak köszönhetően. Noha Fleck a filmgyártás felé fordult, Hughes és Miller pedig, hírhedtségük ellenére, elsősorban még mindig olyan nézők számára játszottak, akiket érdekelt az olyan fajta munka, mint amilyet ők képviseltek, Finley sokkal szélesebb körben ismert alkotóvá vált az 1990-es években, komoly díjakat nyert (Guggenheim díjat 1995-ben, Obie díjat 1998-ban) és a botrányszerető média állandó szereplője is volt. Egy évvel azután, hogy az *MS Magazine* az „Év Nőjének" választotta (1998), 1999 júliusában azzal keltett újból feltűnést, hogy egy hatoldalas *Playboy* cikkben meztelenül jelent meg. Továbbra is folytatta személyes élményekre alapozó performanszművészetét, mint például a 2002-ben bemutatott *The Distribution of Empathy* (Az empátia elosztása) című előadásban, amely az elsők között dolgozta fel az előző szeptemberben New York ellen elkövetett terrortámadásokat.

Testművészet (Body Art) az 1990-es években
A performanszművészet 1995-ben ismét gondot okozott a NEA-nak, amikor is konzervatív szenátorok tiltakoztak az ellen, hogy a Walker Art Center Minneapolisben szerény támogatást ítélt oda Ron Athey-nek a *Four Scenes from a Harsh Life* (Négy jelenet egy nehéz életből) című alkotásra, mert az véres öncsonkításokat mutatott be (a műről szóló híradások sajátosan botrányos hatását Athey HIV pozitív voltának ténye is táplálta). Az ilyen traumatikus performanszok, még inkább, mint Karen Finley korai munkái, Vito Acconi és Chris Burden húsz évvel azelőtti, extrém módon látványos body artjait idézik fel. Athey munkája azonban más közegből jön, az 1990-es évek performansz világát tükrözi, akárcsak Acconi és Burden a saját korukét. A body art szándékosan dekontextualizált volt, a fizikai csonkítás a pillanat erejét és jelenbeliségét hangsúlyozta, a fájdalom megtapasztalása eltávolította a testet a reprezentáció elvontságaitól. Ezzel ellentétben Athey

a fájdalom és csonkítás előadását arra használta, hogy kifejezze és kordában tartsa élete démonait: a szegénységben töltött gyerekkort, puritán neveltetését egy pünkösdista családban, korábbi heroin függőségét, számos öngyilkossági próbálkozását, a konszenzusos szado-mazo szex terén folytatott kísérleteit, valamint HIV fertőzöttségét. A mártíromság képei kísértenek Athey alkotásaiban, ahogy a *Deliverance* (Megszabadulás) című, 1994-es darabjában is. Itt Szent Szebasztiánként töviskoszorút visel, és vér csorog le az arcára, testére. Akárcsak a NEA négyes, a konzervatívok támadása után Athey munkássága is még több figyelmet kapott, és az 1990-es évek végén világszerte turnézott. 1998-ban nagyhatású dokumentumfilmet is csináltak róla.[19]

A szenvedő test, a performansz és az identitáskonstrukció között még szorosabb kapcsolatot mutatott be Bob Flanagan, aki 1996-ban, 43 évesen halt meg, mint a cisztás fibrózis (az emésztőrendszer és a tüdő degeneratív betegsége, amely általában már serdülőkorban halálos) egyik legidősebb túlélője. Flanagan 1989-es, Los Angelesben előadott performanszával vált először széles körben hírhedtté, amelyben odaszögezte a péniszét egy deszkához, miközben vicceket mondott. A sokfelé utaztatott *Visiting Hours* (Látogatási idő, 1992) című előadásban a közönség tagjait egy galériában berendezett kórházi szobába invitálta, ahol egy, a légzéséhez szükséges oxigénpalackra volt kötve, és különböző megfigyelő berendezések és a szado-mazo élményeiről készült képek vették körül. Ő és partnere/munkatársa, Sheree Rose, megosztották másokkal az általuk felfedezett kapcsolatokat szexualitás, betegség és fájdalom között. Flanagan munkássága, akárcsak Atheyé, egy 1997-ben bemutatott, meglehetősen szenzációvadász dokumentumfilmet inspirált, melynek címe *Sick: The Life and Death of Bob Flanagan, Supermasochist* (Betegen: Bob Flanagan szupermazochista élete és halála).[20]

A francia performanszművész, Orlan, sebészeti sorozata érdekes kapcsolatot mutat mind Athey és Flanagan szenvedő testeivel, mind Eleanor Antin korai testművészeti alkotásaival, és valószínűleg a testmódosítással dolgozó performanszok legismertebb példája a 20. század végén. Az 1970 és 1980 között Franciaországban játszott performansz sorozatában Orlan a nőkről alkotott társadalmi és kulturális képzetekkel foglalkozott, főként prostituáltakra és szentekre fókuszálva, s ezek 1990-ben a kozmetikai operációkra épülő sorozathoz vezettek. Nála az operációk nem a fájdalom kifejezésére szolgáltak, mint Athey és Flanagan alkotásaiban, hanem a nők testének társadalmi alakításához fűzött kommentárokként funkcionáltak. Barbara Rose 1993-as cikke az *Art in America* című lapban

---

[19] „Hallelujah! Ron Athey: A Story of Delivery" címmel. A rendező Catherine Gund Saalfield volt.
[20] A rendező Kirby Dick volt.

felhívta Amerika figyelmét Orlanra (82-87), aki ezután kedvelt téma lett a performanszról szóló konferenciákon.[21] A kamerák előtt érzéstelenítés nélkül zajló operációinak sorozata folyamán Orlan szándékosan a klasszikus festményeken látható, több vonást egybekomponáló női szépségideálhoz – amilyen például a *Mona Lisa* – hasonlóvá változtatta arcát. Néhány filmes részletben Orlan egyik asszisztensének a ruhaujján a következő odanyomtatott kifejezést vehetjük észre: „A test is csak egy ruha".

Victim Art (Áldozat művészet)
Miközben a nagyközönség számára a nagy publicitást kapott NEA-ügy volt a 1990-es évek leglátványosabb kulturális támadása a performanszok ellen, a művészvilág számára majdnem ugyanakkora ügynek számított, hogy 1995 elején Arlene Croce, a *New Yorker* tánckritikusa támadásba lendült az ellen, amit ő „victim art"-nak nevezett (54-60). Anélkül, hogy megnézte vagy ismertette volna Bill T. Jones, az évtized egyik vezető kísérleti, és politikailag elkötelezett táncosának *Still/Here* (Még mindig/Itt) című produkcióját, Croce az ellen kelt ki, hogy mivel fekete és az AIDS áldozata, a Jones előadásában használt életrajzi anyag lehetetlenné teszi az objektív kritikát. Croce cikkét áthatják a korábbi NEA polémiák visszhangjai. A „patológia a művészetben" másik eseteként utal Croce Robert Mapplethorpe-ra, a NEA által támogatott művészre, akinek szexuálisan explicit fotói a '80-as évek végén az alapítványt ért támadásokra részben okot szolgáltattak. Ez vezet a költői kérdéshez, ami nem Mapplethorpe-ot és nem is Jones-t idézi meg, hanem Ron Atheyt: „Ha egy művész a saját vérével fest egy képet, mit számít, ha azt gondolom, hogy a kép nem jó?" (Croce 58). Nem egy konzervatív déli szenátor, hanem Amerika legnagyobb tánckritikusa, Croce indított el viharos vitákat, és a figyelem középpontjába megint a konzervatívoknak a kortárs, önéletrajzi alapú performanszokkal szembeni gyanakvása került. Kiváltképp azok a művek voltak gyanúsak, melyeknek alkotói alternatív szexuális csoportokhoz vagy kisebbségi fajokhoz tartoztak. Dale Harris, a *Wall Street Journal* kritikusa, aki még nyíltabban konzervatív gondolkodású, mint Croce, nem kevésbé szigorúan ítélte el ezeket az alkotásokat, sőt még konkrétabb érvekkel: „Mr. Jones fekete. Ráadásul homoszexuális... Mr. Jones HIV pozitív... Azért említem mindezt, mert Mr. Jones elidegenedett alakját lehetetlen különválasztani a koreográfiájától. Igen sokszor témája munkáinak saját maga – egy megkeseredett, hiperérzékeny, teljesen zavart ember".

---

[21] Szintén téma lett a performanszelméletben. Lásd erről például: Philip Auslender. „Orlan's Theatre of Operations". *Theatre Forum* 7 (1995): 25-31; Tanya Augsburg. „Orlan's Performative Transformations of Subjectivity". *The Ends of Performance*. Szerk. Peggy Phelan és Jill Lane. New York: New York UP, 1998. 285-314.

Performansz és etnicitás

Az identitással és önéletrajzi élményekkel foglalkozó performanszok a szexualitáshoz és a társadalmi nemhez kapcsolódóan mutattak jelentős fejlődést. A botrány és a tabu aurája, amely a legtöbb művet körülvette a NEA finanszírozási ügy vagy a Victim Artról szóló viták kapcsán, szintén nagy népszerűséget hozott nekik. Az 1980-as évek közepére azonban a performansz mindinkább felfedezte a személyes történelem más aspektusait is. A társadalmi osztály és a faj kezdett olyan figyelmet kapni, mint korábban a társadalmi nem, és ez az identitásról szóló performanszok másféle, jóval szélesebb körének kialakulásához vezetett. Bár ez a folyamat még új, az amerikai performansz leginkább megkülönböztető vonása az lett a század végén, hogy olyan performerek és nézői közösségek jelentek meg, akik elkötelezték magukat a nemi- és önfelfedezés új területekre való kiterjesztése mellett. Az 1970-es és kora '80-as évek performanszművészei majdnem mind tanult, fehér középosztálybeliek voltak, míg a '80-as évek során egyre nagyobb számban bukkantak fel színes bőrű, és alacsonyabb társadalmi osztályokból származó előadók, színpadra állítva másféle tapasztalataikat és gondjaikat. Ezt az irányváltást bizonyos mértékig feszültségek és viták kísérik magán a performer világon belül, amelyekben néhány igen ismert performanszművész is részt vesz.

Eleanor Antint például kritizálni kezdték az olyan kreációiért, mint a fekete balerina. Antin az ilyen figurákat mindig elválasztotta a társadalmi kontextustól, csak saját maga alternatív változatának tartotta őket, melyek az én-felfedezés céljával készültek. „Segítenek abban, hogy kibújjak a bőrömből, és más valóságokat fedezzek fel", mondta Antin 1989-ben (idézi Glueck 3). Carr a *The Village Voice* hasábjain önhittnek és naivnak nevezi ezt a hozzáállást, valamint azt is, hogy a fehér művész érzékenység és kulturális tudatosság nélkül ismétli a „blackface" hagyományt, amikor más figurát játszik. Suzanne Lacyt szintén kritikával illették mások előadásainak tudatos felhasználásáért, noha ez pozitív társadalmi célok érdekében történt. Különböző előadásaiban, mint például a *Prostitution Notes* (Prostituált feljegyzések) vagy a *The Life and Time of Donaldina Cameron* (Donaldina Cameron élete és kora, 1977) címűben, Lacy azzal próbálkozott, hogy „fellazítsa a test fizikai határait, így az identitásét is". Céljait így magyarázza:

> Ezekben a darabokban tudatosan másféle tapasztalatok, más társadalmi körülmények világába költöztem, s azonosultam velük. Ez természetesen nem jelenti azt, hogy feketévé vagy kínaivá váltam, de annyira beleintegráltam magam ebbe az élményvilágba, amennyire csak lehet, hogy megértsem a közös tapasztalataink közötti összefüggéseket, hogy kiterjesszem az identitásomat a másik irányába. Ez egy önfejlesztő folyamat. (idézi Roth 39-40)

Lacy azonban jelentős ellenállásba ütközött kínai művészek részéről, akik úgy érezték, hogy egy fehér feminista a saját céljaival soha nem tudja megérteni vagy ábrázolni az ő problémáikat, és az értük szólás szándékában olyasmit láttak, mint amikor férfi drámaírók szólnak nők érdekében. Hasonló fenntartásokat fogalmaztak meg fekete feministák a '80-as évek végén azzal szemben, hogy a feminista elmélet terén a tanult, felső osztálybeli fehér nők dominálnak (lásd Christian 67-79).

Az egyik legfőbb performansz csoport, a Spiderwoman megalakítása ezen időszakban az új típusú feszültségek kiváló példája. A társulat 1976-ban készült első munkája, a *Woman and Violence* (Nő és erőszak), önéletrajzi és történelmi anyagra épül. A hét nőből álló társulat közzétett célja az volt, hogy összehozza az amerikai indián nők, a leszbikusok, a skorpió csillagjegyűek, az ötven felettiek és a huszonöt év alattiak, nővérek, anyák és nagymamák „különböző női tapasztalatait" (a társulat hirdetményéből idézi Schneider 241). A '80-as években azonban, amikor színes bőrű nők és férfiak a performanszművészetet kezdték használni öndefiniálásra és arra, hogy felfedezzék és kifejezzék specifikusabb szociális, kulturális és etnikai problémáikat, a Spiderwoman nem fehérbőrű tagjai úgy érezték, hogy a csoport deklarált sokfélesége csak ismétli az ismerős társadalmi jelenséget, mivel a fehér bőrűek irányításának maszkjává válik. Így 1981-ben a társulat feloszlott, az amerikai indián tagok megtartották a Spiderwoman nevet, és e név alatt kezdtek kifejezetten etnikai emlékeikre, legendáikra és élményeikre reflektálni.

Az identitás-perfomanszok századvégi változására másik fontos példa az afro-amerikai Robbie McCauley munkája. Az 1960-as évek végén McCauley az úgynevezett „jazz-színházi" formával kísérletezett a New Lafayette Theatre-ben, miközben jövőbeli munkatársa, Jessica Hagedorn hasonló irányba indulva fejlesztette ki a „Gangster Choir" formát, amely ötvözi a zenét a költői önéletrajzzal. „Nem tudtam semmit a performanszművészetről", mondja, „csak költők társulatának hívtam". Az 1980-as évek folyamán ez a két művész, Laurie Carlos multimédia művésszel együtt egy performansz sorozatot hozott létre, amelyet Gondolatzenének („Thought Music") neveztek el. „Kezdtük megtalálni a saját hangunkat", emlékszik vissza Carlos, de nem a fehér, vagy a fekete színház hagyományos formáiban. „A performanszművészet volt az egyetlen olyan terület, ahol kevés definícióval találkoztunk" (idézi Champagne 92-93).

A '80-as évek végére McCauley megalkotta a *Confessions of a Black Working Class Woman* (Egy fekete munkásasszony vallomásai) elnevezésű előadássorozatát, melynek címe a kor feminista performanszának egyre gyakoribb, osztállyal és etnikummal kapcsolatos témáira utal. Ebben a sorozatban McCauley személyes anyagot és testének fizikális sajátságait használta arra, hogy a rasszizmus hatásait kutassa a saját és ősei élettörténetében. (A legsokkolóbb darab talán az 1989-es *Sally's Rape* [*Sally meggyalázása*] című volt, amelyben egy árverési tönkön álló, meztelen rabszolgát alakított) (Whyte 277-93).

Az 1990-es években McCauleyt a történetmesélés, az emlékek és a performansz iránti érdeklődése más irányba vitte, a közösségi, szóbeli történelem vált munkája alapjává. Először amerikai anyaggal dolgozott (*Buffalo Project*, 1990, és *Mississippi Project*, 1992), 1995-ben pedig a *Stories Exchange Project* címmel nemzetközi projektbe kezdett. Ebben öt cseh romával dolgozott együtt, a romáknak a nácizmus ideje alatti szenvedéseit feldolgozó performanszon.

A '80-as és '90-es évek során a különböző etnikai csoportokhoz tartozó férfiak és nők által létrehozott performanszok válnak az identitásperformanszok legfőbb területévé. E munkák központja, és tulajdonképpen a '90-es években a performanszművészet központja, a Highways Performance Space volt, melyet 1989-ben, Los Angelesben alapított Tim Miller és Linda Burnham, a *High Performance* nevű lap alapító szerkesztője. Megjelenésének éveiben (1978-97) a lap a performanszművészet legjelentősebb amerikai fóruma volt. Miller és Burnem mindketten úgy látták, hogy Los Angeles multikulturalitása központi jelentőségű a Highways irányultsága és küldetése szempontjából. Burnam a '90-es évek elején a Highways akkori szcénáját a 70-es évek galéria performanszaival és a '80-as évek klub performanszaival állította szembe:

> Az emberek jó része, akiket itt bemutatunk, egyedül dolgozik, és nem a vizuális művészetek felől közelítenek. Legtöbbjük író és színházi ember, valamint néhányan táncosok, akik tágítani akarják a határaikat. A Highways-ben látható alkotások több mint fele az egyéni identitásról szól. Arról, hogy különböző kultúrákból jött emberek kerülnek össze LA-ben és bemutatkoznak egymásnak. (idézi Mifflin 87)

Hasonló módon, 1991-ben Miller is összevetette a Highways-ben készült munkákat a New York-i aktuális performansz irányzatokkal. Az utóbbiakról megállapította, hogy továbbra is az avantgarde művészet világának kedvelt technikai virtuozitását és formalista eleganciáját részesítik előnyben, míg az előbbiek inkább a társadalmi kontextusba ágyazódtak: „olyan kulturális közösségekből jöttek, mint az ázsiaiak, latinok, leszbikusok, melegek, vagy mások" (Miller 122). Ez a multikulturális fókusz tette Miller szerint Los Angelest az 1990-es évek „észak-amerikai performansz fővárosává" (idézi Zimmer 52). A személyes identitás, valamint a különböző kultúrák, különösen a vesztes, kitaszított és elnyomott csoportok – melegek, leszbikusok, hátrányos helyzetűek, idősek, szegények, továbbá a faji és etnikai kisebbségek – tanulmányozásának kombinációja jellemezte a legtöbb képzeletgazdag és provokatív performansz darabot az 1990-es évek Amerikájában, és a Highways-nek szintén központi témája volt. Itt készítette el Dan Kwong a *Secret of a Samurai Centerfielder* (1989) és a *Monkhood in 3 Easy Lessons* (1995) című munkáit, melyekben egy japán/kínai szülők meleg fiúgyerekének a domináns kulturális- és nemi szerepre vonatkozó elvárásokkal folytatott küzdelme során átélt feszültségeit térképezi fel. 1994-ben Paulina Sahagun itt kezdte el saját mexikói/amerikai hátterével foglalkozó munkáit előadni. *Loca Loca* című művét 2002-ben mutatták be a Highways-ben, de debütálására az 1994-ben alapított Los Angeles-i Női Színházi Fesztiválon került sor, egy évvel korábban. A női szóló performanszoknak otthont adó rendezvény az új évszázadra nemzetközi fesztivállá nőtte ki magát.

Identitás és a 'Def poet' performerek
Az 1990-es évek Amerikájában az identitás-performanszok területén valószínűleg a legfontosabb újdonság a Def költészet megjelenése volt, amely az önéletrajzi vizsgálódást állítja témái középpontjába. „Egyedül a személyes érzelmeimről és észleléseimről" akarok írni, mondja Beau Sia, a Def költők vezető alakja és a National Slam Team ötszörös tagja. „Úgy akarok írni ezekről, hogy mindenki érthesse. Azt akarom, hogy az emberek tudják, min megyek keresztül" (Amorosi). A Def költők prominens tagjai közül a legtöbben, akárcsak Sia, a személyes kifejezést részesítik előnyben, és, nem meglepő módon, kisebbségi közegből jönnek, így szoros társadalmi és kulturális kapcsolat áll fenn az ilyen típusú performanszok és a Highways-hez hasonló helyeken létrejött, hagyományosabb performanszművészet között. 2002-ben a *Def Poetry Jam* San Francisco és New York főbb színpadaira elvitt kilenc jelentős fiatal Def performert, akik e művészet képviselőinek tekinthetők. A csoportot az oklahomai kínai-amerikai Beau Sia-n kívül a palesztin-amerikai Suheir Hammad Brooklynból, az afro-amerikai Black Ice Philadelphiából, a New York-i, de Jamaikában született Staceyann Chin, és Mayda Del Valle, a Chicago déli negyedéből származó latina alkották. A műsort négy részre osztották, ezekben a performerek aktuális témái szerepelnek: „az identitás, emlékezés, szeretet és egy végső üzenet" (Pareles 25).

Az identitás performansztól a kulturális performanszig
Egy 1990-ben készült, Los Angeles-i performanszokról szóló beszámolójában Jacki Apple megjegyezte, hogy az ilyen alkotások nagy részét „nők, meleg férfiak, afro-amerikaiak, hispánok, fiatal ázsiai-amerikaiak művészek" készítik, „akiknek esztétikája és politikája kikezdi mind a művészvilágnak, mind a médiának a szocio-kulturális valóságról alkotott verzióját" (21). Valóban, a századvégi amerikai performansz egyik legfontosabb jellemzője a multikulturalizmus és a kisebbségek önkifejezése iránti érdeklődés

növekedése volt, ami sokféle megközelítést inspirált az identitás előadásának terén.

Az önéletrajzi performanszok fenti típusával párhuzamosan egy hasonló alapokon nyugvó, de más fókuszú performansz is kialakult, amely elsősorban nem egy speciális etnikai vagy szexuális háttérrel rendelkező egyén tapasztalataival foglalkozik a többségi kultúrán belül, hanem a háttérközösség tagjainak élményvilágával általában, vagy egyenesen a kulturális és etnikai ábrázolások folyamatával. Egyéni performerek, akik közül a legismertebb talán Guillermo Gómez-Peña, olyan új irányokat vezettek be a performanszba, amelyek nem specifikusan önéletrajziak, és nem is elvont, elképzelt alternatív identitások megalkotásával kísérleteznek, mint Eleanora Antin. Performanszaik kevésbé direkt módon próbálnak személyes élményekkel foglalkozni, inkább az általános kulturális dinamikát helyezik előtérbe, valamint céljuk, hogy megvilágítsák ezeket a dinamizmusokat. Az ilyen kulturális orientációjú alkotások – együtt azzal, hogy a performansz teoretikusainak figyelme általában a színházon vagy galériákon kívül előadott performanszok felé fordult – a század végén felhívták a figyelmet a performansz általánosabb kulturális kontextusokban történő, a környező kultúra feszültségeinek és dinamikájának kifejezését célzó megjelenésére.

Gómez-Peña mondta az 1990-es évek elején, hogy a performanszok területe jelentősen megváltozott azóta, hogy Karen Finley és a hozzá hasonló művészek a performanszművészet céljaként a „radikális ötletek főáramba való bevitelét" jelölték meg. Ezt a célt Gómez-Peña szerint már elérték, az új cél, hogy megdöntsék „azt az európai mítoszt, hogy a művészek csak marginális, bohém figurák", ami még Észak-Amerikában is tartja magát:

> Arra törekszem, hogy a középpontból beszéljek, hogy aktív részese legyek a kultúra csinálásnak. Ugyanez igaz a melegekre, a nőkre, és a színes bőrű művészekre, akik nem engedhetik meg, hogy marginalizálják őket. A performanszművészet az egyedüli hely, ahol ez megtörténhet – ahol a rítust újra fel lehet találni, és a határok átléphetők. (idézi Mifflin 89)

Valóban, nem az egyéni élmény kifejezése vagy formai kérdések, hanem a „kultúra csinálás" került a performanszművészet érdeklődésének középpontjába a 20. század végén. A következő fejezetben az ilyen irányultságú performanszokat tárgyalom.

Balassa Zsófia fordítása

Felhasznált irodalom

Amorosi, A. D. „Beau Sia". Interview. *Philadelphia City Paper* 22-29 Oct., 1998.
Apple, Jacki. „Art at the Barricades". *Artweek* 21 (1990): 21.
Carr, C. „Unspeakable Practices, Unnatural Acts: The Taboo Art of Karen Finley". *The Village Voice* 1986 24 Jun.17 ff.
Champagne, Lenora, szerk. *Out from Under:Texts by Women Performance Artists*. New York: Theater Communications Group, 1990.
Christian, Barbara. „The Race for Theory". *Feminist Studies* 14 (1988): 67-79.
Croce, Arlene. „Discussing the Undiscussable". *New Yorker* 2 Jan. 1995. 54-60.
Fuchs, Elinor. „Staging the Obscene Body". *The Drama Review* 33.1 (1989): 33-58.
Glueck, Grace. „In a Rougish Gallery". *New York Times* 12 May 1989, sec. C, 3.
Harris, Dale. „The Patron Saint of Suffering". *Wall Street Journal* 16 Jan. 1995.
Mifflin, Margot. „Performance Art: What is It and Where is It Going?" *Art News* 91.4 (1992): 84-89.
Miller, Tim. „Tim Miller". *California Performance*. Claremont, Calif.: Pomona College, *Mime Journal* 2 (1991): 122-27.
Pareles, Jon. „A New Platform for New Poets". *New York Times* 10. Nov. 2002. sec. 2, 25.
Phelan, Peggy. „Money Talks, Again". *The Drama Review* 35.1 (1991): 131-42.
Rose, Barbara. „Is It Art? Orlan and the Transgressive Act". *Art in America* Feb. 1993. 82-87.
Roth, Moira. „Visions and Re-visions: A Conversation with Suzanne Lacy". *Artforum* 19.3 (1980): 39-45.
Schneider, Rebecca. „See the Big Show: Spiderwomen Theatre Doubling Back". *Acting Out: Feminist Performances*. Szerk. Lynda Hart and Peggy Phelan. Ann Arbor, Mich.: U of Michigan P, 1993. 227-56.
Whyte, Raewyn. „Robbie McCauley: Speaking History Other-Wise". Hart and Phelan 277-93.
Zimmer, Elizabeth. „Out of Left Field". *Dance Magazine* 1989. Sep., 52-53.

7.
KULTURÁLIS PERFORMANSZ
KONKLÚZIÓ: MI A PERFORMANSZ?
(részletek *A performansz: kritikai bevezetés* című kötetből)

Performansz és közösség
A vietnámi háború befejezése után, az 1960-as években és az 1970-es évek elején virágzó politikai utcaszínház jelenléte csökkent, de nem szűnt meg teljesen. Az 1980-as években a politikai performansz újbóli elterjedését az Egyesült Államokban és Angliában az anyagiasság, a hátrányos helyzetűek és a környezet iránti nyilvánvaló közömbösség, valamint a Reagan-korszak Amerikájában és a Thatcher-korszak Angliájában a baloldali és dekadens művészi jelenségek iránti gyanakvás táplálta. Az efféle témákkal foglalkozó egyszemélyes performanszok továbbra is előfordultak, de az 1980-as években határozottan fejlődni kezdett a közösség-alapú politizáló színház, mivel a performanszművészek a korábbi évtizedekben jellemző témáikat és az akkor megszerzett készségeiket felhasználva reflektáltak egyes, általában hátrányos helyzetben lévő közösségek problémáira, nem ritkán e közösségek tagjait is bevonva előadásaikba. A közösség-alapú politikai színház módszereit már az 1960-as, 1970-es években számos olyan, politikailag elkötelezett európai és latin-amerikai rendező készítette elő, mint például Joan Littlewood és az általa irányított Theatre Workshop Angliában (MacColl), Armand Gatti, aki a francia munkásság számára csinált színházat, vagy kollégája, Gino Zampieri Workers' Collective Theatre (Kollektív Munkás Színház) nevű társulata Zürichben (Gatti). Közöttük a legfontosabb talán az Augusto Boal nevéhez köthető Fórumszínház és az Elnyomottak Színháza volt, amely Argentínában indult az 1970-es években, és ezt követően a politizáló színház mintaképe lett világszerte (Boal).[22]

---

[22] Lásd még a *The Drama Review* Boallal foglalkozó különszámát, 1990, vol. 34.

Az 1980-as években a performansz fogalma egyre inkább ismertté vált, és az olyan, politikai irányultságú nyilvános akciók – amelyeket az 1960-as években valószínűleg gerillaszínháznak vagy utcaszínháznak neveztek volna, az 1970-es években pedig a munkásszínház, színházi műhely vagy a populista színház titulust kapták – sokkal inkább összeköthetők a performansz világával. A performansz, amely ma már kétségkívül társadalmi és politikai problémákkal foglalkozik, továbbá a közönséggel való szoros kapcsolatát folytonosan újraértelmezi, és a média számos fajtáját is manipulálja, nagyon készségesen tette alkotóelemévé az ilyesfajta törekvéseket. Ez látható az 1980-as évek elején Angliában megalakult, Welfare State nevű jelentős, politikai indíttatású performansz csoport 1982-es *Intentions* (Célkitűzések) című nyilatkozatában, melyet részben az előadásaik helyszínein lakó közösségek ügyei inspiráltak, részben pedig az az elgondolás, hogy a művészet szükségszerűen el kell utasítsa a fejlett országok túltermelését és fogyasztói szokásait. A csoport céljai egyaránt művésziek és politikaiak voltak:

> 1. Összemosni a festészet, szobrászat, színház, zene és más események határait.
> 2. Elemezni a kapcsolatot az esztétikai „bemenet" és annak társadalmi kontextusa között.
> 3. Nem naturalisztikus és vizuális performansz stílusok felfedezése.
> (Coult és Kershaw 219)

A társulat legismertebb munkája a *The Burning of the Houses of Parliament* (A londoni Parlament égése) volt, melyet az 1970-es évek végén és az 1980-as évek elején többször játszottak. Az előadás az aktuális társadalmi problémák hangsúlyozása közben látványos tűzszobrokat épített és óriási alakokat vonultatott fel, akik Margaret Thatchert, Guy Fawkest és a pokol bejáratát jelenítették meg, végül pedig minden hatalmas lángokba borult (Mason 134-35).[23]

1985-ben John Malpede megalapította a Los Angeles Poverty Department-et (Los Angeles Szegénységi Osztály); a nevet helyettesítő betűszó, LAPD, ironikus utalás a Los Angeles-i Rendőrség nevének közismert rövidítésére (Los Angeles Police Department). Malpede maga is performanszművész volt, de az LAPD-ot performansz csoportként hozta létre a Los Angeles-i belváros rossz hírű sikátorainak lakóiból. Céljuk az volt, hogy ennek a közösségnek az igényeivel és problémáival foglalkozzanak, és a performanszot arra használják, hogy segítsen ennek a rétegnek megérteni, feldolgozni, és remélhetőleg jobbá tenni saját helyzetét (Carlson 24). Ez a típusú, egyfajta társadalmi terápiaként és a társadalmi befolyás megerősítéseként működő kollektív performansz, amely az 1960-as

---

[23] Ennek a munkának az 1981-es változatáról számol be Bim Mason.

évek aktivizmusának bizonyos vonásait idézi, és az 1970-es évek politikailag elkötelezett alkotóinak (legfőképp Augusto Boalnak) a filozófiája és gyakorlata hatott rá, az 1980-as évek közepétől vált újra fontossá. Rhodessa Jones például San Franciscóban 1992-ben létrehozta a Medea Project nevű „performansz műhelyt" azzal a céllal, hogy a saját történeteiken alapuló performansz előadások létrehozása révén erősítse a női börtönlakók öntudatát és önbecsülését (lásd erről Fraden könyvét).

Politikai performansz a század végén
1992-ben a *Discourse* című folyóiratban megjelent egyik cikkében Josette Féral, Rachel Rosenthal 1991-es, *Pangea* című performanszának elemzése kapcsán úgy véli, hogy fontos határozott különbséget tenni az 1990-es évek elejének performanszai, és a két évtizeddel azelőtti performanszművészet között:

> A kilencvenes évek performanszművészete a lényegileg ösztönös szubjektum képét (ami a hetvenes évek performanszművészetére volt jellemző) egy olyan szubjektum képével helyettesíti, aki nem hajlandó figyelmen kívül hagyni az egyén és a történelem, valamint a politika és az esztétika közötti feszültségeket, és komplex megnyilatkozásokat tesz. Míg a hetvenes évek performanszművészete egyszerűen nem volt hajlandó a valós ábrázolására, hanem inkább közvetlenségében próbálta azt megragadni ..., a kilencvenes évek performanszművészete tagadta az illúzió játékát. Úgy döntött, visszatér a valósághoz, mint politikai konstrukcióhoz, és úgy mutatja be a valóságot, ahogyan az szükségszerűen kötődik az egyénhez. (149)

Ez a modell nyilvánvalóan reduktív, még a Féral által tárgyalt előadó egyedi esetét tekintve is. Rosenthal erőteljes, és elismerten gyakran önéletrajzi ihletésű performanszai az 1970-es években – amelyek a Párizsban eltöltött gyerekkorával (*Charm* [Bűvölés], 1977), a még ma is Afrikában élő féltestvérével való kapcsolatával (*The Head of Olga K.* [Olga K. feje], 1977), valamint személyes félelmeivel és szenvedélyeivel (*The Death Show* [A halál show], 1978) foglalkoznak – semmiképpen nem egy elvont, „ösztönös" szubjektum ábrázolásának tekinthetők, hanem sokkal inkább egy történelmi kontextusba helyezett, specifikus én feltárásaként értelmezhetők. Ahogy Una Chaudhuri megjegyezte, Rosenthal „én-ábrázolásai mindig ironikusabbak, mint nosztalgikusak, és mindig sokkal fontosabb, hogy túlmutassanak az énen, és ne egyszerűen csak kifejezzék" (7).

Mindemellett Feráinak igaza van, amikor felhívja a figyelmet az 1980-as évek végétől tapasztalható, a performansz politikai dimenziói iránt megnövekvő érdeklődésre. A kulturális élet számos összetevője hozzájárult ehhez. A NEA-t (National Endowment for the Arts [Nemzeti Művészeti

Alap]) övező kulturális konfrontációk és a művészeti ágakat érő konzervatív támadások általánosságban ráirányították a közönség és a művészek figyelmét a performansz és a politika potenciálisan szoros kapcsolatára. Ez tisztán látható Tim Miller és Holly Hughes 1990-es évek után készült munkáiban egyaránt. Miller például úgy jellemezte a saját, 1989-es *Stretch Marks* (Striák) című művét, mint ami ráhangolta őt „a személyes és a politikai nézőpontok találkozását jelentő ACT UP (AIDS Coalition to Unleash Power) világszemléletre" (xxviii). Az 1990-es években készített hat produkciója, a *Sex/Love/Stories*-tól (1991) a *Glory Box*-ig (1999), mint mindig, személyes és családi emlékeket hordoz, de Miller minden esetben a saját, az AIDS korában meleg férfiként szerzett tapasztalataiból, és a korszak politikai és kulturális küzdelmeiből építkezett. A személyes és a politikai különösen szorosan fonódik össze a *Glory Box*-ban. Itt a téma az Egyesült Államok bevándorlási politikája, amely nem engedélyezi Miller ausztrál partnerének az amerikai állampolgárság megszerzését. Ezen okból Miller az új évszázad legelején nyilvánosságra hozta döntését, hogy elhagyja az Egyesült Államokat. Holly Hughes pedig még direktebben mutatta meg, milyen hatása volt a NEA körüli vitának saját pályafutására és előadásaira: az ezzel kapcsolatos élményre alapozva létrehozott egy performanszot, az egyszerre mulattató és szomorú *Preaching to the Perverted* (Prédikálás a züllötteknek) című előadást (1999).

Az 1980-as években a performanszművészek és a performansz kutatói egyre jobban odafigyeltek a performansz társadalmi és kulturális dinamikájára. Ez azt eredményezte, hogy sokan az identitás egyértelmű, direkt bemutatásától – ami Féral megfigyelése szerint nagy mértékben jellemezte az 1970-es évek munkáit – a reprezentáció folyamatának vizsgálata felé fordultak. Ennek a hangsúlyváltásnak sajátos kulturális és politikai implikációi voltak, mivel felvetette a kérdést, hogy az etnikai származással, nemi, vagy szexuális kérdésekkel kapcsolatos performanszokban mi forog kockán társadalmi és politikai értelemben – hogy kinek, ki által, és milyen céllal történik az ábrázolás. Judith Butler érzékletesen foglalta össze ezt a kérdéskört: szerinte hagyjunk fel azzal, hogy az „identitáspolitika krízisét" úgy oldjuk meg, hogy arra koncentrálunk, ki és mi képviseli az identitást definiáló hatalmat, hanem ehelyett „fokozzuk és erősítsük ezt a krízist", és „adjunk hangot annak, hogy az identitás-kategóriák nyilvánvalóan szétesőben vannak" (121). Ez az elgondolás, amelyet talán leginkább a feminista- és a meleg-performansz teoretikusai képviselnek, kifejezettebben és nagyobb jelentőséggel került előtérbe, mivel az 1980-as években egyre több olyan performansz született, amelyek a különféle etnikai kisebbségek és a hátrányos helyzetben lévő társadalmi-gazdasági csoportok problémáival foglalkoztak.

Posztkoloniális perspektívák

A posztkoloniális elmélet megjelenése a performansz kulturális és politikai dimenzióiban új perspektíváknak nyitott utat, mivel már nem csak a hegemonikus politikai hatalom működésében lehetett felismerni a performanszot, hanem – és ez talán még fontosabb – a hegemonikus hatalommal szembeni ellenállásban is. Az új perspektívák kialakulásában nagy szerepet játszottak Homi Bhabha 1980-as évek végén, és 1990-es évek elején írt esszéi, amelyekből *The Location of Culture* (A kultúra helye) címmel gyűjteményes kötet jelent meg 1994-ben. Bhabha elméletei a sztereotípia és a mimikri gyarmatosítói felhasználásáról, főleg az utóbbi esetében, szoros rokonságot mutatnak azzal, ahogy a kifejezést performansz kutatók, például Elin Diamond, alkalmazzák.[24] Bhabha 1984-ben megjelent, „Of Mimicry and Man" (A mimikriről és az emberről) című esszéjében a mimikrit gyarmatosítói stratégiaként határozza meg, amely arra kényszeríti a gyarmatosítottat, hogy a gyarmatosító kulturális kifejezés- és viselkedésmódjait utánozza. Az viszont, hogy az idegen nézőpontnak teljesen megfelelni szükségszerűen nem tudnak, a gyarmatosítottak hiányosságait és alsóbbrendűségét bizonyítja. Bhabha azonban a reprezentáció gyarmatosítói felhasználásának elméletén belül „komikus fordulatra" utal, hiszen a Másik tökéletlen és fejletlen Azonosként való megjelenítése alááshatja a dominancia folyamatait. Ezt a lehetőséget a mimikri bomlasztó, karnevál-szerű természete biztosítja, és emellett az a veszély, hogy „kettős nézőpontja azáltal, hogy felfedi a koloniális diskurzus ellentmondásosságát, egyben az utóbbi tekintélyét is felszámolja" (Bhabha 126). A posztkoloniális és feminista elmélet már megkérdőjelezte a mimikri azon képességét, hogy „belülről" forgassa fel a gyarmatosítás működését (Young 141-56; Parry 5-25), ennek ellenére a mimikri fontos és hatékony fogalom illetve stratégia manapság is.

Más posztkoloniális elméletek igyekeztek megtalálni azokat a hegemonikus diskurzusok ellen protestáló stratégiákat, amelyeknek az adott diskurzusokhoz nincs annyi közük. Erre a megközelítésre markáns példa Frank Gilroy munkája, aki felveti, hogy a fekete zenei kultúrában található „megtestesített szubjektivitás" modellje alternatívát szolgáltathatna a gyarmatosító uralom általában szövegalapú stratégiáihoz képest. Ennek megfelelően szerinte fordítsunk figyelmet „a mimézis, a gesztus, a kinézis és a jelmez, valamint más hasonló jelölő gyakorlatok háttérbe szorult módjainak" felfedezésére és befogadására, továbbá az olyan kulturális kifejezésmódokra, mint „az antifónia, a montázs és a dramaturgia" (Gilroy).

---

[24] Lásd főként az „Of Mimicry and Man: The Ambivalence of Colonial Discourse" és a „The Other Question: Stereotype, Discrimination and the Discourse of Colonialism" című esszéket.

A kultúrakutatáson belül a performansz ilyesfajta „megtestesített szubjektivitásként" való értelmezése szembetűnően hasonló Irigaray és Kristeva feminista elméletéhez, amely a performanszot szintén „megtestesített szubjektivitásnak" tekinti.

Spiderwoman: mimikri és ellen-mimikri
Mind Diamond, mind Bhabha hatása egyértelmű Rebecca Schneider tanulságos, 1993-as elemzésében, amelyben a Spiderwoman nevet viselő, amerikai indián előadókból álló társulat több produkcióját vizsgálja. Schneider úgy véli, hogy a Spiderwoman előadások, mint például a *Reverb-ber-ber-ations* (1990), következetesen használják a mimikri bomlasztó, kritikus erejét feminista és posztkoloniális célok érdekében. A Spiderwoman által újra színre vitt *Snake Oil Sideshows* (Kígyó olaj mutatványok) (*Winnetou's Snake Oil Show from Wigwam City*, 1989) című művet, és hasonlóan „egzotikus" előadásokat Schneider komikus, szubverzív mimikriként ír le. Ezt

> az előadók találékonyan játsszák el abban az érzékeny térben, amely az autentikus bennszülött identitáshoz való jog igénye, és annak tudása között vibrál, hogy az autentikusság jegyei a történelem során árucikké váltak. Az előadások anyaga azokat a hézagokat tölti ki, ahol a szereplők önéletrajza találkozik az amerikai indiánokkal kapcsolatos közkeletű vélekedésekkel. (Schneider 237)

Az ilyesfajta performansz oda-vissza ingázik az „identitás határozott deklarációja" és az identitást kísértő társadalmi klisék paródiája között, és ragaszkodik „a szentség tapasztalatához annak *ellenére* is, hogy az identitások a történelem során lejáratódtak és kompromittálódtak " (Schneider 251).

Egy még ennél is komplexebb „komikus fordulat" kapcsán Schneider azt mondja, hogy a Spiderwoman az általa „ellen-mimikrinek" nevezett stratégiát is alkalmazza. A *Sun, Moon, Feather* (Nap, hold, madártoll, 1981) „Indian Love Call" (Indián szerelmi hívás) című sorozatában az amerikai indián színésznők

> nem tipikus indián szerepeket játszanak el (mint például a heves, csaknem meztelen, táncoló hősnőt vagy a sötétbőrű indián hercegnőt), hanem azon marakodnak, hogy ki kapja a göndör fürtös, halovány Jeannette MacDonald szerepét, és ki játssza el a derék, délceg, egyenes hátú kanadai lovasrendőrt, Nelson Eddyt. Nem újrajátsszák, felidézik, vagy visszakövetelik az őslakosok imázsát, hanem kisajátítják a társadalmilag elfogadottat. (Schneider 246)

Ellen-mimikri és kulturális reprezentáció
Az utóbbi idők etnikai vonatkozású előadásai között néhány összetett és

izgalmas mű mimikus és ellen-mimikus stratégiákat használt fel arra, hogy közvetlen módon foglalkozzon az etnikai csoportok kulturális bemutatásának, azaz reprezentációjának folyamatával. James Luna a San Diego-i Museum of Man-ben mutatta be a *The Artifact Piece* (A műtárgy) (1987) című, Bessie-díjas performansz-installációját. A performansz ironikus kommentárt adott saját etnográfiai környezetéről és annak kulturális funkcióiról. Luna saját maga mint kiállítási tárgy szerepelt, a teste egy vitrinben feküdt, rajta táblák jelezték a sebeit, amelyeket részeg verekedések alkalmával szerzett. Egy másik vitrinben főiskolai diplomája, a gyerekei fotói, letartóztatásainak jegyzéke és a válási papírjai voltak láthatóak mai, indián szertartásokon használt tárgyak társaságában. A magyarázó táblák áltudományos etnográfiai objektivitással ismertették a modern indián életet, amelyben a hagyományos rituális ceremóniák helyét az anonim alkoholisták gyűlései vették át (Miffin 88).

Az 1990-es évek kulturális performanszművészetének egyik legfontosabb példája egy hasonló, de ennél még összetettebb alkotás volt; Guillermo Gómez-Peña és Coco Fusco jól ismert *Two Undiscovered Amerindians Visit* (Két fel nem fedezett amerikai indián látogatása) (1992) című alkotása, amely először Madridban és Londonban szerepelt, majd Ausztráliában és a Egyesült Államokban, végül egy izgalmas videó dokumentumfilm örökítette meg (Fusco 143-67). Arra a valaha népszerű európai és észak-amerikai gyakorlatra építve, hogy vásárokban, látványosságokon és cirkuszokban afrikai, ázsiai és amerikai bennszülötteket tettek közszemlére, Gómez-Peña és Fusco saját magukat állították ki egy arany ketrecben három napon keresztül, mint a Mexikói öböl egyik szigetén újonnan talált amerikai indiánokat. Olyan „hagyományos tevékenységeket" végeztek, mint vudu babák varrása, súlyemelés vagy tévénézés, szendviccsel és gyümölcsökkel etették őket, és őrök pórázon kísérték őket a fürdőszobába. Akárcsak Luna produkciója esetében, magyarázó táblák szolgáltattak áltudományos információt az „indiánokról" és „őshonos kultúrájukról". A művészek meglepetésére számos néző komolyan vette a kiállítást, és sokféle módon reagáltak a performanszra, akár elfogadóak, akár elutasítóak voltak, és így az előadók várakozásához képest jóval komplexebb kérdéseket vetettek fel a kiállítás kulturális értelmezésével kapcsolatban. Ami az *Undiscovered Amerindians* esetében még csak a kisajátítás, reprezentáció és gyarmati imázs-alkotás témáihoz fűzött ironikus kommentárként indult, egy egykor népszerű, szimbolikus jelentéssel bíró interkulturális performansz játékos rekonstrukcióján keresztül később egy sokkal bonyolultabb és érdekesebb jelenséggé vált, amikor az előadók fokozatosan ráébredtek arra, hogy ezeket a problémákat minden egyes esetben újra kell értelmezni, mégpedig gyakran meglepő, váratlan módokon.

Az 1990-es évektől kezdve a kulturális performansz annyira változatossá és összetetté vált, hogy nehéz lenne „tipikus" példát idézni, de az *Undiscovered*

Amerindians, amellett, hogy az egyik legismertebb példa, világosan demonstrálja a kulturális performansz egyik központi problémáját. Nevezetesen annak dinamikáját, amikor egy adott előadó találkozik egy adott kulturális és történelmi helyzetben lévő közönséggel. Korábban a politizáló performanszművészetben a kisajátítás, a bemutatás és a reprezentáció problematikájának feltárásában az előadó töltötte be a legfontosabb szerepet. Azáltal, hogy a performanszművészet heterogénebb befogadói helyzetek felé mozdult el, és a kulturális kontaktust árnyaltabban közelítette meg, a figyelem inkább az egy bizonyos történelmi helyzetben lévő előadó és a közönség kölcsönhatására kezdett irányulni. Amint Jill Dolan megjegyezte, a modern performernek fel kell ismernie, hogy sokféle, „a társadalmi osztály, faj és ideológia szempontjából különböző nézői közönség létezik", akikkel interakcióba kell tudnia lépni (idézi Hart és Phelan 113).

Coco Fusco és a latin-amerikai performansz

Míg Gómez-Peña mindig is performansszal foglalkozott, Coco Fusco szabadúszó író és kurátor volt New York-ban, akit kubai származása révén érdekelt a határok átlépése, a posztkoloniális performansz és művészet. A Gómez-Peñával közösen végzett munka után Fusco olyan performansz témák felé fordult, amelyek a latin-amerikai országokban élő nők tapasztalatait helyezték előtérbe. Számos, halált és temetést ábrázoló darabja a női test általános társadalmi korlátozását és kontrollját, sőt néha konkrét bebörtönzését, kivégzését idézi fel. A *Better Yet When Dead* (Még holtan is jobb) (1997) című alkotásban mozdulatlanul feküdt egy díszes koporsóban; a *Votos*ban (*Vows* [Fogadalmak], 1999) kataleptikus női misztikusként jelent meg. Első kubai performanszai során, az *El Ultimo Deseo*-ban (*The Last Wish* [Az utolsó kívánság], 1997), a száműzetésben életüket vesztettek nevében ismét holttestként jelent meg; az *El Evento Suspendido* (*The Suspended Event* [A felfüggesztett esemény], 2000) című performanszban pedig az elfeledetteket és elnyomottakat képviselte azzal, hogy függőleges helyzetben a melléig földbe ásva reménykedő leveleket írt.[25]

Amellett, hogy performanszművészként szerepelt, Coco Fusco jelentős performanszművészekkel készített interjúkat, beszámolókat írt performanszokról és komoly tudományos esszéket is publikált. Mindezek segítségével nemzetközi szinten hívta fel a figyelmet a gazdag modern latin-amerikai performansz hagyományra, és a vele rokon afrikai és európai hagyományokra általában. Mind a saját, a latino performanszról szóló írásait összegyűjtő két kötet,[26] mind pedig az általa szerkesztett, 2000-es *Corpus*

---

[25] A performanszok illusztrált leírásai megtalálhatók az alábbi kötetben: Coco Fusco, *The Bodies that Were Not Ours*. London: Routledge, 2001.

[26] Coco Fusco, *English is Broken Here*. New York: The New Press, 1995; és *The Bodies*.

Delecti című esszégyűjtemény (az esszék egy 1996-os, Londonban rendezett, latin-amerikai női performansz programhoz kapcsolódnak, melynek Fusco volt a kurátora[27]) nagyban hozzájárult ahhoz, hogy elméleti és gyakorlati téren is a kortárs interkulturális performansz egyik vezető tolmácsolójává váljon.

A latino és latin-amerikai performansz iránti növekvő nemzetközi érdeklődésben és annak dokumentációjában szintén nagy szerepe van Diana Taylornek, aki a New York-i Egyetemen a performansz tanulmányok professzora. Juan Villegassal együtt 1994-ben egy fontos kötetet szerkesztett a témában *Negotiating Performance* (Viták a performanszról) címmel, amely nemcsak az Argentínától Észak-Amerikáig terjedő földrajzi széleskörűsége miatt fontos, hanem azért is, mert a „performansz" képlékeny fogalma lehetővé tette, hogy a szerzők olyan jelenségeket tárgyalhassanak, mint a köztéri művészet (például a hirdetőtáblák és élő installációk), a bennszülött performanszok (például a ma élő maják rituáléi), a karnevál, a transzvesztita show, a politikai ellenállási tüntetések (mint például az argentin Plaza de Mayo-i anyák demonstrációja).[28] Taylor a New York-i Egyetemen megalapította az Institute for Hemispheric Research for Performance and Politics nevű intézetet (a Nyugati Félteke Performansz- és Politika Kutató Intézete), amely digitális archívummal rendelkezik, szemináriumokat szervez, és online kapcsolatot biztosít kutatók, művészek és politikai aktivisták között Észak- és Dél-Amerikában.[29]

A New York-i Egyetem mellett az intézethez tartozik az Ohio-i Egyetem, az egyesült államokbeli Trinity College, a brazíliai Rio de Janeiro-i Egyetem Dráma Iskolája, a limai Pontificia Universidad Católica del Perú Kommunikáció Tanszéke, és az Universidad Nacional Autonoma de Mexico Centro Regional de Investigaciones Multidisciplinarias egysége. Az intézet érdeklődési körébe tartozó kutatási témák száma némileg érzékelteti a kortárs performansz tudomány körének szélességét: performansz és politika; hódítás és gyarmatosítás; emlékezet, atrocitás, és ellenállás; globalizáció, migráció és a közélet, valamint a valláshoz kötődő látványosságok.[30]

Gulliermo Gómez-Peña határátlépései
Nyugodtan állítható, hogy az *Undiscovered Amerindians* valószínűleg az 1990-es évek egyik legismertebb performansz darabja, nemcsak azért, mert a performansz számos, abban az évtizedben fontos kérdését érintette – köztük a nézői magatartást és a megmutatást, a turista látószögű tekintetet

---

[27] Lásd: Coco Fusco, *Corpus Delecti: Performance Art of the Americas*. London: Routledge, 2000.
[28] Diana Taylorés Juan Villegas, szerk. *Negotiating Performance: Gender, Sexuality, and Theatricality in Latin/o America*. Durham, NC: Duke UP, 1994.
[29] Az intézet honlapja: http://hemi.ps.tsoa.nyu.edu.
[30] Ibid.

és a kulturális kisajátítást, gyarmatosítást, rasszizmust, és a kulturális interakció dinamikáját – hanem mert az évtized két legismertebb és legbefolyásosabb performanszművésze lépett fel benne. Gómez-Peña és Coco Fusco témái és performanszai a századvégi performanszművészet sok lényeges problémáját érintik, sőt, performanszaik gyakran e problémák legjelentősebb példáit nyújtják.

Gómez-Peñának fogalma sem volt, hogy amit csinál, az „performanszművészet", amikor az 1970-es években a Mexikói Egyetem diákjaként támadást szimulált a metróban, abszurd kérdésekkel közgyűléseket zavart meg, és nyilvános helyeken meztelenül vagy álruhában jelent meg (Gómez-Peña, *Warrior* 19-20), de már akkor világosan felismerte, hogy az ilyesfajta akciók képesek kikezdeni a merev struktúrákat. Az ASCO művészcsoport performanszai és olyan ritualizált megemlékezések hatására, mint például a mexikói halottak napi felvonulás, Gómez-Peña 1981-ben Los Angeles-ben egy performansz csoportot alapított Poyesis Genética néven. Ez utóbbi az 1980-as évek szellemében arra törekedett, hogy „megteremtse azt az interkulturális teret, amelyben a tagok által képviselt különböző művészeti és előadói tradíciók egybeolvadnak és párbeszédet folytatnak" (Gómez-Peña, *Warrior* 19). Az 1980-as évek közepén a Poyesis a Border Arts Workshop nevű társulattá alakult át, melynek előadásai a Mexikó és az Egyesült Államok közötti fizikai és kulturális határra fókuszáltak; ez a téma Gómez-Peña összes későbbi munkájában megjelenik. A határon játszódó, vagy az azt áthágó csoportos performanszok mellett 1988-ban Gómez-Peña létrehozta saját szóló karakterét, Border Bruhót, aki „kultúrák, közösségek, intézmények, valamint a cselekvés és gondolat területei közötti" határokat kutatva végigturnézta Észak-Amerikát és Európát (Gómez-Peña, *Warrior* 19). Border Bruhót 1990-ben a „Warrior of Gringostroika" követte, egy szintén hibrid karakter, aki a high-tech és a popkultúra segítségével mutatja be az amerikai kontinens összetett multikulturális örökségét. Habár mindkét karakternek saját neve van, akárcsak maga Gómez-Peña is, sok különböző személyiséget takarnak. Ezek nem annyira a művész komplex személyiségének képzeletbeli kiterjesztései, mint inkább kulturális típusok és sztereotípiák kifinomult leképezései, melyekben az aktuális, kultúrközi politika tükröződik. Ahogy Gomez-Peña látja: „kontextustól függően, csikánó, mexikói, latin-amerikai, vagy, tágabb értelemben, amerikai vagyok. A mexikói és a csikánó másság folyamatosan küzdenek bennem, hogy kisajátítsanak vagy kitaszítsanak. De azt hiszem, a munkám hasznára válhat mindkét oldalnak, mert én tolmács vagyok. Egy interkulturális tolmács" (idézi Carr, „Rediscovering" 196).

1990 és 1995 között Gómez-Peña jó néhány projektben együttműködött Coco Fuscóval, amelyek közül a legismertebb az *Undiscovered Amerindians* volt. Más fontos performanszaik arra reagáltak, ahogyan a múzeumok a kulturális műtárgyakat bemutatják (*Year of the White Bear* [A fehér medve éve], 1992) és ahogyan a multinacionális vállalatok kizsákmányolják a kisebbségek tehetségét (*Mexarcane International*, 1994-95). Ugyanezekben az években Gómez-Peña együttműködést kezdett Roberto Sifuentes csikánó performansz művésszel. Robertóval és más közreműködőkkel az 1990-es évek közepén Gómez-Peña belevágott több olyan projektbe, amelyek kedvelt korábbi témáit, az etnográfiai bemutatás és a kulturális imázs problematikáját a digitális technológiával ötvözték. Internetezőket bíztattak arra, hogy segítsenek megalkotni a „90-es évek új mitikus mexikóiját és csikánóját", majd a válaszadók ezreinek segítségével Gómez-Peña és munkatársai létrehoztak egy sor „etno-kiborgot", amelyek közül az első az *El Mexterminator* volt 1995-ben (Gómez-Peña, *Dangerous* 49). 1998-ban az addig elkészült etno-kiborgok számítógép-gyártotta hangokat kaptak a *BORDERscape 2000* című produkcióban. Az etno-kiborgok filmen és videón is szerepeltek, sőt, tudományos kutatás tárgyává is váltak. Lisa Wolford performansz kutató egy etno-techno művészetről szóló könyvön dolgozik, amely tervei szerint „a performanszról való új, több szempontú írás lesz" (Gomez-Peña, *Dangerous* 57), ugyanúgy, ahogy Gómez-Peña és munkatársai új módon, sok szempontot figyelembe véve alakították ki performanszaikat. A digitális és az élő művészet összekapcsolásával egy újabb performatív határt lépnek át; azt, amely most, amikor a világ egy időbeli határon lép át az új évszázadba, úgy tűnik, egyre fontosabb szerepet játszik majd a jövő performanszaiban.

Interkulturális performansz globális kontextusban

Az Észak- és Dél-Amerikát összekötő interkulturális performansz iránti növekvő érdeklődés csak része a performatív határok átlépése iránt az egész világon tapasztalható figyelemnek. Ennek az érdeklődésnek fontos helyszíne Délkelet-Ázsia, ahol a kultúrák kapcsolata és keveredése különösen szembetűnő és összetett. Jelentős lépés, hogy Új-Zélandon és Szingapúrban készülnek megtartani 2003-ban és 2004-ben az Észak-Amerikán vagy Európán kívüli, első Performance Studies International (Nemzetközi Performansz Tudomány) konferenciákat. Két ausztrál kutató, Julie Holledge és Joanne Tomkins 2002-es könyve, a *Women's Intercultural Performance* (Női interkulturális performansz) érzékeltet valamit abból, milyen széles területet ölelnek fel a modern interkulturális tanulmányok. Számtalan témával foglalkoznak, többek között Ibsen *Nórá*jának modern japán, kínai és iráni előadásaival, az *Antigoné* latin-amerikai protest színházi értelmezésével, Kim Kum Hwa koreai misztikus 1994-es ausztráliai turnéja során bemutatott rituális performanszaival, az afrikai diaszpóra által teremtett interkulturális térrel foglalkozó drámákkal, és azokkal a cenzúrával kapcsolatos vitákkal, amelyeket a meztelen keblű ausztráliai bennszülött nők szereplése vagy Annie Sprinkle nyíltan szexuális tartalmú munkái váltottak ki nemzetközi performansz fesztiválokon (Holledge és Tomkins). A könyv széles skálája kiterjed Észak- és Dél-Amerika, Európa, Ázsia, Afrika és a Közel-Kelet performanszaira, és a kortárs performanszok sokféle kapcsolattartási formája közül kiemel néhányat (mint például a nemzetközi turnékat és fesztiválokat), így valamelyest érzékelteti, hogy mennyire összetettek, ösztönző erejűek és izgalmasak a kortárs kulturális performansz alkotások.

Függetlenül attól, hogy a társadalmi, kulturális és politikai vonatkozások valóban központi szerepet kaptak-e a performanszművészetben az 1990-es években, ahogyan némely kutatók állítják, az tény, hogy ezen témák fontossága (mennyiség és elterjedtség tekintetében egyaránt) nagyon megnőtt ezekben az években. Ökológiai, társadalmi, gazdasági és politikai kérdések hihetetlenül széles körét érintették a performanszok, rendkívül változatos stratégiák felhasználásával. Ahogy a huszadik század a végéhez közeledett, bizonyos kulturális és elméleti terminusok, amelyek valaha szorosan összekapcsolódtak a performansz modern fogalmával, mint a posztmodern vagy a posztstrukturalizmus, kezdtek avulttá válni. A performansz azonban folyton megújul, és könnyedén adaptálódik az olyan újabb tudományterületekhez, mint a kritikai kultúrakutatás és a posztkolonializmus. Míg a performansz kutatás korábban az Egyesült Államokra és Európára koncentrált, újabban kiterjesztette a performansz tanulmányozását más kultúrákra is, és – talán legnagyobb eredményeként – a kultúrák találkozásának határterületeire is; ez utóbbi valószínűleg a kultúrakutatás leglényegesebb területe a mai többszólamú világban.

Konklúzió: mi a performansz?

KÓDA: Apológia a színházért

Jon McKenzie könyvének bevezetője merészen azt a „spekulatív jóslatot" fogalmazza meg, hogy „a performansz az lesz a huszadik és a huszonegyedik század számára, ami a tizennyolcadik és tizenkilencedik század számára a diszciplína volt, vagyis a hatalom és a tudás ontológiaitörténeti formációja" (18). A könyv valóban komoly érveket hoz fel amellett, hogy erre a korszakra végül esetleg úgy emlékeznek majd, mint a „performansz korára", hasonlóan ahhoz, ahogy a késő tizenhetedik és tizennyolcadik század a korszakot uraló intellektuális trópusnak megfelelően az „értelem koraként" vált ismertté.

Míg a performansz halad diadalútján a kulturális, társadalmi, szervezeti és technológiai kutatások diskurzusaiban, úgy tűnik, a színházi előadás, amelyet McKenzie (vagy sok általa használt forrás) alig említ, egyre inkább háttérbe szorul az átalakuló világnézetben. Így ezt a könyvet nem McKenzie Új Világrendre vonatkozó nagyszabású víziójával szeretném zárni, ami a performansz és a „parfümansz" közötti feszültséget boncolgatja,[31] hanem a színházi előadás jelentőségének és egyediségének a védelmével. (Színházi előadáson a hagyományos „színházat" is értem, de mellette különösképpen fontos említeni a színházhoz kulturális szempontból igen közel álló kortárs „performanszot" is.) Önmagunk és a társadalom meghatározásában tagadhatatlanul fontos szerepet játszik a praxis, akárcsak az olyan sajátos kulturális események, mint a rituális ceremóniák vagy a kulturális mítoszok és a történelmi események megünneplése. Az is tagadhatatlan, hogy a performansz iránti szervezeti és technológiai érdeklődés a praxisból ered. Általában hiányzik azonban minden ilyen megközelítésből az alkalom és a reflexivitás sajátos keverékének felismerése, ami a „színházi" performansz sajátossága. A kulturális performansz kétségtelenül funkcionálhat saját társadalmának egyfajta metakommentárjaként, és így leginkább az etnográfusok kutatási területe lehet, de sem az előadókról, sem a nézőkről nem lehet elmondani, hogy a kulturális performanszban való részvételük tudatos célja a saját kultúrájuk metakommentálása lenne. Ez még kevésbé igaz a szervezeti és a technológiai performanszra, még akkor is, ha a parfümansz ezekben az esetekben megbontja és dekonstruálja ezt a performanszot. A „színházi" előadásban azonban az ilyen törekvés mindig nagy hangsúlyt kap. Az előadók és a közönség egyaránt elfogadják, hogy a színházi előadás elsődleges funkciója éppen a kulturális és társadalmi metakommentár, az én és a másik, a világról szerzett tapasztalat, és az alternatív lehetőségek vizsgálata. Margaret Wilkerson meglátásai a színháznak erről a funkciójáról retorikai értelemben nagyon közel állnak MacAloonnak a kulturális performanszról formált nézeteihez. „A színház a közösség számára megteremti az összejövetel és az önreflexió lehetőségét" nemcsak úgy, hogy „tükörként funkcionál, és a társadalom láthatja benne önmagát", hanem az adott közösségről való „imázsalkotás ereje révén" segítséget is nyújt a „kultúrát jellemző felfogások" alakításában (Wilkerson 239). Ezt a gondolatot úgy folytatnám, hogy ez a tükröző és formáló funkció mindig is sokkal jellemzőbben kötődött a színházhoz, mint sok másfajta kulturális performanszhoz, sőt, a hagyományos színháznak ez az aspektusa sokkal szembetűnőbbé vált a modern performanszművészet fejlődéstörténete során.

Akár a „hagyományos" színház, akár a performanszművészet formájában, ez teszi a „színházi" előadást a kulturális dialógus speciális (és talán

---

[31] McKenzie definíciója szerint a „parfümansz" (*perfumance*) egy „kimozdított, szétesett performansz, olyan kisebb performansz, amely szakít az őt létrehozó szociotechnikai környezettel, és más rendszerek rekurzív kommunikációjában vesz részt, ezáltal befolyásolva azok diskurzusait, gyakorlatait és határait" (228). (A fordító megjegyzése).

egyedülálló) laboratóriumává, ami a többszólamú és gyorsan változó mai világban kiemelkedően fontos küldetés. Ezt a küldetést talán Jill Dolan fogalmazta meg a legpontosabban 1993-as, „Geographies of Learning: Theatre Studies, Performance, and the 'Performative'" (A tanulás földrajza: színháztudomány, performansz és a „performatív") című, átfogó tanulmányában:

> A színháztudomány különböző diszciplínákon átívelő hozadékai teret engedhetnek a kulturális jelentések létrehozásával való kísérletezésnek, ahol a kísérlet olyan testeken folyik, amelyek hajlandóak kipróbálni egy sor különféle jelölési formát olyan nézők előtt, akik hajlandóak értelmezni ezeket. A színháztudomány materiális helyszínné válik, amelyet – a szakmai munka és a színészképzés révén – a design és megtestesítés technológiái szerveznek. Egyben olyan, pedagógiai célú játéktér, ahol a kultúra liminális és liminoid állapotú, és eltűri a beavatkozást. (432)

Tanulmánya vége felé Dolan megjegyzi, hogy habár a posztstrukturalista elemzők jogosan fejezték ki aggályaikat a színháznak azzal a tulajdonságával kapcsolatban, hogy képes egy elméletileg nem definiált „communitast" életre hívni, a színház (és a performanszművészet) mégiscsak „olyan hely, ahová az emberek azért mennek, hogy együtt nézzenek és/vagy tapasztaljanak meg valamit", és hogy „fizikai, materiális formában testet öltött körülmények között foglalkozzanak társadalmi kérdésekkel" (441). A tudatos elhatározás, hogy összegyűlünk emiatt az egyedi, megtestesült tevékenység miatt, ugyanolyan fontos, mint az elvárásaink azzal kapcsolatban, milyen fajta élményt kapunk. Az, hogy Dolan a „részvétel" szót használja a „megfigyelés" vagy a „szemlélés" helyett, fontos dologra hívja fel a figyelmet. Még akkor is, amikor a „színházi" előadás csupán a társadalmi és kulturális körülmények metakommentárjaként funkcionál, tudatos keretezettsége miatt nagyban különbözik sok más, nem-reflektív kulturális tevékenységtől. Ahogy a színház egyre inkább a performanszművészet irányába mozdul, ez a tudatosság egyre erősebbé válik. A közönségtől elvárt „szerep" eddig az volt, hogy az előadó kifejezésmódját, megtestesítését, vagy bizonyos kulturális anyaggal szembeni kritikáját passzív, hermeneutikus módon dekódolja. Ez a szerep mára sokkal aktívabbá, az eseményben való részvétellé alakult át. A közönség is belekerül abba a kontextusba, ahol a jelentést nem annyira kommunikálják, hanem inkább megalkotják, megkérdőjelezik és megvitatják. A „közönséget" arra ösztönzik, és el is várják tőle, hogy társalkodó legyen az esemény által létrehozott jelentésben vagy élményben, bármi legyen az.

Sokfajta tevékenység egyértelműen performatív, (például a politikai gyűlések, sportesemények, nyilvános prezentációk, jelmezbálok, vallási rítusok), és széles körben, jogosan, így is tartják őket számon. Más tevékenységek, közöttük az írás, hétköznapi társadalmi interakciók, és valójában szinte bármilyen társadalmi és kulturális tevékenyég bizonyára performatív eseménynek tekinthető, még ha általában nem is így gondolunk rájuk. McKenzie annak felismerésére késztet bennünket, hogy a performanciának most már központi szerepe van az üzleti szervezésről és a technológiáról való modern gondolkodásban is. A performancia fogalma egyértelműen nagyon hasznos mindezeknek a működéseknek az elemzésében és megértésében, de még mindig úgy gondolom, hogy a „színházi" előadást hasznos elválasztani a sok, mostanában felfedezett közeli rokonműfajtól, és nem csak egy sajátos irányt, hanem egyfajta sajátos hasznosságot is találunk benne.

Sok kísérlet történt arra, hogy definiálják a performancia ezen fajtájának sajátos minőségét. Néhány elemző, a korporealitásra helyezve a hangsúlyt, „testet öltött" performanszról beszél, és szembeállítja például a filmmel vagy a plasztikus művészettel, de a társadalmi és kulturális performansz nagy választékával természetesen nem. Mások ehhez hasonlóan a „jelenlét" fontosságát emelik ki, azt a tulajdonságot, amelynek fontosságát komolyan módosította a hiány posztmodern esztétikájának megszületése, és a posztmodern performansz elmélet növekvő érdeklődése az idézés/ismétlés iránt.

Nem tagadva sem a fizikai test, vagy a jelenlét fontosságát, véleményem szerint két másik ide kapcsolódó kérdés még lényegesebb a „színházi" előadás sajátos minőségének és hatásának meghatározásakor. Az egyik az, hogy ez a fajta performansz olyan egyén élménye, aki egyúttal egy csoport része is, így a társas kapcsolatok beépülnek magába az élménybe. Alan Read a performancia etikájáról szóló tanulmányában nagy hangsúlyt fektet a színházi előadásnak erre a tulajdonságára. Kiemeli, hogy a vallásos élményben, a rituáléban és a terápiában (és hozzátehette volna, hogy a plasztikus művészetekben és az írásban is) az esemény két résztvevőt feltételez: mi magunkat és az előadót, míg a színházi előadás három oldalú, beletartozunk mi, az előadó és a közönség többi tagja, tehát ez a fajta élmény egyértelműen a politikai és a társadalmi tevékenység területéhez tartozik (Read 90).

A fentiekhez szorosan kapcsolódó kérdés, hogy vajon milyen sajátos módon vonódunk be ebbe a fajta performanszba. Ez egy sajátos, hangsúlyosan liminoid jellegű esemény, amely szinte mindig világosan elkülönül az élet más területeitől; előadók adják elő, közönség nézi. Ezek mindannyian értelmezésre és reflektálásra váró anyagból állónak tekintik az élményt, amelybe be kell vonódni érzelmileg, mentálisan és talán fizikai értelemben is. Az alkalomnak és a tematikának ez a speciális élménye, átfogó társadalmi jellegével együtt összekapcsolódik a színházi előadás fizikalitásával, és így jön létre az egyik leghatásosabb és leghatékonyabb folyamat, amit az emberi társadalom valaha is kitalált a végtelenül izgalmas kulturális- és személyes önreflexió és kísérletezés szándékával.

Oroszlán Anikó fordítása

Felhasznált irodalom

Bhabha, Homi. „Of Mimicry and Man: The Ambivalence of Colonial Discourse". *October* 28 (1984): 125-33.
Boal, Augusto. *The Theatre of the Oppressed.* Ford. Charles A. és Marie-Odilia McBride. New York: Theatre Communications Group, 1979.
Butler, Judith. „The Force of Fantasy: Feminism, Mapplethorpe, and Discursive Excess". *Differences* 2.2 (1990): 105-25.
Carlson, Lance. „Performance Art as Political Activism." *Artweek*, May 23, 1990. 24.
Carr, Cynthia. *On Edge: Performance at the End of the Twentieth Century.* Middletown, Conn.: Wesleyan UP, 1994.
---. „Rediscovering America." *Village Voice*, Oct. 1991. Repr. Cynthia Carr. *On Edge: Performance at the End of the Twentieth Century.*
Chaudhuri, Una. „Introduction: Instant Rachel." *Rachel Rosenthal, Rachel's Brain and Other Storms.* London: Continuum, 2001. 1-14.
Coult, Toby, és Baz Kershaw. *Engineers of the Imagination: The Welfare State Handbook.* London: Methuen, 1983.
Dolan, Jill. „Geographies of Learning: Theatre Studies, Performance, and the 'Performative'." *Theatre Journal* 45.4 (1993): 417-42.
Féral, Josette. „What is Left of Performance Art? Autopsy of a Function, Birth of a Genre". *Discourse* 14 (1992): 142-62.
Fraden, Rena. *Imaging Medea: Rhodessa Jones and Theater for Incarcerated Women.* Chapel Hill, NC.: U of North California P, 2001.
Fusco, Coco. „The Other History of Intercultural Performance". *The Drama Review* 38 (1994): 143-67.
Gatti, Armand. „Armand Gatti on Time, Place and the Theatrical Event". Ford. Nancy Oakes. *Modern Drama* 25 (1982): 70-76.
Gilroy, Paul. *The Black Atlantic: Modernity and Double Consciousness.* London: Verso, 1997.
Gómez-Peña, Guillermo. *Dangerous Border Crossings.* London: Routledge, 2000.
---. *Warrior for Gringostroika.* Saint Paul: Greywolf P, 1993.
Hart, Lynda, és Peggy Phelan, szerk. *Acting Out: Feminist Performances.* Ann Arbor, Mich.: U of Michigan P, 1993.
MacColl, Evan. „Grass Roots of Theatre Workshop". *Theatre Quarterly* 3 (1973): 58-68.

Mason, Bim. *Street Theatre and Other Outdoor Performance*. London: Routledge, 1992.

McKenzie, Jon. *Perform or Else: From Discipline to Performance*. London: Routledge, 2001.

Miffin, Margot. „Performance Art: What Is It and Where Is It Going?" *Art News* 91.4 (1992): 84-89.

Miller, Tim. *Body Blows*. Madison, Wis.: U of Wisconsin P, 2002.

Parry, Benita. „Signs of our Times: Discussions of Homi Bhabha's *The Location of Culture*". *Third Text* 28-29 (1994): 5-25.

Read, Alan. *Theatre and Everyday Life: An Ethics of Performance*. London: Routledge, 1991.

Schneider, Rebecca. „See the Big Show: Spiderwoman Theater Doubling Back". Hart és Phelan 227-56.

Wilkerson, Margaret. „Demographics and the Academy". *Critical Theory and Performance*. Szerk. Janelle Reinelt és Joseph Roach. Ann Arbor, Mich.: U of Michigan P, 1992. 238-41.

Young, Robert. „The Ambivalence of Bhabha". *White Mythologies: Writing, History and the West*. London: Routledge, 1990. 141-56.

# 8.
A POSZTMODERN NYELVI JÁTÉK
(részletek a *Nyelveken szólás: játék a nyelvvel a színházban* című kötetből)

Az előző fejezetekben a történelmi és földrajzi hátterű nyelvi keveredés alkalmazásának széles skáláját tekintettük át, melyet sokféle ok motiválhat. Felhasználták már komikus és komolyabb drámai céllal, a mindenkori kulturális gyakorlat megerősítésére és aláásására egyaránt. A nyelvi keveredés bizonyos mértékig csaknem mindig a nyelv Bordieu által elemzett, a környező társadalom nyelvhasználatának nyelvi tőkéjéből táplálkozó politikai dimenziókat tükrözi vissza, amint ezek a nyelvi differenciálódás teljes spektrumát átfogó műveletekben megnyilvánulnak, kezdve a dialektusoktól a pidzsinen és kreolon át az egymástól kifejezetten eltérő nyelvekig. A környező társadalomban meglevő különböző beszédopciók nyelvi tőkéjének ilyenfajta tükröződése azt jelenti, hogy a heteroglossziával kapcsolatos eddig említett példáknál a nyelvhasználat választásának különböző lehetőségei jórészt különféle kulturális csoportok – beavatottak és kívülállók, gyarmatosítók és gyarmatosítottak, hatalmon levők és elnyomottak – jellemzőivé váltak, akárcsak a színház alapjául szolgáló mindennapi életben. A drámaírók esetében a heteroglosszia felé irányulás mozgató ereje a színház hagyományos, életszerűségre irányuló törekvéséből fakad. A jellemzően heteroglosszikus kultúrkörben élő, heteroglosszikus közönség számára alkotó mai drámaíró egyre jobban elfordul a modern nacionalizmushoz erős szálakkal kötődő európai (és amerikai) színház nagy részében jelen lévő monoglosszikus tendenciáktól.

Mint ahogyan a posztkoloniális színház heteroglossziájáról szóló előző fejezetben említettem, a nyelvi keveredés iránt jelentkező érdeklődés a múlt évszázad utolsó éveiben egyre nőtt. Ugyanebben az időszakban egy teljesen másféle heteroglosszikus kísérletezés is kezdett egyre jobban tért hódítani, különösen az európai kísérleti színházban, és nagyon eltérően működik az eddig tárgyalt heteroglosszikus színháztól. Alapelve nem az életszerűség, legalábbis nem elsősorban. Jóllehet a feltételezett közönség több nyelven beszélhet, az ilyen produkciók nem törekednek a nézők soknyelvű gyakorlatának vagy tapasztalatainak tükrözésére. Arra sem tesznek kísérletet, hogy a realizmus módszerével azon a nyelven szólaltassák meg a szereplőket, amelyen azok rendes körülmények között beszélnének, bármilyen kulturális vonzata is legyen ennek a döntésnek. Ehelyett különféle nyelveket használnak csaknem dekoratív módon, a színházi kompozíció absztrakt formai elemeként, hasonlóan ahhoz, ahogy a festő kikeveri színeit vagy a zeneszerző különféle hangnemeket, esetleg dalbetéteket alkalmaz. Az ilyen nyelvi részleteknek természetesen van jelentésük, de egész egyszerűen nincs hagyományos értelemben vett reális kapcsolatuk a szereplővel, aki olyan nyelven szólal meg, mint azt a „való életben" is tenné. Az ilyen nyelvi díszítmény nem annyira a karakter jellemét feltáró drámai beszédként szolgál, noha általában szereplő adja elő, mint inkább egyfajta háttérzeneként (akár csak egy felismerhető idézet Wagnertől, Bachtól, vagy akár egy modern rockegyüttestől), aminek nincs a valósághoz kötődő motivációja, mégis jelentősen gazdagítja az előadást.

Meggyőződésem szerint nem véletlen, hogy az efféle heteroglosszikus előadás akkor jött divatba, amikor a kortárs kultúrában és kritikában a posztmodernizmus koncepciója meghonosodott, mivel a posztmodernizmus saját jogán, közvetlenül heteroglosszikus attitűdnek tekinthető. A modernizmus és posztmodernizmus közti alapvető különbség – különösen a művészetekben – az, hogy a modernizmus a mű egységességére, az egyszerűségre, közvetlenségre és világosságra fektet hangsúlyt, és minden művészi formájában a minimalista lényegre törekszik. A posztmodern esztétika taglalására tett első kísérlet Ihab Hassan *The Dismemberment of Orpheus: towards a Postmodern Literature* (*Orfeusz feldarabolása: A posztmodern irodalom felé*, 1971) című könyve példázza. Egy következő tanulmányában Hassan azt írja, hogy a posztmodernizmus a „nyitott, játékos, optatív, szétválasztó, határozatlan és bizonytalan formák, a töredékes diskurzusok, a hasadás ideológiája felé orientálódik, szándéka a lebontás" („The Question" 125). Bár Hassan és a posztmodernizmus más korai teoretikusai nem használták a *heteroglosszikus* terminust (talán Linda Hutcheon jár legközelebb a fogalomhoz, amikor kiemeli a paródiának és stílusparódiának a posztmodern művészetben játszott fontos szerepét, mely két stratégiát az irodalmi heteroglosszikus gyakorlat fő példájaként említi maga Bahtyin is), a posztmodernizmus működési módjai heteroglosszikusak, a nagymodernizmusé viszont monoglosszikusak voltak.

Spanyol tragédia (*The Spanish Tragedy*)
Mielőtt a performatív módon használt heteroglosszia néhány új keletű posztmodern példájával foglalkoznánk, szeretnék visszatekinteni a módszert jóval a posztmodernizmus megjelenése előtt alkalmazó egyik híres műre. Ez

több oknál fogva is fontos. Többek között demonstrálni szeretném, hogy a nyelvek keveredését kimondottan posztmodern módon felhasználó, meglepő példákat lehet találni korábbi drámai művekben is, ez az eszköz tehát sokkal inkább formai, illetve tematikai szempontokon alapult, mintsem az életszerűségre irányuló, sokkal megszokottabb törekvésen. Továbbá azt is szeretném bemutatni, hogy a modernizmus monoglosszikus tradíciója alapján dolgozó kritikusok az ilyen művekben mellékesnek tekintették, figyelmen kívül hagyták, sőt még tagadták is a heteroglossziát. A közelmúltban azonban mind a kritikai szakirodalom, mind a színházi szakma új értékként fedezte fel és jelentőséget kezdett tulajdonítani a heteroglosszia alkalmazásának, miután potenciális művészi erejét a posztmodern is felismerte.

Példámat, amely Shakespeare mellett a dramatikus heteroglosszia legismertebb példája, nem meglepő módon a reneszánszból veszem, mert ez a korszak a nyelvi sokféleség bűvöletében élt, mint már korábban utaltam rá. Az angol reneszánsz színház első nagy sikerdarabja Thomas Kyd *Spanyol tragédiája* (kb. 1590) volt, melynek kulcsjelenetében egy furcsa és meglepő nyelvi koktélt tartalmazó heteroglosszikus darab a darabban található, hasonlóan bármely modern repertoárban fellelhető jelenséghez. A központi karakter, Hieronimo, a színdarab előkészítéseként elmagyarázza az alkalmazandó nyelvi eszközt:

> Csak arról lenne szó, hogy ez a sok szó
> Idegen nyelveket kíván:
> A sokszínűség gyönyörködtet.
> Ön, uram, latinul, én görögül,
> Ön olaszul, s ön, Bel-Imperia,
> Mert tudom járatos a társalgásban,
> Majd franciául mondja a szöveget. (Kyd 107)

Egyetlen fennmaradt, nyomtatott kiadásában (1592) Hieronimo darabjának sorai valójában angolul vannak, de benne a nyomdász szokatlan, s nyilvánvalóan egyértelmű bejegyzése olvasható: „Uraim, HIERONIMOnak ez a színdarabja több nyelven íródott, de úgy gondoltuk, jobb lesz nagyobb betűkkel angolul szedni a szélesebb olvasóközönség számára a könnyebb megértés kedvéért" (Kyd 112).

Egészen mostanáig, a monoglosszikus színházi tradíció alapján dolgozó kritikusok, akik úgy találták, hogy a Kyd-darab kulcsjelenete olyan nyelveken szólal meg, amelyeket a feltételezett célközönség vagy annak többsége nem ért, a színdarab és a nyomdász egyértelmű jelzéseit különböző, találékony módon olvasva úgy értelmezték, hogy nem igazán azt jelentik, amit látszólag jelentenek. P. W. Biesterfeldt, Kyd egyik fő modern elemzője, egy 1935-ben megjelent tanulmányában azt írja, hogy „nyilvánvalóan pantomimként adták elő, melyben nagyon rövid szövegtöredékek jelentek meg, és ezek csak halványan utaltak idegen nyelvre, és részben érthetőek volt a nézők számára" (45). Értelmezését a fennmaradt szövegben semmi nem támasztja alá. Philip Edwards, a szöveg 1568-as, Revels-féle kiadásának modernkori szerkesztője, Biesterfeldt érvelését ismétli meg némi változtatással. Értelmezése azon a vitathatatlan tényen alapul, hogy az Erzsébet-kori drámák szövegét gyakran megkurtították és módosították az előadások során:

> Úgy vélem, Kyd eredeti szándéka szerint a darab angolul szólt volna, de amikor egy túlságosan hosszú darab rövidítésére volt szükség, pantomim betétet alkalmaztak, amit a „drámaiság" kedvéért a halandzsa beszéd néhány jól megválasztott sora vagy „különféle nyelveken" elmondott szöveg kísért, s az ezekre a nyelvekre való utalások a pantomim előtt vagy után kaptak helyet. (Edwards xxxvii)

Mindenekelőtt feltehetnénk a kérdést, miért „véli úgy" Edwards, hogy Kyd eredeti szándéka a monoglosszia volt, ismét csak a szövegben található egyértelmű instrukciók ellenére. Továbbá Biesterfeldthez hasonlóan miért kreál egy teljesen hipotetikus pantomimot, a „különféle nyelveket" indokolatlanul és pontatlanul halandzsának nevezve, amikor azt semmi más nem támasztja alá, mint saját képzelete és a heteroglossziától való idegenkedése (a lekezelő idézőjel-használat a „drámaiság" szónál további bizonyítéka, ha még szükség lenne ilyenre, a megközelítésre jellemző hagyományos irodalmi elfogultságnak).

A 20. század elején Muriel Bradbrook, az Erzsébet-kori dráma legkiválóbb kutatója, legalább felismerte, mennyire elterjedt volt a nyelvi keveredés ennek a korszaknak a drámairodalmában: „A földszinti állóhelyeken a nézők esetleg nem értették a szöveget, de érdeklődésüket felkeltette az idegen nyelv hangzása". Ennélfogva a kortárs kritikusoktól eltérően Bradbrook hajlik annak elfogadására, hogy „a darab a darabban valóban 'különféle nyelveken' szólalt meg a színpadon", bár elemzését azzal a sommás megállapítással zárja, hogy „Kyd hírnevét figyelembe véve azonban ennek vajmi kevés a valószínűsége" (83-84).

Az újabb kutatások teljesen más nézőpontból tekintenek a heteroglossziára Kyd *Spanyol tragédiájá*ban. A változást S. F. Johnson 1962-ben megjelent „*The Spanish Tragedy, or Babylon Revisited*" (A *Spanyol tragédia*, avagy újra Babilonban) című jelentős esszéje fémjelzi. Mint a címből is kitűnik, a kritikus nemcsak azzal érvel, hogy valóban a Kyd által életre hívott „különféle nyelveken" szólaltak meg az előadás szereplői, hanem azzal is, hogy a szóban forgó kulcsjelenetben megidézett „Bábel tornya" központi szerepet tölt be a színdarab olyan témáinak szempontjából, mint a kommunikáció, viszálykodás és az arrogáns büszkeségért, hatalomfitogtatásért járó büntetés (Johnson 23-26). Ezt követően a kritikai szakirodalom figyelme egyre inkább az előadási gyakorlatra és nyelvhasználatra irányult. A kritikusok általában a színdarab heteroglossziájának felismeréséből indultak ki, és annak lehetséges hatásait próbálták megérteni. Így Michael Hathaway *Elizabethan Popular Theatre:Plays in Peformance* (Az Erzsébet-kori népszínház: A színdarabok előadása) című, 1982-es könyvében a kydi dráma darab a darabban epizódjának heteroglossziáját kulcsfontosságúnak nevezi az „architektonikus szerkezet" szempontjából, „amely teljes mértékben az előadás során bontakozik ki". Szerinte, ami Kydet többek között rabul ejtette, „a felidézhető beszédritmus és kádencia volt, s lehetséges, hogy azt próbálta ki, vajon alkalmazhat-e olyan színházi nyelvet, amely, legalábbis a műveletlen színházi nézőknek, csupán a hangzás útján tud közölni valamit". Így a heteroglosszikus szövegrészlet elhangzása a színpadon úgy tekinthető, „mint a darab nyitó részében kifejezett narratív elemektől a manifesztált drámai konfliktuson és a középső rész erőszakos színpadi cselekményén át egyfajta zeneiség felé való elmozdulás, arra utalva, hogy a cselekmény nem csupán a szereplőkből áll, hanem megalkotja saját mitikus rendjét" (Hathaway 110).

Janette Dillon, akinek a középkori és reneszánsz angol színpadi nyelvhasználatról megjelent kiváló írását a nyitó fejezetben már idéztem, szintén kitart amellett, hogy Kyd darabjában a több nyelven való játszást a kritikusok vonják kétségbe, nem maga a szöveg támaszt ilyen kétséget, hiszen ez ebben a vonatkozásban egyértelmű. Mint Hathaway, Dillon is potenciálisan nagyhatásúnak tekinti ezt az eszközt a darabban, azonban inkább szimbolikus és evokatív, mintsem diszkurzív értelemben: „A nyelvek zűrzavara, mint hangeffektus, inkább fülsértő zenei aláfestésként szolgál, akárcsak egy filmnél a gyilkosság elkövetésének pillanatában, mintegy képpé dermesztve az eseményt, hogy a nézőt annak minden borzalmával szembesítse" (184-85).

A kritikai vélemény ilyen irányú változását igazolta a *Spanyol tragédia* nagy jelentőségű felújítása 1982-ben (Hathaway könyve megjelenésének évében) a londoni National Theatre-ben. A rendező Michael Bogdanov döntése, hogy a kulcsjelenetet „különféle nyelveken" adják elő, lelkes elismerést aratott. Az egyik kritikus szerint a megvalósítás „briliáns és szellemes volt" (Maslan 112). Egy másik „telitalálatnak" nevezte, és néhány érdekes részletet idéz annak illusztrálására, hogy az egyes nyelvi választások hogyan emelték az egész előadás értékét. Patti Love mint Bel-Imperia a „francia tragikus királynőt megidézve" francia alexandrinusokban beszélt. Michael Frenner, mint „folyékony latinsággal beszélő bozontos szakállú Szolimán ... egyfajta komikus méltóságot és pátoszt" kölcsönzött a darabnak. Lorenzo szerepében, ahogyan a darab megkívánja tőle, Greg Hicks „a rossz amatőr színész minden hiúságát és nárcizmusát mutatta be a közönségnek olasz nyelven előadott hencegésével, mely nyelvet oly gyakran és könnyen használja korábbi, intimebb jelenetekben". A fentiekkel szemben Hieronimo (azaz Michael Bryant) saját sorait görögül hadarja el, miközben a basa a darab valódi katasztrófájának bekövetkezését sötéten komikus módon vetíti előre" (Proudfoot 74).

A klasszikus heteroglosszikus jelenet sikeres modern felújításának fenti leírásából arra következtethetünk, hogy még a performansz-orientáltsággal szimpatizáló kritikai gondolkodás (Dillon és Hathaway) sem veszi figyelembe a színház komplex kommunikációs működését. Mindkét megközelítés változatlanul szövegorientált, és úgy tekint a heteroglossziára, mint egyfajta elvont hanghatást eredményező jelenségre. Érdekes módon mindkettő a zenével von párhuzamot, ráadásul Hathaway ezt az effektust a szereplők fölé emeli. A posztmodern színházban a heteroglosszia természetesen így is funkcionálhat (mint ahogy ezt majd később néhány példával illusztrálom). A Bogdanov-féle felújítás azonban világosan megmutatta, mennyire fontos, hogy ne feledkezzünk meg a színész testéről és hangjáról, nem is beszélve az egyes nyelvek textúrájáról és az általuk keltett asszociációkról, ami a nézőközönségnek sokkal kifinomultabb és összetettebb élményt nyújt, mint azt akár a Bábel tornyára, akár valamiféle „mitikus rendre" való utalás sejteni engedi.

Karen Beier és Peter Brook

A 20. század utolsó éveiben néhány európai kísérleti produkció bebizonyította, hogy a Kyd által elképzelt és a Bogdanov által sikeresen színre vitt heteroglosszikus darab egyetlen jelenete egész estét betöltő előadássá bővíthető. A különböző nyelvi hátterű színészeket szerepeltető egyik legsikeresebb, komplex modern kísérletre 1995 decemberében Düsseldorfban került sor, amikor Karen Beier innovatív rendezésében Shakespeare *Szentivánéji álom* című darabját vitték színre. Bár Beier neve egész pályafutása során szorosan fűződik Shakespeare-hez, ezt a kísérletet az európai színház nemzetközivé válása is ihlette. A 20. század végén Giorgio Strehler, akire jellemző volt az ez irányú érdeklődés, 1990-ben megalapította az Európai Színházak Egyesületét, melynek első elnöke lett. A szervezet a legnevesebb európai színházak közül 14 együttműködését tűzte ki célul. 1995-ben az egyesület égisze alatt Strehler, Ingmar Bergman és Andrzej Wajda közreműködésével Beier egy műhelysorozatot szervezett, s ebből született meg az ún. „európai Shakespeare projekt" ötlete különböző országok színészeinek szerepeltetésével, akik mind a saját anyanyelvükön szólalnak meg a színpadon.

1995 augusztusában Beier 9 ország 14 színészéből toborzott társulatot a *Szentivánéji álom* kollektív produkciójához, közös nyelvi nevező nélkül. Meg sem kísérelte saját stílusát ráerőltetni erre a tarka társulatra. Ehelyett elfogadta a stílusbeli különbségeket, a szereplők, illetve a szereplők és nézők között biztosan létrejövő kommunikációs problémákat, a szükségszerű félreértéseket, meglepő és váratlan közléseket. Mindezeket Beier egy olyan produkcióvá ötvözte, amely illusztrálta Shakespeare vígjátékának káoszát és félreértéseit, ugyanakkor kiválóan szólt napjaink multikulturális világához. Ami kezdetben a zűrzavar és kudarc biztos receptjének tűnt, valójában a bámulatos színesség és világosság élményét nyújtotta, meggyőzően demonstrálva az efféle kísérlet művészi és kommunikatív megvalósíthatóságát. Az előadás a közönség és a szakma lelkes elismerését vívta ki, és meghívást kapott az évente megrendezésre kerülő Berlini Színházi Találkozóra (Theatertreffen), mint az év kiemelkedő német nyelvű produkciója. A múltban gyökerező és kurrens nyelvi, illetve nemzeti különbségek mélységet adtak az ütközéseknek, és érdekes kapcsolatok létrehozását tették lehetővé, például amikor Peter Quince és Hippolytus/Oberon (ugyanannak a színésznek alakításában) nemcsak hogy olaszul beszélt, de bizonyos hasonló tulajdonságokat is megjelenített a tradicionális olasz maestrót játszva, aki az irányítása alá tartozó rakoncátlan társulatot próbálja kordában tartani. Lysander (Michael Teplisky Tel Avivból) rögtön felismerte, hogy Hermia (Penny Needler Londonból) nem értheti őt, így zseniálisan elmutogatta neki a mondandóját, melyet a színésznő lelkesen angolra fordított. Heléna (Giorgia Senesi Milánóból), gyanította, hogy Hermia vonzerejének titka angol nyelvtudásában rejlik, ezért úgy lendült támadásba, hogy ő is angolul szólalt meg, igaz, erős akcentussal szavalva: „Mondjam: társad, másod a nyári nap?" Amikor Lysander és Demetrius (Kaszás Gergő Budapestről) összecsap, konfliktusuk rémisztően aktuális és metaszínházi fordulatot vesz, amint a „cigány" és „rohadt zsidó" szitkokat mormogják egymásnak.

E produkció nyelvi és színházi változatosságának fő referenciapontja a Rude Mechanicals társulat próbája és előadása volt, melynek tagjai a terjedelmesebb előadás színészeihez hasonlóan mesterségbeli tudásuk változatosságával gazdagították a produkciót – Anastasia Bopusyguina (Ösztövér szerepében) a Moszkvai Művész Színháztól Sztanyiszlavszkijt idézte és érzelemtől túlfűtött beszédet intézett a hallgatósághoz az orosz rendező stílusában, melyet könnyek között „Moszkva, Moszkva!" felkiáltással fejezett be a rivaldafények előtt. Őt Zuboly (Jacek Poniedzialek a Krakkói Stary Színháztól) szakította félbe, aki Grotowski technikáinak a felsőbbrendűségét bizonygatta mulatságos paródiával, s végül görcsben fetrengve a hátán fejezte be mondandóját. Jost Grix (Dudás), az egyetlen német színész a produkcióban, természetesen Brecht mellett tört lándzsát, és azt javasolta, hogy Thisbe a fejére húzott kardigánnal jelenítse meg az „elidegenítő effektust". Gyalu (Vladen Vasary Párizsból) balettmozdulatokat vitt az előadásba, mondván, hogy a produkciónak több „kifinomultságra" van szüksége, és így tovább (Carlson, „Karen Beier's" 71-73). A közönség derültsége a különféle játékstílusok interkulturális összjátéka láttán elképesztő mértékben fokozta az egész komikumát, és arra emlékeztetett, hogy a nemzetközi színházi közönség nem csak Shakespearet, és általában a színházi alkotásra jellemző „univerzáliákat" ismeri, hanem közös számukra a performansz-tapasztalat összetett hagyománya is, melyre az efféle interkulturális színházi vállalkozás hivatkozhat és építhet.

1997-ben *A vihar* megrendezésével (az előadás az "Európai Shakespeare" alcímet kapta) Beier visszatért a soknyelvű produkcióhoz, melynek során ismét egy különféle nyelveken beszélő nemzetközi társulatot hozott létre. A produkció heteroglossziája még kidolgozottabb volt, mint a *Szentivánéji álom*é, mivel az egyes karakterek gyakran saját beszédükben is több nyelven szólaltak meg. A hangnemet a nyitó jelenet alapozta meg, melyet külön ehhez a produkcióhoz kreáltak. Ebben Alonzó és kíséretének tagjai, mintegy a maffiát idézve, egy nemzetközi paradicsomtermelő kongresszushoz intézték szavaikat és az egységes új Európa mellett szálltak síkra. Alonzó bevezetőjének egy részlete némi fogalmat ad erről a technikáról:

> Ez un történelmi pillanat. Mes chers collègues, hölgyeim és uraim, rendkívül glücklich vagyok, hogy üdvözölhetem önöket ezen a di famiglia di nazioninak grandioso conferenziáján. Meine Damen und Herren, úgy érzem, hogy a goldene Zeit nem mögöttünk, hanem előttünk van ... Rendkívül heureux vagyok, hogy das Instrument lehetek, ami sans doute a famiglia di nazioni egyesült geistige Einheitjához fog vezetni minket.[32]

Hasonló alapossággal kidolgozott heteroglosszia megismétlésére nem került sor Beier ezt követő munkáiban, ámbár továbbra is rendezett makaróni stílusú produkciókat, olasz és német ajkú színészek vegyes alkalmazásával, mint például 1999-ben Tankred Dorst *Merlin* című darabjának színreállításakor, valamint Pirandelló *Ma improvizálni fogunk* című művének 2000. évi előadásában.

Az európai kísérleti színház javának a modernista monoglosszikus modelltől a heteroglosszia irányába történő elmozdulását a *Szentivánéji álom* Beier-féle rendezése kiválóan illusztrálja. Az elmozdulás egyetlen, kétségkívül a 20. századi Európa legfontosabb és legnagyobb hatású társulatai közé számító társulat változó előadási gyakorlatában érhető tetten. A Peter Brook által 1970 novemberében megalapított párizsi Centre International de Recherche Théâtrale (CIRT) volt ez a társulat. Gyökerei, mint majd Beier produkciójáé 25 évvel később, a párizsi Nemzetek Színházához nyúlnak vissza, melyet a 60-as évek végén Jean-Louis Barrault igazgatott. 1968-ban Barrault meghívta Brookot a Nemzetek Színházának tavaszi évadjára és felkérte, hogy a fesztiválra látogató színészek számára tartson workshopot. Brook ehelyett különböző országokból érkező színészek ad hoc társulatának összeállítására tett javaslatot, amibe Barrault bele is egyezett. 1968 májusának politikai zavargásai azonban késleltették a

---

[32] Az előadás ZDF videófelvételéről származó szöveg.

projektet, így megvalósítására csak 1970-ben került sor, de a koncepció megváltoztatása nélkül. Az eredeti társulat létszáma csaknem kétszerese volt a Beier-féle társulatának, szám szerint 27 tagból állt, ám ebben benne volt a 4 igazgató és a díszlettervező is. A színészek az USA-ból, Angliából, Franciaországból és Japánból érkeztek. 1970-ben a ténylegesen működő társulat már sokkal jobban hasonlított Beier társulatára, 7 ország 15 színésze öt nyelvet (az angolt, franciát, spanyolt, portugált és japánt) képviselt benne. Az elkövetkező hónapokban az összeállítás még jobban megközelítette Beier társulatának összetételét, mivel Iránból, Maliból, Kamerunból és Görögországból is meghívtak hozzá tagokat (Smith 30-31).

Bár mind Brook 1970-ben, mind pedig Beier 1995-ben feltűnően eltérő nyelvi és színházi háttérrel rendelkező színészeket gyűjtött egybe, a velük folytatott munkájuk rávilágít a modernizmusnak egyfajta prekulturális lényeg megtalálását célzó kutatása és a posztmodernizmusnak a különbözőséget és diszkontinuitást elfogadó, sőt azt dicsőítő törekvése közti különbségre. Brook rendszerint tagadta, hogy a különféle kulturális színházi technikák egyfajta „dramaturgiai eszperentóvá" való szintetizálására, illetve a Ted Hughes által a CIRT működése alapján kifejlesztett mesterséges nyelv, az orghast felhasználásával egy új nyelvi eszperantó megalkotására tett volna kísérletet.[33] Ennek ellenére a saját munkájához fűzött magyarázatában kifejti, hogy valójában egy univerzális kifejezési módot keresett, amely mintegy protonyelvként funkcionált volna. Állítása szerint a különféle kultúrákból érkező színészek egybegyűjtése „erős súrlódást" eredményezett, melynek során „mindegyik résztvevő kultúrája valamelyest kikezdte a másikét, addig a pontig, amíg valami természetesebb és emberibb meg nem született". A cél „a természetellenes modorosság" és „a nemzeti kultúrákat propagáló, felhalmozódott etnikai tikkek" kiküszöbölése és „annak a rétegnek a feltárása volt, ahol a formák még nem rögzültek" (Brookot idézi Williams 170-71). Ezen a prekulturális szinten egy új közösségi műalkotás teremthető meg azokból az impulzusokból és anyagokból, amelyek mindenkinek sajátjai. Így egy olyan kifejezési mód hozható létre, amely a különböző kultúrákból érkező színészek, valamint potenciálisan a különböző kulturális hátterű nézők számára lényegében azonos művészi „jelentést" hordozna. 1971-ben Brook a következőket nyilatkozta Shirazban:

---

[33] 1971-ben egy Shirazban adott interjúban Brook flegmán megjegyezte: „A francot se érdekli a rítus, a mítosz vagy az egyetemes nyelv". Idézi Peter Brook és Erika Munk. „Looking for a New Language". *Performance* 1.1 (1971): 74. A. C. H. Smith az *Orghast Persepolisban* az idézetet így reprodukálja: „Fütyülök a rítusra …". 239.

Azért hoztam össze egy nemzetközi társulatot, hogy különböző emberi alkotóelemek, az összes lehetséges kulturális tényező hatása alatt kialakult és összecsiszolódott különböző emberi anyagok a legelemibb szinten találkozzanak. Ha sikerül olyan formákat találni, melyek a csoportban közösek, és ha a csoport célja mindig az, hogy grandiózus teljesítményt nyújtson, más szóval kapcsolatot alakítson ki a közönséggel, akkor a nagyon sokszínű csoport közös formái jelentéssel kell, hogy bírjanak a nagyon sokszínű nézőközönség számára is.

A „grandiózus teljesítmény" nyelvének, akárcsak fizikai megtestesítésének, „közös, de nem – vagy csak némileg – konceptualizált utalásokból kell állnia. Így találtunk rá az orghastra, arra a nyelvre, amely bizonyos értelemben mindig is létezett, csak elő kellett hívni" (Brook és Munk 75). Brook és Hughes tulajdonképpen mindig is ellenállt azoknak a törekvéseknek, melyek az orghast mesterséges beszédrendszerét „nyelvként" próbálták kategorizálni. Azt akarták, hogy úgy tekintsék, mint a társulatnak a mélyebb szintet kereső expresszív produktumát. S ami ennél is fontosabb, mindkét művész gyakran beszélt arról, hogy az orghast inkább zeneként funkcionál, mintsem nyelvként. Ezzel a zeneről alkotott romantikus és szimbolista nézetet vitték tovább, miszerint a nyelvnél a zene „egyetemesebb" kifejezési mód; a nyelvvel ellentétben viszonylag érintetlen állapotban maradt meg, s nem szennyezték be az írott és beszélt diskurzus véletlenszerű és mesterkélt tulajdonságai.

Az interkulturális színház brooki látomása, amely a véletleneknek és a különféle kulturális kifejezési formák sajátosságainak elkerülését célozva prekulturális alapokra tudott építeni, még mindig fellelhető a kísérleti színházzal foglalkozó jelentős elméletekben, például Eugenio Barbának a „színházi antropológia" területén végzett kutatásaiban. Ezt a fajta univerzalista koncepciót azonban felváltotta a heteroglosszikus kifejezésre való nyitottság a posztmodern kísérleti színházban, mind a nyelv, mind az előadás stílusa terén, ahogy ezt Brook 1971-es *Orghastja* és Beier 1995-ös *Szentivánéji álom* rendezése tanúsítja. Valójában ez az elmozdulás a modernizmus monoglossziájától a posztmodernizmus heteroglossziájának irányába magának Brooknak a munkásságában is tetten érhető, aki a 20. század további évei során a színház kifejezési lehetőségeit térképezte fel CIRT-jében. Kétségkívül a *Mahábhárata* volt 1985-ben az *Orghast*ot követő leghíresebb brooki produkció, melynek francia és angol nyelvű változatával társulata beutazta az egész világot az 1980-as évek végén. A produkció széleskörű elismerést váltott ki, mint az évtized legjelentősebb nemzetközi színházi eseménye, de egyúttal heves polémiát is gerjesztett. Akkor, amikor a posztmodernizmus új elméletei művészi szempontból támadták a modernizmus totalizáló tendenciáját, a posztkolonializmus körvonalazódó aggályai politikai síkon tették ugyanezt. Ebben a kontextusban az a tény, hogy Brook egy totalizáló transzkulturális kifejezési mód után kutat, egyre inkább problematikusnak látszott, melynek egyik legmarkánsabb kifejezését Dautam Dasgupta éles, a brooki „orientalizmus" ellen írt kritikája képviselte. Cikke a *Performing Art* című folyóiratban jelent meg 1987-ben. Dasgupta elfogadja, hogy a Brook által tételezett totalizáló „szinkretikus kulturális univerzum" „nagyszerű és talán nemes vízió", de „a kulturális különbözőség tagadásával vagy megkerülésével Brook nyilvánvalóan feltámasztja az Edward Said nevéhez fűződő fogalom, az 'orientalizmus' problematikus fantomját", azaz egy olyan dinamikát, amellyel a nyugati író helyettesíti és elnyomja a Másik hangját.

Brook különféle színházi tradíciókból táplálkozó érdeklődését a legjobban valószínűleg állandó társulatának egyik alapító tagja, Yoshi Oda példázza. A japán színész a nó és kabuki, valamint a kísérleti színház területén szerzett jártasságot, mielőtt a CIRT-hez csatlakozott volna. 1985-ben, a *Mahábhárata* előadásának előkészületeivel kapcsolatban mint interjúalany a japán színész érdekes észrevételt tett a heteroglosszikus társulat nyelvhasználatára vonatkozóan: „Amikor a szöveggel kezdtünk foglalkozni, először néhány jelenetet az egyes résztvevők anyanyelvén közelítettünk meg, hogy bizonyos színészeket ne gátoljanak a francia nyelv buktatói" (idézi Millon 381-82). Bár ezt a stratégiát látszólag nem a heteroglosszia érdekében alkalmazták, hanem Brooknak egy, a francia nyelv „buktatói" által nem korlátozott, alapvető kifejezési mód utáni további kutatása érdekében, megjegyzendő, hogy a stratégia nagyon hasonló jónéhány posztkoloniális drámaíróéhoz is, akik először anyanyelvükön írják meg a szöveget, majd lefordítják angolra, de nem azért, hogy elkerüljék az angol nyelv „buktatóit", és ezáltal „univerzálisabb" kifejezési módot találjanak, hanem éppen ellenkezőleg, azért, hogy átültessék az angol nyelvbe egy másik nyelv „ellenállását", és ezzel erősítsék a heteroglosszikus hatást. Számos afrikai drámaíró használta ezt a technikát az alattvalók alternatív hangjának megszólaltatására, mint például a maori Harry Dansey, aki 1974-es, *Te Raukura* című innovatív drámájának előszavában így ír: „Talán érdekes megjegyezni, hogy a színdarab számos részét először maoriul írtam meg, majd áttettem angolra. Szeretném azt hinni, hogy olykor-olykor valamennyire érzékelhető benne a maori szituáció, mintegy visszhangként az angol szavak között" (22).

Brook CIRT-jének a *Mahábhárata* után következő projektje további, bár rendkívül óvatos elmozdulást mutatott a heteroglosszikus irányba. A francia kormány 1989-et, a francia forradalom kétszázadik évfordulóját „Az emberi jogok és a szabadság évévé" nyilvánította. Azzal érvelve, hogy az adott pillanatban a Dél-Afrikában folyó szabadságharc áll legközelebb a forradalmi Franciaországhoz, Brook az előbbi ország zenéjéből és színházi életéből kínált ízelítőt. Ez a Dél-Afrikát Párizsban „reprezentáló" program volt a legerőteljesebben heteroglosszikus Brook színházának életében.

Brook számára nem voltak ismeretlenek Dél-Afrika vezető multikulturális színházai az 1980-as években. 1986-ban meglátogatta a johannesburgi Market Színházat és elutazott Cape Townba, hogy megnézze a *Sophiatown*t a Junction Avenue Színház társulatának előadásában (Fuchs 137). 1989-ben visszatért, hogy saját színháza számára szervezzen dél-afrikai előadásokat. A politikai ellenállást kifejező dráma iránti, bevallott érdeklődése dacára semmit nem mutatott be, ami olyan radikális vagy heteroglosszikus lett volna, mint a *Sophiatown*. Programja a hagyományos dél-afrikai zenét bemutató hat venda, pedi és xhosa nyelvű koncertből és két színdarabból állt, melyek közül a *Woza Albert!* és a *Sarafina!* már korábban jelentős nemzetközi sikert aratott angol nyelvű országokban. Mindkét brooki előadás monoglosszikusabb volt az angol nyelvű változataiknál. Brook rendezésében a *Woza Albert!* színdarabhoz Jean-Claude Carrière, Brook *Mahábhárata* előadásának dramaturgja az eredeti szöveget alkotó afrikaansot, angolt és zulut teljes egészében franciára ültette át. A darabot az eredeti három helyett két – franciául tudó – afrikai színész, Bakary Sangaré és Mamdou Bioumé játszotta el, egyikük az egykori francia gyarmatról, Szenegálból, a másik Maliból származott. A *Sarafina!* előadásában az eredeti dalbetétek változatlanul maradtak, de a szerző, Mgongeni Ngema hozzájárulásával Brook két színésszel bővítette a produkciót, akik francia nyelvű kommentárt fűztek a cselekményhez, melynek írója ismét Carrière volt (William 403-04).

Noha így Brook dél-afrikai fesztiválja markánsan heteroglosszikus anyagokból állt össze, s az eredeti művek zenéjének, táncának, mozgásának kulturális sokszínűségét megtartotta, ami a nyelvet illeti, a program színházi része tovább folytatta a CIRT és általában a francia színház erősen monoglosszikus tradícióját. A heterogenitás, amit ez az anyag képvisel, azonban nagy valószínűséggel rajta hagyta bélyegét Brook formálódó kísérleti esztétikáján, és mindenképpen hozzájárult a kísérlet heteroglosszia felé történő elmozdulásához. Úgy tűnik, hogy Brook színháza, a jelentősebb európai és amerikai kísérleti színházakhoz hasonlóan az 1960-70-es évek nagymodernizmusától a század végének posztmodernizmusa felé fordult. A brooki fordulatot a század utolsó évtizedét megnyitó produkció, Shakespeare *A vihar*jának 1990-es előadása jelzi. Ez egyrészt Brook korábbi, különböző kulturális stílusok és elemek sokaságát felhasználó munkáját idézte, másrészt előlegezte ezen elemek radikálisabb ötvözését, úgy, hogy heteroglossziájukat, másságukat kevésbé szándékozott csökkenteni. Érdekes módon David Williams kifejezetten a posztmodern esztétikát idézi meg, amikor *A vihar* brooki értelmezését elemzi. Kiemeli Brook „szinkretizmusát" és a „hibridizációt", mely kifejezésekkel gyakran lehet találkozni a posztkoloniális szakirodalomban a heteroglosszia tárgyalásakor. Williams szerint „multi- és intertextualitása" miatt a produkció a posztmodernizmus alkotásai közé sorolható, csakúgy, mint a „hangok, akcentusok, konvenciók és stílusok pluralitása" alapján, melynek köszönhetően a produkció „örömtelien ünnepli a teatralitás játékosságát" (416-17).

Általában véve a hangok, különösképpen az akcentusok pluralitására való hivatkozás jeleníti meg a heteroglosszia dinamikáját, és ez az effektus kétségtelenül része volt *A vihar* előadás esztétikájának. A szó szoros értelmében azonban a produkció határozottan monoglosszikus maradt, Brook hű fordítója, Jean-Claude Carrière elegáns francia nyelvezetének köszönhetően. Csak amikor angol nyelvű országokban turnézott a produkció, akkor jelent meg egyfajta természetes heteroglosszia hasonlóan a posztkoloniális fordításokhoz, melyeken átüt a mű eredeti nyelve. Az *Observer* kritikusa, Michael Coveney tesz említést erről az effektusról a glasgow-i produkcióról írt cikkében: „Jean-Claude Carrière gyönyörű francia fordítása lehetőséget ad a brit közönségnek arra, hogy a színdarabot egy üdítő, transzparens burkon át hallgassa, és élvezze az egybecsengő asszonanciákat".

Így az alapításkor toborzott nemzetközi társulat esetében a valóban heteroglosszikus kifejezés irányába történő elmozdulás természetes kényszere ellenére a brooki színház lényegében a (természetesen különféle akcentusokon hangzó) francia nyelv mellett kötelezte el magát 1995-ig, amikor *Qui est lá?* (Ki az?) címmel Brook a *Hamlet* új változatát vitte színre. Ez ugyanolyan feltűnően heteroglosszikus volt, mint Beier *Szentivánéji álom* produkciója. Nem valószínű, hogy Brooknak tudomása lett volna Beier produkciójáról, melyet az övével egy időben kezdtek játszani, és más, közvetlenebb hatások befolyásolhatták a rendezését. Lehetséges, hogy a heteroglosszikus dél-afrikai előadások megismerése, illetve azok szponzorálása fordította figyelmét ebbe az irányba. De még ennél is közvetlenebb módon hathatott rá a londoni székhelyű (1983-ban alapított) Théâtre de Complicité, melyet Brook 1995-ben látott vendégül, egyúttal bemutatva ezt a jelentős kísérleti társulatot Franciaországnak. A heteroglosszikus előadásmód munkája során fontos része volt a Complicité esztétikájának, maga a társulat elnevezése is multikulturális orientációra utal. *The Three Lives of Lucie Cabrol* (Lucie Cabrol három élete, 1994) című produkció, melyet Brook bemutatott, lehetővé tette a sokféle nyelvi háttérrel érkező színészek számára, hogy jó néhány sort anyanyelvükön – főként francia és német dialektusokban – adjanak elő. Ez a megközelítés hívta fel a figyelmet az előadást létrehozó színészek kulturális hátterének sokszínűségére, ami nyilvánvalóan releváns volt Brook saját nemzetközi társulatának munkájában is.[34] A heteroglossziára fordított figyelem rend-

---

[34] A társulatnak a származással, emlékezettel és a különbözőségek mögött húzódó emberivel foglalkozó új *Mnemonic* előadásában több részlet is elhangzik más nyelveken, például Kostas Philippoglou többször beszél görögül, utalva saját görög származására és az alakított karakterre. A 34. jelenet nagy teret ad a soknyelvű humornak, amikor is egy nemzetközi konferen-

szeresen jelen volt a Théâtre de Complicité produkcióiban, a társulat tagjainak nyelvi hátterétől függetlenül is. *The Street of Crocodiles* (Krokodilok utcája, 1992) például angol, francia, német, latin és spanyol nyelvű részleteket tartalmazott (Rehm 94).

A *Theater Heute* című német folyóiratban Beier *Szentivánéji álom* rendezéséről írt beszámolójában Gerhard Preußler még nem tudott Brook párhuzamos kísérletéről, amely a hónap nyitó rendezvénye volt. De ezzel együtt Brooknak tulajdonította azt a kísérletezési irányt, amelynek Beier lett a folytatója, amikor is először hívott össze egy közös nyelvvel nem rendelkező nemzetközi társulatot és létrehozta „az első kevert nyelvű produkciót, egy szintetikus mítosz-koktélt *Orghast* címmel" (Preußler 51). A két 1995-es produkció eltérő hangneme ellenére feltűnően hasonlított a heteroglosszia alkalmazása miatt. Mindkettő kiterjedten használt különféle nyelveket – gyakran a darabban szereplő színészek anyanyelvét –, továbbá a drámai hagyományból vett fizikai „idézeteket" is. S ami a legmeglepőbb, a színészek mindkét produkció létrehozása során hosszasan folytattak olyan multikulturális, belső párbeszédeket, melyekben a színházról, és különösen pedig a színjátszás művészetének különféle megközelítéseiről volt szó.

Beier a brilliáns „Pyramus és Thisbe" jelenetben nemcsak különféle beszélt nyelveket, de (sokszor a színészek nemzetiségéhez szorosan kapcsolódó) színjátszási stílusokat is felhasznált, például: a sztanyiszlavszkiji realizmust (orosz anyanyelvű színésszel), a brechti epikus stílust (német színésszel), a Grotowski-féle stilizálást (lengyel színésszel), és a commedia dell'arte-ot (olasz ajkú színésszel). Brook hasonlóképpen szolgál a színháztudomány különféle teoretikusaitól vett idézetekkel, többnyire a megfelelő nyelveken, például Craig, Brecht, Meyerhold, Zeami, Sztanyiszlavszkij és Artaud írásaiból, akik közül némelyiktől Beier is idéz.[35] Bár Brook produkciója francia nyelven szólt, a hét szereplőből egy sem volt francia, s a legtöbbjük, legalábbis egy ideig, Beier színészeihez hasonlóan az anyanyelvén szólalt meg: Yoshi Oida (Claudius) japánul, Bruce Meyers (Polonius) és Anne Bennet (Gertrúd) angolul. Az egyik legemlékezetesebb jelenet Hamlet (Bakary Sangaré) és a kísértet (Mamdou Bioumé) szembesülése volt, amelyben Brook társulatának két régi, fontos tagja a

---

cián a küldöttek görögül, franciául, svájci német nyelven és angolul bonyolódnak egymással vitába.

[35] Az idegen szövegtöredékek alkalmazásának e posztmodern eszköze, jelen esetben a színjátszási és előadási technikákat ismertető részletek a hozzájuk kapcsolható nyelvekkel együtt, még szélsőségesebb és kiterjedtebb formában szerepelt a legismertebb amerikai posztmodern kísérleti társulat, a Wooster Group *Poor Theatre* című előadásában. Ebben a produkcióban van egy hosszú jelenet, amelyben a színészek precíz részletességgel teremtik újra Jerzy Grotowski *Akropolisz* című produkciójának egyik jelenetéből a fizikai gesztusokat, kifejezéseket, intonációkat és a (lengyel) nyelvet.

társulat életében először nem franciául, hanem bambarául szólalt meg a színpadon, azon a mande nyelven, melyet a két színész hazájában, Maliban és Szenegálban egyaránt beszélnek (Coveney, „Can't Make"). A kísértet is csak bambarául beszélt, amikor megjelent Gertrúd szobájában.

Andy Lavender három újabb kísérleti *Hamlet*-produkcióról szóló tanulmányában említi Brookot, mondván, hogy Biouménél a bambara nyelv használata, akárcsak Oidánál a japán Zeame-idézetek, kevésbé tekinthetők posztmodern kulturális stratégiának, mint a nagyobb hitelességet célzó megoldásnak, ami inkább van összhangban a brooki munkásságot nagyrészt jellemző színházi esszencializmussal. „Jelen esetben az afrikait valami olyan jelölésére használják, ami különösen tiszta" – állítja Lavender. „Az afrikai nyelv ennek az egyszerűségnek a garanciája, áthelyezve a helyszínt a színész szülőhazájába". „Mivel a nyelv a kulturális identitás alapvető jelölőjeként" működik, „a bambarául folytatott párbeszéd a kísértetet különösen 'autentikus' jelenségként mutatja, nem annyira természetfelettinek, mint inkább természet felett állónak" (Lavender 57). Hasonlóképpen, amikor az Első színészt alakító Yoshi Oidát felkéri Hamlet, hogy tartson beszédet Priamusz haláláról, az ünnepélyes és elegáns beszéddel tesz eleget a kérésnek, de japánul. Brook szerint a beszédet azért tették át japánra, hogy Oida „az anyanyelvén a lehető legjobban és legnagyobb intenzitással játszhassa el a szerepét" (idézi Lavender 81).

A produkció másik heteroglosszikus forrását a Craigtől, Meyerholdtól és más színházi teoretikusoktól vett terjedelmes idézetek szolgáltatták, amelyekkel az előadás kezdődött, s amelyek más kulcsfontosságú pillanatokban is elhangzottak, például a Színészek megérkezésekor. Meglepő módon ezek a „történelmi" hangok nélkülöztek bármiféle olyan hitelesítő „jelenlétet", mint amilyet Brook a bambara és a japán nyelv használatában vélt megtalálni. Az idézeteket felhasználó jelenetek Lavender szerint csupán „állításokat nyújtottak, nem pedig karaktereket. Meyerholdot és Sztanyiszlavszkijt nem úgy játsszák el, mint egyéniségeket; szavaikat a színészek ugyan visszaadják, de jellemábrázolásnak vagy szerepjátszásnak semmi jelét nem adják" (70). Ennél is fontosabb, hogy az idézetek nem az eredeti nyelven hangzottak el, leszámítva természetesen Artaud-t. Valójában a különböző teoretikusok nézeteit képviselő „hangokat" Brook egyfajta totalizáló esztétika égisze alatt használta fel nem csupán nyelvi, hanem filozófiai értelemben is. Mint Lavender megjegyzi: „Brecht és mások írásaiból Brook és csapata ügyesen készítettek párlatot. Valójában kíméletlenül interpretálták, *szintetizálták* ezeket a nézeteket egy koherens esztétika létrehozásának érdekében". Különféle „kontextusból kiragadott, … megcsonkított és átültetett kifejezések a színház egységes területként való felfogásának problematikáját nyújtják, amit gyakorlati és filozófiai értelemben egy rendkívül tehetséges (racionális plusz intuitív) szakember közreműködésével kell megoldani. S ki más lehetne ez, mint Brook maga?"

(Lavender 90). E totalizáló tendencia láttán felmerül a kérdés, hogy Brook művészete még az olyan nyilvánvalóan heteroglosszikus produkciók esetében is, mint amilyen a *Quis est lá?* volt, posztmodernnek tekinthető-e abban az értelemben, ahogyan David Williams és mások gondolják. A 20. század vége felé Brook kétségkívül briliánsan és hatásosan használta fel a posztmodernizmus számos eszközét, mintegy igazolva Shomit Mitter jellemzését, miszerint Brook egy briliáns színházi szarka (Mitter 5). Mindazonáltal produkcióinak látszólagos heteroglossziája Brook kifejezett monoglosszikus látásmódját szolgálta. Patrice Pavice világosan kimutatta, hogy Brook „csupán felszínesen posztmodernnek" nevezhető:

> Alapvetően egyáltalán nem posztmodern, néhány olyan stilisztikai fogás és alkotóelem (úgymint a nyelvi keveredés és más „hangok" idézése) használata ellenére, amelyek gyakran csak „posztmodern" mázat alkotnak nála. Brook a legutolsó humanista. Diskurzusa „alapvető" a humánum esszencialista látomásához, a Másikkal való találkozás lehetőségébe vetett hithez, az emberiségnek a világegyetemben elfoglalt különleges helyéhez való következetes visszatérés szintjén. (67)

Pavis szerint Brooknak a 20. század vége felé megvalósított kísérletei az eseti posztmodern máz dacára továbbra is a nagymodernizmushoz nyúlnak vissza, még heteroglosszikus kísérleteinek is monoglosszikus orientációt adva. Hogy vajon Brook szó szerint az utolsó olyan jelentős rendező volna-e, aki a nagymodernizmus esszencializmusa mellett kötelezte el magát, vagy sem, vitatható. 1995-re azonban kétségtelenül világossá vált, hogy a rendezőnek a heteroglosszikus kifejezési móddal folytatott kísérletezése sok tekintetben rokonságot mutatott Beier posztmodern, nem esszencialista szemléletével. Ennek egyértelmű példája volt az ugyanabban az évben alapított új nemzetközi szervezet, melynek létrejöttét bizonyosan a korábbi Nemzetek Színháza inspirálta – ebből fejlődtek ki Beier soknyelvű Shakespeare-adaptációi. És míg Giorgio Strehler, a Nemzetek Színházának fő embere elsősorban Észak-Európa felé fordult, egy másik olasz rendező, Giovanna Marinelli déli irányból, a mediterrán országoktól remélt inspirációt. A Marinelli által vezetett színház, az ETI (Ente Teatrale Italiano) az 1940-es évek óta számottevő jelenség volt Olaszországban, és felügyelete alá tartoztak Róma, Firenze és Bologna színházai. 1995-ben az ETI megszervezte a Porto de Mediterraneot (a Mediterrán Kaput), amely Beier *Szentivánéji álom* rendezéséhez nagyon hasonló nemzetközi produkciók bemutatásának szentelte munkáját. A Porto de Mediterraneo ugyancsak különböző országok színházából toborozta össze a különböző anyanyelvű szereplőgárdát, olyan soknyelvű projektek létrehozása céljából, amelyekkel később a résztvevő színészek országaiban turnéztak. Az együttműködés legsikeresebb produkciója a Marco Baliani rendező elképzelése nyomán bemutatott *Sacrifice* (Áldozat) volt. A darab cselekményének alapja Izsák áldozatának bibliai, és Iphigénia feláldozásának mitológiai története, párhuzamba állítva a két ősi narratíva és a mai korra jellemző ideológiai konfliktusok áldozatainak sorsát. A produkció egészének stílusa a görög tragédiát idézte, s az Olaszországból, Tunéziából, Marokkóból, Franciaországból, Libanonból és Albániából származó kórustagok mindegyike saját anyanyelvén beszélt. A nagyhatású zárójelenetben Agamemnonnak nem sikerült a kórus traumatizált és megzavarodott tagjaival kommunikálnia, mert a mögötte felgördülő függöny egy lángokban álló város képét mutatta, amely látvány korunkban túlságosan is ismerős, a nyelvi korlátokon túlmutató jelenség.

* * *

A nyelvi kollázs
Ez a fajta színházi heteroglosszia a 20. század végén lett kulcsfontosságú az interkulturális társulatokhoz fűződő szoros és nyilvánvaló kötődései révén. Az ilyen társulatok ebben az időszakban váltak a kísérleti színház fontos részévé. Csaknem ugyanilyen fontos volt azonban a posztmodernizmust, és annak a mindenféle hitelességgel és megalapozottsággal szemben táplált gyanakvását határozottabban reprezentáló másik típusú színházi heteroglosszia, melyben a különféle nyelvek alkalmazását nem az életszerűségre vagy a humoros hatásra való hagyományos törekvés motiválta, sőt, nem is a társulat vagy a közönség változatos nyelvi hátterének a figyelembevétele, vagy netán a társadalmi és politikai kritika, hanem sokkal inkább a nyelvi keveredés iránti érdeklődés önmagában véve. Hasonló ez a különféle dekoratív, történeti és színházi tradíciók elemeinek vegyítéséhez abban a nyitott, decentralizált kísérletezésben, amely a posztmodern művészet sajátja. A kulturális kollázs széles körben elfogadott posztmodern alkotói stratégia, így nem meglepő, hogy más kulturális töredékekhez hasonlóan a nyelvi töredékek is a színházi kollázs szerves részeivé váltak.

Az ilyen posztmodern nyelvi keveredést a legjelentősebb kísérletező rendezők és társulatok világszerte széleskörűen alkalmazták. Napjainkban az avignoni és más fontos fesztiválok fő attrakciója az olasz Societas Raffaello Sanzio. Ez a társulat elsősorban merész, hallucinatív színpadi képeivel vált ismertté, de emellett a korlátokat nem ismerő színházi kollázsai jellemző módon különféle nyelvek töredékeit is tartalmazzák. A Gilles Maheu által vezetett egyik montreali kísérleti társulat, a Carbone Quatorze produkcióiban nemcsak az angolt és a franciát keverik, ahogy az várható, hanem rendszeresen használnak más nyelveket is: az olaszt a *Le Dortoir*ban (1988), a németet egy korábbi produkcióban, a *Le Rail*ban (1983), alapvetően formai, vagy még inkább dekoratív, mintsem realisztikus céllal.

A városok sűrűjében című Brecht-darab Ciulli-féle török/német produkciójában – főként a közönséghez intézett félreszólásokban – kevésbé világos célzattal is szerepeltek nyelvi töredékek, részben spanyolul, részben franciául, illetve angolul. Hasonló témákat jóval szürrealisztikusabb, álomszerű hatással szólaltat meg a kanadai René-Daniel Dubois *Don't Blame the Bedouins* (Ne hibáztassátok a beduinokat) című káprázatos monológja. Ebben a francia, angol, olasz, német, orosz és kínai nyelv különféle dialektusait beszélők szerepelnek, a kultúra és a technológia végső összeolvadásának apokaliptikus látomását vetítve előre. A francia Théâtre du Radeau 1991-es *Chant de Bouc*-jában az előadás dialógusa teljes egészében az ógörög, francia, olasz és német nyelvekből vett hangsorokból építkezett.

A posztmodern esztétika alakulására kevés teoretikus és gyakorlati szakember volt nagyobb befolyással, mint John Cage. Egyrészt azért, mert a véletlenszerűt bevitte a művészi folyamatba, másrészt pedig azért, mert a potenciálisan művészi hang fogalmát kiterjesztette az erősen kötött struktúrájú zeneművészeten túl bármely akusztikai jelenségre. Cage-nek a környezeti zajokra fordított figyelme nyitotta meg először az utat, különösen a 20. század végének táncművészetében, a zenei kíséretként szolgáló környezeti zajokkal és a színpadon vagy háttérként a nyelvvel, majd különféle nyelvekkel való kísérletezés előtt, amelyben a nyelv kompozíciós formai elem, akárcsak a gesztus vagy a mozdulat. Oroszországban az 1990-es évek közepe óta Alexander Bakshi környezeti performanszai jól mutatják ezt a fejlődési folyamatot a tánchoz való kötődés nélkül.

Egyes korai munkák, mint az *A Hotel Room in the Town of N* (Hotelszoba N városban, 1994) a közönséget a zenei és nem zenei hangok komplex együttesével vették körül – a hangokat hagyományos és újonnan kreált hangszereken szólaltatták meg. Az előadások fokozatosan vokális anyaggal is bővültek, és erősödött a heteroglosszikus kifejezés felé való irányulás. A 2001-es Színházi Olimpiára komponált találó című mű, *Polyphony of the World* (A világ polifóniája) a világ minden részéből hatvan művészt és kórust egyesített, akik számos kultúra hangját és nyelvét hozták magukkal. Bakshi szavai pontosan megragadják a heteroglosszikus kifejezés iránti, széles körben elterjedt elfogadó attitűd lényegét az új évszázad elején:

> Ez a különféle kultúrák hangjainak egyenlőségéről szóló látvány lesz. Hiszem, hogy a harmonikus egyesítés ősi ideálja nyitotta meg az utat a polifónia koncepciója előtt. Nem abban a politikai értelemben, hogy az összes hang egyenlősége mindenki egyenlőségét jelenti isten előtt, hanem az összes különböző kulturális hang egyenlő fontosságára gondolok. Különböznek egymástól, de egyenlők. (idézi Freedman 8)

A nyelvi töredékek formai elemként való felhasználása gyakran fellelhető azoknál a kísérleti táncművészeti társulatoknál, amelyek a színház és a tánc határvonalán mozognak. Miután John Cage a különböző, nem zenei természetű hangokra irányította a figyelmet, megnyílt az út a különféle hangok felhasználása előtt a táncművészetben is, létrejött a tánc és a színház közt elhelyezkedő német Tanztheater, amely szabad utat adott a nyelv ily módon történő felhasználásának. Eredeti formájában (Gerhard Bohner virágoztatta fel 1972-ben) a Tanztheater az emberi testet már nem mint térben mozgó formai objektumot használta fel, hanem mint érzelmek kibontakoztatásának és eszmék kifejezésének az eszközét. A Tanztheater korai nyelvhasználata így nagyrészt funkcionális és mimetikus volt, de a posztmodernizmus megjelenésével kezdett töredezetté és manipulálttá válni, a posztmodern performanszban gyakran megtalálható kollázs konstrukciónak megfelelően.[36] A kísérletezésnek ez a vonulata világosan nyomon követhető a 20. század végén a modern Tanztheater egyik legjelentősebb alkotója, Anne Teresa De Keersmaeker produkcióiban. A nevével fémjelzett *Rosas danst Rosas* (1983) című korai darabban öt nő tanulmányoz olyan egyszerű mozdulatokat, mint az állás, ülés és járás, de színházi értelemben határozottan különböző karaktereket alakítva. Az *Elena's Aria* (Elena áriája, 1984) már beszéddel is bővült, miközben a különböző táncosok a darab más-más pontján egy széket mozdítottak el a színpadon, felkapcsolták a világítást, leültek, és részleteket olvastak fel Dosztojevszkij, Tolsztoj és Brecht műveiből. Az 1990-es évek végén De Keers-maeker egy sor darabot alkotott, melyek a mozgás és szöveg közti viszonyokat kutatták. Legfontosabb köztük az *I Said I* (Azt mondtam, én, 1999) volt, melyben a szereplők Peter Handke darabjain alapuló, az identitásról szóló meditációt adtak elő, angol, japán, német, holland és francia nyelvi töredékek felhasználásával artikulálva mondandójukat (Climenhaga 60-63).

Hasonlóan összetett heteroglosszikus kísérletezés található néhány vezető európai kísérleti táncművészeti társulat munkájában is. Michael Laub, a svédországi Remote Control Productions nevű kísérleti társulat belga rendezője a nyelvi kollázs különösen meglepő példáját nyújtja. A makaróni címet viselő *Fast Forward/Bad Air und So* (1991) produkció az angol, német, francia, holland és svéd keverékéből hoz létre töredékes, soknyelvű szöveget, amely egyidejűleg különféle nyelvi és színházi csatornákon keresztül működik.

A brüsszeli székhelyű, nemzetközileg elismert kísérleti táncegyüttes, a Needcompany posztmodern performanszaiban rendszeresen alkalmazzák a nyelvek keverését. A *Lear király* 2001-es adaptációjában például, annak ellenére, hogy a produkció fő nyelve a flamand volt, állandóan más

---

[36] Bár általában a legtöbb teoretikus elismeri, hogy a posztmodern kifejezési mód decentralizált és töredékes, soha nem alakult ki konszenzus abban, mi a posztmodern színház vagy a posztmodern tánc. A téma összefoglaló tárgyalását lásd: Marvin Carlson, *Performance: A Critical Introduction*. London, Routledge, 1996. 123-43.

nyelveken elhangzó töredékek hangzottak el (mi több, Shakespeare más darabjaiból és egyéb művekből is kevertek részleteket a darabba, számos német kísérleti színháztól megszokott módon). S valószínűleg posztmodern nyelvi tréfának szánják, hogy a francia király végig angolul beszél, míg angol felesége, Cordelia, franciául. Cordelia mindkét nővére és férjeik néha angolul, néha pedig flamandul beszélnek. A fattyú Edmund monológja teljes egészében angolul szólal meg, a bolond pedig gyakran vált angolra, amikor vicceket mond, és néha más darabokból ad elő dalokat, például a „Na nézd csak, már megint zuhog" kezdetűt a viharjelenetben.

A nyelvek efféle alkalmi keverése, melynek célja nem a drámai életszerűség, hanem bizonyos színházi hatások elérése, különösképpen jellemző napjaink német színházára, és talán arra a 20. század végi németországi tradícióra vezethető vissza, hogy a rendezők nagyvonalúan és szabadosan kezelik a szövegeket. Ez Nyugat-Európa más országaiban nagyon szokatlan, míg Anglia és az USA vezető színházaiban elképzelhetetlen lenne. Napjaink jelentős rendezői, mint például Frank Castorf, a klasszikus és kortárs darabokban is szinte mindig felhasználnak más forrásokból származó betéteket – más színdarabokból, a popkultúrából, a sport és az aktuális politika világából. Nem ritka az sem, hogy a beépített anyag az eredeti nyelven hangzik el. Például, amikor Castorf 1998-ban megrendezte Sartre *Dirty Hands* (*Piszkos kezek*) című színdarabját, az angol (ami csaknem mindig jelen van rendezéseiben) és a francia mellett (részben a sartre-i eredetiből, részben más forrásokból) a produkció sok részletet tartalmazott szerbhorvát nyelven, mivel Castorf párhuzamot vont Hoederer, a zavarodott sartre-i hős és a boszniai háborús bűnös, Radovan Karadzic között. A Hoederert alakító színész több esetben idéz Karadzic beszédeiből és írásaiból, de vannak szerbhorvát idézetek Titótól és másoktól is. Egy komplex jelenetben Hugo, aki Hoedererrel szerbhorvátul vitatkozik, egy történetet idéz a szerb atrocitásokról Senada Marjazovic gyermekek visszaemlékezéseit tartalmazó kötetéből. Egy másik szereplő, Jessica a színpadon álló, többi szereplő számára kezdi lefordítani ezeket a beszédeket, majd kilép a színházi keretből, hogy közvetlenül mesélje a történetet a hallgatóságnak (Rouse 89). A szöveg- és nyelvközi kevertségre, valamint a színházi illúzió megtörésére bármely Castorf-produkcióból hozhatnánk hasonló példát. Ez a fajta heteroglosszikus kollázs konstrukció sokféle formában megtalálható a kortárs Németország vezető kísérleti rendezőinek munkájában, különösen azokéban, akik Castorffal és színházával, a Berlini Volksbühnével kapcsolatban állnak, például Christoph Marthaler vagy René Pollesch munkájában.

Utolsó példám a posztmodern heteroglossziára egészen más természetű: a nyelvi szinkretizmus szélsőséges példája, amelyben két nyelv egyforma súllyal szerepel, és annyira átszövik egymást, hogy szinte szavanként váltakoznak egymással. Ez volt a nyelvi stratégiája a *Schlachten!* című epikus produkció nagy részének, ami az európai színház egyik fergeteges sikere volt 1999-ben. A *Schlachten!* megalkotója Belgiumban (*Ten Orloog* címmel) a jól ismert flamand szerző, Tom Lanoye és a még híresebb flamand színházigazgató, Luk Perceval volt. A Shakespeare történelmi drámáit a *II. Richárd*tól a *III. Richárd*ig átfogó, tizenkét órás ciklus olyan szenzációs siker volt Belgiumban, hogy meghívást kapott ugyanabban az évben a tavaszi Salzburgi Fesztiválra. A társulat bemutatta Hamburgban, majd a Berlini Színházi Találkozón, a német nyelvű országok előző évi kiemelkedő színházi produkcióinak a fesztiválján. Természetesen adódik a feltételezés, hogy flamand közönség számára a flamand szerző Shakespeare színdarabját valószínűleg az anyanyelvén adta elő, és a nemzetközi fesztiválokon turnézó produkciót az ilyenkor szokásos gyakorlatot követve a külföldi közönség számára saját nyelvén mutatta be, de feliratozással.

A feliratozás gyakorlatát, mint a színházi nyelv fontos új eszközét és ennek hozadékát a következő fejezetben veszem górcső alá, bár ezt a bevett eszközt sem Salzburgban, sem Berlinben nem alkalmazták. A szövegből új változatot készítettek, amelyben a flamandot a német váltotta fel, de ez nem érintette a produkció legjellegzetesebb nyelvi vonását, nevezetesen, hogy teljes egészében makaróni jellegű volt. A helyi nyelvet az angollal keverték, mégpedig egy bizonyos stílusú angollal. A ciklus *III. Richárd* című részénél a Salzburgban, Hamburgban vagy Berlinben tartott előadás nézője például a „York napsütése rosszkedvünk telét..." kezdetű híres nyitóbeszédnek egészen jól felismerhető, de a három érintett (flamand, német vagy angol) nemzeti vagy nyelvi tradícióban megszokott előadásától mégis nagyon távol álló változatával szembesült.

* * *

Az ilyen modern makaróni jellegű drámai nyelvezet az alkotók abbéli erőfeszítésének eredménye, hogy párhuzamot vonjanak a *II. Richárd* középkori világa és a *III. Richárd*ban egy modern gengszter mentalitás sejtetése felé való elmozdulás között, s ezt nyelvi stílusjátékkal érzékeltessék, némiképp hasonlóan ahhoz, ahogy James Joyce parodizálta az angol irodalom evolúcióját az *Ulysses*ben. A *Schlachten!* eredeti változatában Lanoye a *II. Richard* nyelvezetét óflamandra és franciára ültette át, fokozatosan közeledve korunk nyelvéhez. Az utolsó előtti darabban, az *Eddy király*ban és az azt követő részben, ahol a yorki herceg fiai a domináns karakterek, Lanoye leírása szerint a nyelvi atmoszféra „Tarantino, Elmore Leonard, amerikai szleng és Mototown-idézetek" elemeiből jött létre (xliv). A német adaptáció hasonló sémát követett: klasszikus német nyelven kezdődött, megtűzdelve francia szavakkal, majd a York/Tarantino fivérek makaróni nyelvezetévé alakult át.

Be kell vallanom, hogy első reakcióm Lanoye nyelvi kísérletére az volt, hogy kifejezett kortárs társadalomkritikát lássak benne. Az elegáns és fennkölt nyitó mondatokkal kezdődő, majd a Dirty Rich és szövetségesei kíméletlen és degenerált intrikáiba torkolló produkció dinamikája számomra erősen magának a nyelvnek a hanyatlásával és romlásával vonható párhuzamot sugallt, a nyitójelenetek klasszikus német nyelvi tisztasága után az amerikai gengszter filmek és reklámok korrupt, a kortárs német kultúrában egyáltalán nem ismeretlen nyelvezetének megjelenésével. A projekt létrejöttéről adott interjúban Lanoye azonban nem tett említést ilyen társadalmi összefüggésről. Célkitűzéseiről csak formai és morálisan semleges értelemben beszélt, s a plasztikus művészetek világával vont párhuzamot:

> Amire kísérletet tettem, irodalmi értelemben úgy képzelhető el, mint amikor az ember szépművészeti múzeumba megy és a klasszikus részleget (II. Richárd világát) elhagyva olyan teremben találja magát, ahol egy teljesen másféle esztétika kihívásaival találkozik, ahol egy felfordított piszoár függ a falon, a sarokban pedig uszadékfa darabokat szórtak szét, s a látogatók fele megjegyzi, hogy „igen, de ezek csak hétköznapi fadarabok", míg a kritikusok méltatlankodva kijelentik: „Nem, nem! Ez művészet!" Ezt az effektust próbáltam visszaadni a nyelv segítségével. A darab végén használt angol kevéssé hordozott számomra valóságos angol nyelvi konnotációkat, inkább a bennünket napjainkban körülvevő nyelvi káoszt volt hivatott reprezentálni. Elég, ha csak bekapcsoljuk a tévét vagy a rádiót. A beszéd akváriumában élünk, ami úgy tűnik, a hozzáállástól függően vagy rendkívül gazdag és sokszínű, vagy nagyon szennyezett. Ezt az akvárium hatást alkalmaztam a minden királyok legmodernebbikét, a Dirty Rich (III. Richárd) figurát övező egzisztenciális gyötrelmet és destruktivitást kifejező beszéd megalkotásakor. (Lanoye xlvi)

E konkrét produkció hatásától függetlenül a Lanoye által megidézett képek – a modern múzeum (talált tárgyakat is bemutató eklektikus gyűjteményével) és a beszéd akváriuma (a vegyes, egyesek szerint inkább szennyezett, de gazdag sokféleség megjelenítésével) – szuggesztíven utalnak a nyelvnek a színház világában játszott sokrétű szerepére. Országról országra megfigyelhető, hogy a drámaírók és rendezők azzal a felismeréssel kísérleteznek, hogy a nyelv, valamint a kultúra tava, amelyben úszunk, többé nem az az egyforma közegű, állott vizű aranyhalas tavacska, ha valaha az is volt, mint ami Ibsen *A tenger asszonya* című színdarabjában olyan erőteljes központi kép, hanem egy posztmodern akvárium, ahol a legfurcsább és legmeglepőbb találkozások mindennaposak.

A 20. század végéig az úgynevezett interkulturális színház rendszerint vagy csupán egy kultúrából merített, és azt kisajátította egy másik számára, ahogy Mnouchkine teszi a kathakali sminkeléssel és kosztümökkel a *Les Atrides*-ben, vagy a transzkulturális színház nevében egy modernista totalizáló egységbe szőtték bele a másik kultúrát, a brooki *Mahábháratá*hoz hasonlóan. Egyes művészek és csoportok, mint Beier, Castorf, Lanoye és a Carbone 14, valamint a modern Tanztheater vezető alakjainak újabb keletű kísérletei teljesen más irányba mutatnak, ami lehetővé teszi, hogy a különféle kultúrákból származó anyagot, beleértve a nyelvet, más kultúrák anyagával ütköztessék, anélkül, hogy szükségképpen előnyben részesítenék bármelyiket is, legyen az akár a feltételezett közönség többségének kultúrája. Ahogy a modern világ kommunikációs hálózata egyre összetettebbé válik és egybefonódik, úgy lesznek az efféle nyelvi kollázsok egyre megszokottabbak a színház világában. Kétségtelenül új kihívást jelentenek, és új stratégiákat kívánnak meg a befogadótól, de egyúttal tükrözik jelenünk kulturális tudatát és problémáit, ahogy a színház mindig is tette. A görög színházban az idegen kívülállónak csak néhány groteszk töredékben hallható hangja napjainkra az új interkulturális társadalom nézői számára új színházi elegyeket szövő hangok fúgaszerű kórusává erősödött. Gyakran e kórus hangjainak egyike sem élvez nyelvi elsőséget.

Surányi Ágnes fordítása

Felhasznált irodalom

Bakhtin, Mikhail. *The Dialogic Imagination*. Szerk. Michael Holquist. Ford. Caryl Emerson és Michael Holquist. Austin: U of Texas P, 1981.

Bourdieu, Pierre. *Ce que parler veut dire: L'économie des èchanges linguistiques*. Paris: Librairie Arthème Fayard, 1982.

Balme, Christopher. *Decolonizing the Stage: Theatrical Syncretism and Post-Colonial Drama*. Oxford: Oxford UP, 1999.

Biesterfeldt, P.W. *Die dramatische Technik Thomas Kyds. Studien zur inneren Struktur und szenischen Form des Elisabethanischen Dramas*. Halle, Salle: Neimeyer, 1935.

Bradbrook, M. C. *Themes and Conventions of Elizabethan Tragedy*. Cambridge: Cambridge UP, 1960.

Brandon, James R. „Contemporary Japanese Theatre. Interculturalism and Intraculturalism". *The Dramatic Touch of Difference: Theatre, Own and Foreign*. Szerk. Erika Fischer-Lichte et al. Tübingen: Gunter Narr, 1990. 88-99.

Brook, Peter, és Erika Munk. „Looking for a New Language". *Performance* 1.1 (1971): 72-75.

Carlson, Marvin. „Karen Beier's *Midsummer Night's Dream* and *The Chairs*". *Western European Stages* 7.3 (1995-96): 71-73.

Climenhaga, Royd. „Anne Teresa de Keersmaeker: Dance Becomes Theatre". *TheatreForum* 25 (2004): 59-66.

Coveney, Michael. „Brook Revels in his Brave New World". *Observer* November 4, 1990.

---. „Can't Make a Hamlet without Breaking Heads". *Observer* January 14, 1996.

Dasgupta, Gautam. „Peter Brook's 'Orientalism'." *Performing Arts Journal* 10.3 (1987): 9-16.

Dillon, Janette. *Language and Stage in Medieval and Renaissance England.* Cambridge: Cambridge UP, 1998.

Edwards, Philip. „Preface". Thomas Kyd, *The Spanish Tragedy.* Szerk. Philip Edwards. London: Methuen, 1969. xxxvii.

Freedman, John. „Alexander Bakshi and His Mythological Theatre of Sound". *TheatreForum* 19 (2001): 3-15.

Fuchs, Anne. *Playing the Market: The Market Theatre Johannesburg, 1976-1986.* Chur, Switzerland: Harwood, 1990.

Hassan, Ihab. *The Dismemberment of Orpheus: Towards a Postmodern Literature.* Madison: U of Wisconsin P, 1971.

---. „The Question of Postmodernism". *Romanticism, Modernism, Postmodernism.* Szerk. Harry R. Garvin. Special issue of *Bucknell Review* 25 (1980): 117-26.

Hattaway, Michael. *Elizabethan Popular Theatre: Plays in Performance.* London: Routledge and Kegan Paul, 1982.

Hutcheon, Linda. *A Poetics of Postmodernism.* London: Routledge, 1988.

Johnson, S. F. „The Spanish Tragedy, or Babylon Revisited". *Essays on Shakespeare and Elizabeth Drama in Honor of Hardin Craig.* Szerk. Richard Hosley. Columbia: U of Missouri P, 1962. 23-36.

Kyd, Thomas. *Spanyol tragédia.* Ford. Szabó Stein Imre. Budapest: Ulpiusház, 2006.

Lanoye. Tom, és Luk Perceval. *Schlachten!* Frankfurt am Main: Verlag der Autoren, 1990.

Lavender, Andy. *Hamlet in Pieces.* New York: Continuum, 2001.

Maslan, Elizabeth. „The Dynamics of Kyd's *Spanish Tragedy*". *English* 32.143 (1983): 111-25.

Millon, Martine. „An Interview with Yoshi Oida". Ford. David Williams. *Alternatives Theâtrales* 14 (May 1985).

Mitter, Shomit. *Systems of Rehearsal: Stanislavsky, Brecht, Grotowski, and Brook.* London: Routledge, 1992.

Pavis, Patrice, szerk. *The Intercultural Performance Reader.* London: Routledge, 1996.

Preußler, Gerhard. „Viele Sprachen des Begehrens". *Theater Heute* Jan. 1, 1996. 51.

Proudfoot, Richard. „Kyd's *Spanish Tragedy*". *Critical Inquiry* 25.1 (1983): 71-76.

Rehm, Rush. „Lives of Resistance". *TheatreForum* 7 (1995): 88-96.

Rouse, John. „Frank Castorf's Deconstructive Storytelling". *TheatreForum* 17 (2000): 82-92.
Il sacrificio di Isacco rivive a Kabul. *Etinforma di Valle*, Dec.-Jan. 2000, 6.1. ZDF felvétel.
Smith, A. C. H. *Orghast at Persepolis*. New York: Viking, 1972.
Weeks, Stephen. „Opium: Intercultural Performance in Seattle and Tokyo". *TheatreForum* 17 (2000): 33-39.
Williams, David. *Peter Brook: A Theatrical Casebook*. London: Methuen, 1991.

9.
INTERKULTURÁLIS ELMÉLET, POSZTKOLONIÁLIS ELMÉLET, ÉS SZEMIOTIKA: A (MÉG) JÁRATLAN ÚT
(részletek a tanulmányból)

Többek között Keir Elam is felhívta a figyelmet az aligha vitatható tényre, hogy a színházelmélet szemiotikai megközelítése, mely még az 1980-as években kimondottan népszerű trend volt, az 1990-es évekre „elveszítette kulturális és tudományos jelentőségét" (Elam 194). Korábban több mint kétszer ennyi monográfia és tanulmánykötet jelent meg kifejezetten színházszemiotikáról, a szakfolyóiratokban újabban pedig ritkán, vagy egyáltalán nem jelennek meg egyes színdarabokról, drámaírókról vagy előadásokról szemiotikai elemzések, ellentétben a nyolcvanas évekkel.

E tendencia azonban nem azt jelenti, hogy a szemiotika egészében eltűnt volna a kulturális és tudományos színtérről. Az MLA jegyzékek egy gyors vizsgálata után ugyanis meglepve tapasztaltam, hogy a „színházszemiotika" hanyatlása ellenére a kilencvenes években valójában több könyv és tanulmány (több mint 1100 darab) került a szemiotika címszó alá besorolásra, mint a nyolcvanas években (akkor körülbelül százzal kevesebb). A színháztudomány számára még ennél is fontosabb az a tény, hogy a szemiotika, noha ezt nem mindig ismerik el konkrétan, továbbra is alapvető tudományos megközelítés marad egy sor kortárs színházi kutatás számára. Remélem, sikerül ebben a tanulmányban bizonyítani, hogy a szemiotika rengeteg, még ki nem aknázott lehetőséget nyújt a kortárs színház- és performansz kutatás legizgalmasabb irányzatai számára.

Sue-Ellen Case a feminista színházelmélet úttörőjeként „új poétikát" szorgalmaz *Feminism and Theatre* (Feminizmus és színház) (1988) című művében, mely a feminista színházelmélet megalapozásának szentelt első könyvhosszúságú tanulmány. Ez az „új poétika" elméleti stratégiák igen széles tárházából merítene azzal a céllal, hogy a hagyományos patriarchális értelmezési kerettel szemben újabb alternatívákat nyújtson a drámai forma, a színházi gyakorlat, illetve a közönségformálás elemzése terén. Case szerint „olyan olvasók számára, akik kevésbé ismerik ki magukat az új elméletek között, a szemiotika tudományága hatékony kiindulópontot biztosít a performansz- és a feminista poétika, valamint az új elméletek közös pontjainak megértéséhez" (115). Case-nek csakúgy, mint az őt követő feminista tudósgenerációk számára, kiemelt fontosságúak a szemiotikai elemzés politikai implikációi. A szemiotikai elemzésben alapvető szerepet játszó kulturális kódoltság Case meghatározásában a következő: „az ideológia lenyomata a jelen, vagyis azon értékrend, gondolkodás- és látásmódok együttese, melyek a jel kultúrán belüli konnotációit befolyásolják" (116). Ezért tehát, mutat rá Case, a kódoltság szemiotikai fogalma „a színházi előadás politikai implikációit a kritikai értelmezés köréből elmozdítja az előadás jelentésképző folyamatának irányába, így az esztétikai oldalnak politikai felhangot ad" (115-17).

A szemiotika fontos inspirációul szolgált a kulturális feminizmus bizonyos képviselői számára, mint például Linda Walsh Jenkins, akik a „női jelekre" alapozott autentikus női drámát szorgalmazták (6). A szemiotika elméletét azonban a Sue-Ellen Case, valamint Jill Dolan és Elin Diamond által képviselt feminista kutatás alkalmazta a legjelentősebb mértékben, mely a társadalmi nem kulturális konstrukcióját hangsúlyozta, és erős befolyást gyakoroltak rá a modern, elsősorban neomarxista politikai- és kultúraelméletek. E kutatók írásaiban a kulturális- és társadalmi nem alapú vizsgálatokhoz lazán kötődő szemiotika primér kritikai eszköz maradt egészen a 20. század legvégéig, miközben más színházelméleti területeken való alkalmazása ekkorra már nagy mértékben visszaesett. 1999-ben Mary Brewer például azzal kezdi a *Race, Sex, and Gender in Contemporary Women's Theatre* (Faj, szexus és társadalmi nem a kortárs női színházban) című tanulmányát, hogy alapelvként kijelenti: „a reprezentáció nem más, mint szemiózis, vagyis a jelentésalkotás folyamata" (1-2). Ezt követően Brewer gondosan kidolgozott szemiotikai-materialista elemzést ad számos, a címben megadott kérdéssel foglalkozó amerikai és angol színházi előadásról.

A 20. század utolsó éveiben a materialista vizsgálatok irányába való eltolódás nem csupán a feminista performansz elméletre volt jellemző, hanem jelentőssé vált a dráma és performansz kutatásának széles nemzetközi színterén is. A szemiotika tudományának területén több, a nyolcvanas évek elején íródott kulcsfontosságú írásban látható ez a váltás. Marco De Marinis egyike azoknak az éles szemű kutatóknak, akik a legpontosabban összegezték a színházzal foglalkozó szemiotikai elemzés állapotát, és precíz előrejelzést adtak fejlődésének várható stádiumairól. 1983-ban közölt tanulmányában kijelenti, hogy a színház-szemiotika, miután nemzetközi szinten is jelentős kritikai megközelítéssé nőtte ki magát, válaszút elé került: vagy az irodalmi szövegek és előadásszövegek szerkezeti elemzését folytatja, vagy túllép az egyes esetek tanulmányozásán, és kidolgozza, ahogy De Marinis nevezi, „a színházi kommunikáció pragmatikáját, amely a színpadi megvalósításnak és recepciójának történelmi és szociológiai kontextusait ragadja meg" (125-28). Ehhez hasonló megállapítás – amely a színház-szemiotikán túl általában a szemiotika területére koncentrál – egy évvel De Marinis írását követően Teresa de Lauretisnél is megjelenik, aki úttörőként alkalmazta a szemiotika elméletét mind a feminista-, mind pedig a filmtudományban. De Lauretis szerint a kortárs szemiotika elméletében egy új, meghatározó irányvonal formálódik, amely a szemiotikai vizsgálatot „elmozdítja a jelrendszerek osztályozásától, illetve alapegységeinek és strukturális szerveződési szintjeinek rendszerezésétől annak vizsgálata felé, hogy milyen módon jönnek létre a jelek és jelentéstartalmak, illetve hogyan használjuk, alakítjuk vagy hágjuk át a rendszereket és kódokat a társadalmi gyakorlatban" (167).

A modern szemiotikában bekövetkező irányváltás a jelrendszerek vizsgálatától a társadalmi kontextusba ágyazott jelölési folyamatok felé új megközelítéseket eredményezett a színházzal foglalkozó elemzésekben, amelyek közül számos szemiotikai stratégiákat használ, még ha maguk a kutatók nem is így jellemzik munkájukat. A drámai, leginkább shakespeare-i szövegek társadalmi- és kulturális kontextusban történő vizsgálata olyan trendek fő kutatási tárgyává vált, mint a Stephen Greenblatt által fémjelzett amerikai új historicizmus, vagy az Alan Sinfield és Richard Dollimore által képviselt brit kulturális materializmus. Az utóbbiak munkássága hatással volt a brit társadalmi nemi- és faji szempontú performansz tanulmányokra, például Brewer kutatásaira is, aki előtérbe helyezte a szemiotikai szempontot.

A 20. század végére általánossá vált a felismerés, miszerint a jelentés vizsgálatánál mindig figyelembe kell venni a kulturális kontextust. Ennek nyomán növekedett meg az érdeklődés a későbbiekben kritikai kultúrakutatásnak nevezett színházi terület iránt, amely akkor tett szert nemzetközi jelentőségre, amikor 1987 januárjában egy nemzetközi szerkesztőbizottság elindította a *Cultural Studies* (*Kritikai Kultúrakutatás*) című szakfolyóiratot, majd amikor az Illinois-i Egyetem 1990-ben nemzetközi konferenciát szervezett „A kritikai kultúrakutatás jelene és jövője" címmel. A színházelméletben és színházi gyakorlatban többféle módon nyilvánult meg ez a növekvő érdeklődés. A performanszkutatás és a kultúrakutatás egymást erősítve hívta fel a figyelmet az Európa-centrikus hagyományon kívül eső színházi előadásokra. Kiemelkedő rendezők, például Peter Brook, Ariane Mnouchkine és Robert Wilson produkciói, valamint a nemzetközi fesztiválok és turnék számának növekedése az interkulturális performansz és recepció példátlan mértékű megjelenését és tanulmányozását eredményezte. Végül a kilencvenes években a kultúrák közötti dominancia és alárendeltség folyamatainak főként az európai gyarmatosítással összefüggésben történő kutatása nyomán megszületett egy fontos új tudományág, a posztkoloniális kultúrakutatás.

Némileg azonban meglepő, hogy miközben nőtt az elméleti érdeklődés az interkulturális performansz, majd a posztkoloniális performansz iránt, ezen tudományágak teoretikusainak nagy része – ellentétben a feminista Case-szel vagy Brewerrel – már nem ismerte el, hogy adósa lenne a szemiotika tudományterületének. És ami még nagyobb probléma, nem fordítottak kellő figyelmet a szemiotika lehetséges újrafelfedezésére úgy, hogy fontos kritikai megközelítést nyújtson az új kutatási területek számára. A jelenség annál is meglepőbb, mivel a kilencvenes évek elején, amikor az interkulturális színház elmélete iránti érdeklődés kialakult (és hídként funkcionált a kritikai kultúrakutatás és a később megjelenő posztkoloniális kutatások között), ennek az új irányvonalnak a legfontosabb alakjai olyan kutatók voltak, akik a nyolcvanas években még a színház-szemiotika vezetőiként váltak ismertté. Kiemelkedett közülük Patrice Pavis Franciaországban és Erika Fischer-Lichte Németországban; mindketten úttörők a modern színház-szemiotika területén, akik a következő évtizedben az interkulturális performansz elemzése felé fordultak. Ez az új irányvonal először akkor kapott nyilvános fórumot, amikor 1988 májusában, a németországi Bad Homburgban megrendeztek egy jelentős nemzetközi szimpóziumot „Das eigene und das fremde Theater" („A hazai és a külföldi színház") címmel. Vezető európai, észak-amerikai, ázsiai és afrikai színházkutatók és színházi szakemberek mellett a szimpóziumot szervező Fischer-Lichte és Pavis is szerepelt a találkozón. A konferencián elhangzott előadásokat 1990-ben adták ki *The Dramatic Touch of Difference: Theatre, Own and Foreign* (A különbözőség drámai hatása: hazai és külföldi színház) címen. A kötet záró fejezetében, melynek címe „Towards a theory of intercultural performance" („Az interkulturális performansz elmélete felé"), Fischer-Lichte amellett érvel, hogy a kortárs interkulturális performansz „bármely, a színházban eddig történt változásnál sokkal jelentősebb mértékben" változtatta meg a modern színházat, amennyiben egyidejűleg magával hozta az intézményesedett színházi formák szembetűnő átalakulását és azt, hogy a külföldi elemek új kontextusban való felhasználása nyomán (pl. Suzuki, Brook és Wilson rendezői munkáiban) új színházi formák jelentek meg (285).

Feltűnő a szemiotikai terminológia hiánya e kulcsfontosságú konferencia előadásaiból készült szinte összes tanulmányban, különösen, mivel nem csak hogy korábban Fischer-Lichte és Pavis (meg mellettük a konferencia más résztvevői) is jeles képviselői voltak ennek az elméleti metodológiának, hanem az is bizonyíthatóan igaz, hogy a kilencvenes évek elején az interkulturális performansz iránti elméleti érdeklődés a szemiotikai diskurzus kifejezett segítsége nélkül formálódott. Ezt részben az okozhatta, hogy a folyamat szempontjából, amikor az egyik kultúra elemeit egy másik kultúrába ültetik át, helyesen vagy sem, a szemiotika különösképpen hasznosnak tűnt egy olyan fordítási modell kialakításához, amely szerint a forráskultúra jeleit a célkultúra jeleivel helyettesítik.

Fischer-Lichte azonban egyértelműen elutasította a fordítási modellt, mint a modern interkulturális színház megértésének eszközét. Helyette a produktív recepció elméletét javasolta, amit a német recepciókutató, Günter Grimm írásaiból vett át. Fischer-Lichte a *The Dramatic Touch of Difference* utószavában a következő passzust idézi Grimmtől:

> A *produktív recepció* területe átfogja az összes olyan alkotói folyamatot egy művel kapcsolatban, amelyet a befogadás idéz elő, vagy nagy mértékben befolyásol. A tárgyalt téma hangsúlyai és hatása miatt a befogadás esztétikai aspektusa dominál a produktív aspektussal szemben, mivel a befogadás egyértelműen az alkotást szolgálja ... A produktív recepció, vagy a receptív produkció kutatása abban különbözik a korábbi mérvadó kutatásoktól, hogy azokkal ellentétes a perspektívája. (284)

A „korábbi mérvadó kutatások" itt egyértelműen a modern szemiotika korai szakaszában zajló kutatásokra vonatkoznak, melyek valóban megfordították ezt a perspektívát, hiszen arra összpontosítottak, hogy a színházi jel-alkotás egy alapvetően passzív közönség felé irányul, amely értelmezi ugyan a jeleket, de aktívan nem vesz részt megalkotásukban. És valóban, Marco De Marinis már 1984-ben szóvá tette, hogy a színházzal foglalkozó szemiotika elméletében a néző szerepe feltérképezetlen terület (128). A hangsúly megfordítása a jelalkotástól a jel befogadása felé óriási hatással volt a modern színház-szemiotikára, melynek szempontjából ez inkább negatív hatásnak bizonyult. Amint a színházkutatók elfordultak Saussure és az európai strukturalista nyelvészet hagyományától a német recepciókutatók, például Jauss, Iser és Grimm felé, figyelmük a jelalkotástól és a jel kommunikációjától elfordult a jel értelmezésének kulturális környezete felé. Így a szemiotika központi kérdésétől a kritikai kultúrakutatás kialakulóban lévő területe irányába mozdultak el, és szemiotikai kérdések helyett hermeneutikai kérdéseket hoztak előtérbe.

Nem lett volna szükségszerű, hogy ez a változás a szemiotikai perspektíva általános elhagyásához, vagy akár elemzésbeli hasznosságának csökkenéséhez vezessen. Charles Peirce, a szemiotikai tanulmányok területének vezető amerikai úttörője például egy olyan modellt javasolt, amely potenciálisan rendkívül hasznos lehetett volna a jelalkotástól a recepció felé történő elmozdulásban. Gyakran idézett definíciója, miszerint a jel az, „ami valamit valaki számára valamely tekintetben vagy minőségben helyettesít", nyilvánvalóan ebbe az irányba mutat azáltal, hogy a befogadó „valakit" és a recepció kontextusát hangsúlyozza. A modern színház-szemiotika úttörői közül kevesen tették meg, amit Peirce; gondosan szétválasztotta magát a jelet, és azt, amit a jel stimulál a befogadó elméjében. A jel befogadóra tett hatását Peirce interpretánsnak nevezi, és szokás szerint három aspektusát különbözteti meg: a közvetlen, a dinamikus és a végső interpretánst. Röviden összefoglalva, a közvetlen interpretáns a jel veleszületett értelmezhetőségét jelenti, még mielőtt eléri az értelmezőt. A végső pedig a végső értelmezést jelöli, egyfajta arisztotelészi teljes formát, amely csak az összes lehetséges változat asszimilálása után érhető el. A hagyományos színház-szemiotika figyelmének középpontjában mindig is a közvetlen interpretáns állt, melynek szerepét erősítette az az alapvetés is, hogy ez a szerző, vagy a művész „szándékát" jelzi. A viszonylag elhanyagolt második, dinamikus aspektus a Peirce-féle szemiotikát közeli kapcsolatba hozhatta volna olyan recepció-elméleti fogalmakkal, mint például Grimm „produktív recepciója". Peirce egyik legrészletesebb leírása szerint a dinamikus interpretáns „minden egyes értelmezési aktusban megtapasztalható, és mindegyik esetben különbözik a többitől", mert „egy egyszeri adott esemény" (Peirce 111). Ez pontosan a kulturális recepciókutatásban alkalmazott analízis felé mutat.

Habár Peirce elmélete, melyben a jeleket ikonokra, indexekre és szimbólumokra osztotta, széles körben elterjedt a színház-szemiotikusok között, átfogó kritikai munkásságának sajnos nem volt nagy hatása. Különösen igaz ez, várható módon, az olyan európai kutatókra, mint De Marinis, Pavis, és Fischer-Lichte. Aligha meglepő, hogy a nyolcvanas években az új interkulturális színház elméletének kidolgozásakor Fischer-Lichte inkább a saját országában tevékenykedő recepciókutatók felé fordult, és nem a sokkal kevésbé ismert és kevésbé elérhető amerikai szemiotikus munkájához, aki szemiotikai szempontú megközelítést nyújthatott volna elmélete kidolgozásához.

Azon fontos, elsősorban európai kutatók közül, akik a kilencvenes évek elején kezdték az interkulturális színházat tanulmányozni, egyedül Patrice Pavis volt az, aki erősen elkötelezte magát egy olyan szemlélet mellett, amely továbbra is nyíltan a szemiotikán alapult. A *Théâtre au croisement des cultures*-ben (Színház a kultúrák kereszteződésében) című művében, amely a *Dramatic Touch of Difference* című kötettel egy évben jelent meg, 1990-ben, amellett érvelt, hogy noha „még mindig távol vagyunk az interkulturalizmus általános elméletétől", biztos, hogy az interkulturalizmus elméleti modelljét legjobb, ha „a szemiotika jelcsere-modellje alapján (pl. az újraírás vagy intertextualitás alapján)" (Pavis 209) dolgozzuk ki.

* * *

Az utóbbi években az interkulturális színház elméletéhez felzárkózott és háttérbe is szorította azt egy hozzá kapcsolódó, de egyértelműen más irányba mutató terület, a posztkoloniális színháztudomány fejlődése. Franz Fanonnak a hatvanas években, és Edward Saidnak a hetvenes években íródott műveit alapul véve a kilencvenes években Homi Bhabha és Gayatri Spivak munkássága hozzájárult ahhoz, hogy a posztkoloniális tanulmányok egy olyan önálló tudománnyá váljon, amely a tizenkilencedik századi európai gyarmatosításnak és a világ különböző országaira gyakorolt utóhatásának következményeként létrejött kulturális termékek sokrétű összjátékára koncentrál.

A kilencvenes évek végén három fontos könyv nyitotta meg a színház és a dráma területét a posztkoloniális tanulmányok számára. Ezek Brian Crow és Chris Banfield *An Introduction to Post-Colonial Theatre* (Bevezetés a posztkoloniális színházba), valamint Helen Gilbert és Joanne Tompkins *Post-Colonial Drama Theory, Practice, Politics* (A posztkoloniális dráma elmélete, gyakorlata és politikája) és Christopher Balme *Decolonizing the Stage: Theatrical Syncretism and Post-Colonial Drama* (A színpad dekolonizációja: a színházi szinkretizmus és a posztkoloniális dráma) című művei. Az első két könyv 1996-ban jelent meg, míg a harmadik 1999-ben. Crow és Banfield könyve kevés elméleti hátteret nyújt, inkább bevezetőnek számít számos vezető posztkoloniális drámaíró, pl. Derek Walcott, Jack Davis, és Wole Soyinka műveihez. Gilbert és Tompkins könyve már inkább elméleti, bár a hangsúly náluk a posztkoloniális dráma politikai és kulturális dinamikáján van, kritikai eszközeik pedig alapjában véve a kritikai kultúrakutatásból és a performansz kutatásból származnak. Nem hinném, hogy egyszer is hivatkoznának szemiotikai műre, bár a gyarmati nyelvek és dialektusaik tárgyalásakor valamelyest felhasználják az általános nyelvelméletet.

A mi szempontunkból Balme munkája a legérdekesebb, nemcsak azért, mert a három könyv közül ez a leginkább elméleti, hanem mert ez az egyetlen, amely még ha röviden is, de ismét közvetlenül foglalkozik a szemiotikai elemzés műveleteinek és hasznának kérdésével. Balme bevezetője a témához azzal kezdődik – véleményem szerint nem igazán ígéretesen – hogy feltétel nélkül elfogadja, hogy a szemiotika irreleváns a Pavis és Fischer-Lichte által „interkulturálisnak" nevezett performansz tanulmányozásához. Balme ezt a fajta performanszot „színházi exoticizmusként" jellemzi, melynek során „a nyugati színházba külföldi performansz elemek keverednek és adaptálódnak". Mivel az ilyen elemekről mindig lefejtődik eredeti textualitásuk, Balme szerint ezért „szemiotikai szempontból többé már nem szövegek, hanem pusztán jelek, a másság üres jelölői" (5).

A posztkoloniális színházzal kapcsolatban azonban Balme úgy érzi, hogy az idegen anyag használata éppen ellentétesen működik, utat nyitva a szemiotika elméletnek, de olyan fajtájának, amely lényegesen különbözik a színházban hagyományosan használt elmélettől. Balme a szinkretizmus iránti érdeklődésén keresztül jut el ehhez a másféle irányhoz, amely, ahogy azt könyvének alcíme is mutatja, tanulmányának központi szervezőelve. A szinkretizmus fogalmának komoly története van a vallástudományban, szinte változatlanul pejoratív jelentéssel, ui. „tisztátalan" külső elemeknek az ortodox vallási gyakorlatba való beolvasztására utal. A 20. század második felében azonban, amikor megrendült a totalizáló rendszerekbe és a kirekesztő, nagy narratívákba vetett hit, a szinkretizmust szükségszerű, sőt pozitív folyamatként kezdték értelmezni olyan vallástudósok, mint Carsten Colpe (1997), de még a modern kultúrakutatás olyan nagyhatású úttörői is, mint James Clifford. Clifford a *The Predicament of Culture* (A kultúra nehéz helyzete) című művében, a modern kultúrakutatás egyik alapító szövegében, megjegyzi:

> A kommunikáció elterjedtségének és az interkulturális hatásoknak köszönhetően az emberek másokat és saját magukat is elképesztő változatosságú idiómákkal értelmezik – globális feltételeként annak, amit Mikhail Bakhtin „heteroglossziának" nevez. Ez a sokhangú, több jelentéssel bíró világ egyre nehezebbé teszi, hogy az emberi sokféleséget zárt, egymástól független kultúrákba íródottnak képzeljük el. A különbséget a kreatív szinkretizmus hozza létre. (22)

Balme a dél-afrikai performansz két kutatójának, az etnikai zenével foglalkozó David Coplannak és a színházkutató Temple Hauptfleischnek a munkáit idézi, mint „a legátfogóbb kísérleteket arra, hogy a 'szinkretizmus' fogalmát az előadóművészetre alkalmazzák", és egyetértően idézi Coplan szinkretizmus definícióját: „két vagy több kulturális hagyományból származó performansz elemek és gyakorlatok kulturálisan asszimiláló vegyítése, amely minőségileg új formákat hoz létre" (13-14).

Nekem úgy tűnik azonban, hogy a szinkretikus színház ezen definíciója nem zárja ki a 20. század végének európai interkulturális kísérleteit, melyek Balme szerint éppen ellentétes megközelítést képviselnek. Saját szinkretizmus-értelmezésében a két irányzat közti különbség sokkal világosabb. Ahogyan annak oka is, hogy Balme úgy érzi, a szemiotikai elmélet – noha „lényegesen átalakított" formában – a szinkretikus színház vizsgálata számára új és hasznos meglátásokat hozhat; míg az „egzotikussá tett" interkulturális színházak esetében véleménye szerint a szemiotikai elméletnek már nem sok haszna van. Balme úgy érvel, hogy ez utóbbinál a nem nyugati elemeket „nem tekintették saját jogukon szövegnek és nem is használták szövegként", míg a szinkretikus színház esetében „a kulturális szövegeknek, mint pontosan behatárolt kulturális jelentések hordozóinak, sikerült megőrizniük integritásukat" (5). Ez a felismerés lehetővé teszi Balme számára, hogy újraértelmezze a szemiotikát mint elemzési eszközt magának a színháznak az újraértelmezésével, miszerint a színház ezeket a „pontosan behatárolt kulturális jelentéseket" kommunikálja. A „lényeges átalakítás", illetve újraértelmezés, amit Balme szorgalmaz, az, hogy a jövő szemiotikai kutatóinak fel kell ismerniük a posztkoloniális színház szinkretikus, azaz hibrid természetét, és helyettesíteniük kell a tradicionális szemiotika „monokulturális kommunikációs modelljét" egy olyannal, amely tükrözi ezt a kulturális összetettséget (5).

Konkrét utalást a szemiotikára lényegében csak könyve bevezetőjében tesz Balme, a szemiotika hatása azonban számos további részben is fellelhető, többek között azokban a fejezetekben, melyek a nyelvvel, a testtel, illetve a fizikai tér használatával foglalkoznak. Munkája így fontos, új szempontból mutatja be a szemiotikai elmélet hasznosságát azok után, hogy annak jelentősége viszonylag elhalványult az interkulturális színházat tárgyaló, főleg a posztstrukturalizmus népszerűségének csúcsán született írásokban.

Akármennyire hasznos és jelentős is Balme tanulmánya, azt remélem, hogy a posztkoloniális, és főleg az interkulturális színház további tanulmányozásakor nem fogják automatikusan elfogadni ezeket a szigorú irányelveket, mert így a szemiotikai vizsgálatot kizárólag „a pontosan meghatározott kulturális jelentések" kommunikációjára redukálnák. Véleményem szerint az ilyen totalizáló szemlélet kizárná a szemiotikai vizsgálat számos, potenciálisan produktív alkalmazási módját, mert a kulturális jelentéseket csak ritkán, vagy egyáltalán nem lehet „pontosan meghatározni". Ahogyan ezt másokhoz hasonlóan Bahtyin is hangsúlyozza, a receptív folyamatban minden esetben, még a kifejezetten homogén típusú kommunikációs szituációkban is, előfordul elcsúszás. Az interkulturális és posztkoloniális színház komplex, „kreolizált" világára pedig még inkább jellemző ez a jelenség.

Egy, a posztkoloniális színházban gyakran előforduló folyamat látványos példáját fogom bemutatni, amely nem csak azt szemlélteti, hogy nem létezik a színpadról a közönségnek kommunikált, egyetlen „pontosan behatárolt kulturális jelentés", hanem azt is, hogy az ennek hiánya miatt fellépő bizonytalanságot leginkább a szemiotika segít megérteni.

Ahogy Balme maga is megjegyzi, a gyarmatosító nyelvén íródott posztkoloniális drámák nagyon gyakran tartalmaznak olyan részleteket, melyek az őslakosok nyelvén íródtak, és a vegyes közönségnek elsősorban ahhoz a részéhez szólnak. A South African Township Theatre-ről (Dél-afrikai Közösségi Színházról) írt cikkében például több színdarabot is említ, amelyekben „a többnyelvűség a szabadság olyan terét képes megteremteni, ahol bosszút lehet állni, és a szatíra eszközével lehet támadni a fehér társadalmat". Percy Mtwa *Bopha!* című darabjában például a törzsek közti viccelődések zulu nyelven hangoznak el, „nyilvánvalóan nem a fehér néző számára", és az afrikai nyelvű részekben sok a szexuálisan szókimondó fordulat és humor, „ami ezért kizárólag az afrikai közönségnek szól" (Balme 79).

A Balme-féle „multikulturális" szemiotikai modell alkalmazásakor az ilyen példáknál figyelembe kell venni a zulu közönség élményének a szemiotikáját, a színdarab egészére vonatkoztatva, és a fehér közönség élményének szemiotikáját is, amiből teljesen kimaradnak ezek a „kulturálisan nem meghatározott" zulu szövegrészek. A hibrid, illetve szinkretikus posztkoloniális előadások esetében a helyzet azonban ennél általában sokkal bonyolultabb, és szemiotikailag is nagyobb kihívást jelent, mint ahogyan ez az ausztrál őslakos drámaíró, Jack Davis munkásságát vizsgáló Bob Hodge és Vijay Mishra sokoldalú elemzésében látható. Davis az 1983-ban megjelent *The Dreamers* (Álmodók) című drámájával váltott ki először nemzetközileg is nagy elismerést. A dráma főként angol nyelven íródott, de olyan szereplők is felbukkannak benne, akik néha az őslakosok nyelvén, nyungarul beszélnek. Az egyik központi szimbolikus figura, a Törzsi Táncos – akit a közönség láthat, de a darab szereplői nem – csak nyungar nyelven beszél.

Davis drámájának tetőpontja a Törzsi Táncos nyungar nyelvű kántálása színpadi fényáradatban. A nyungart nem beszélő közönség számára még úgy is „megnyugtatóan ismerős ez a szereplő", hogy az általa beszélt nyelvet nem értik. Ugyanis a Törzsi Táncos egyszerre képes megtestesíteni az ausztrál őslakosságot és „a halál pillanatához illő 'egyetemes' gyászt". A nyungart beszélő nézőközönség számára viszont teljesen más az üzenet: „A fehér ember gonosz, gonosz! A népem halott. Halott, halott, halott. A fehér ember öli a népem. Öli, öli, öli, öli" (Hodge, Mishra 206). A szerzők szerint a záróének alatt a színházban a nyungart beszélők „elkülönülnek a színházban velük együtt lévő nyungart nem beszélőktől, és a Törzsi Táncossal alkotnak közösséget". Ezzel egyidejűleg azonban a félrevezetés éppoly fontos ellenstratégiája is működik: „ezalatt a fehér közönség abba az illúzióba ringatja magát, hogy minden fenntartás nélkül befogadják az egyetemes emberi érzések egy belső körébe" (Hodge, Mishra 208).

Amire különösképpen szeretném felhívni a figyelmet, az a Hodge és Mishra által használt „ezalatt" kifejezés. Ugyanis az egyik ok, ami miatt a szemiotikai elemzés potenciálisan igen fontos lehetne a modern interkulturális elemzések tanulmányozásában, éppen az, hogy ha a szemiotikai elemzés a jelhasználat egész folyamatát, a jelkotást és az interpretációt is vizsgálja, akkor képes az ilyen összetett, sőt ellentmondásokkal teli jelölési folyamat működésének érthető és pontos leírására is. A nyungart beszélő Törzsi Táncos szerepe nem az, hogy csupán egy kulturálisan specifikus üzenetet közvetítsen egy monolitikus nézőközönség számára, hanem tudatosan különböző üzeneteket közvetít egy sokszínű közönség különböző részeinek. Tévedés lenne azt állítani, hogy a fehér nézőközönség számára nem közvetít üzenetet. Ahogy azt a drámáról írt recenziók alátámasztják, a darabnak van egy nagyon is tudatos üzenete, amit a nem nyungar nyelvű közönség is képes „helyesen" értelmezni. Így, ha el is utasítjuk Peirce érveit, és a szemiotikát kizárólag a „kommunikáció" vizsgálatára korlátozzuk, akkor is fontos felismernünk, hogy a modern interkulturális és posztkoloniális színház hibrid műveiben a drámaírók, előadók és a közönség között olyan változatos kommunikációs kapcsolatok léteznek, hogy csak egy igen komplex és dinamikus elemzés tudja feltárni ezen kapcsolatok változatos és néha ellentmondásos természetét.

Valójában a szemiotika olyan vizsgálati módszer, amely kifejezetten alkalmas arra, hogy a fent említett kritikai feladat megoldását vállalja. A Balme-hoz hasonló, posztkoloniális színházelmélet kutatók érdeme, hogy a majd egy évtizedes mellőzés után újra felismerték a szemiotikában rejlő lehetőségeket. Fontos, hogy nem szabad e módszer hasznosságát önkényesen korlátozni, amint az Balme modelljének a veszélye. Sokkal inkább az a cél, hogy biztosítva legyen a szemiotika szabadsága a modern, multikulturális darabok bonyolult és szövevényes jelentésbeli mintáinak feltárására, amelyeknél folyamatosan változik a közönség, a színészek és a kulturális kontextusok konfigurációja.

Csikai Zsuzsa, Kromják Laura, és Vasas Katalin fordítása

Felhasznált irodalom

Balme, Christopher. *Decolonizing the Stage: Theatrical Syncretism and Post-Colonial Drama*. Oxford: Oxford UP, 1999.
---. „The Performance Aesthetics of Township Theatre: Frames and Codes". *Theatre and Change in South Africa*. Szerk. Geoffrey V. Davis, Anne Fuchs. Amsterdam: Harwood, 1996. 65-84.
Banfield, Chris, és Brian Crow. *An Introduction to Post-Colonial Theatre*. Cambridge: Cambridge UP, 1996.
Brewer, Mary. *Race, Sex, and Gender in Contemporary Women's Theatre*. Brighton: Sussex Academic, 1999.
Case, Sue-Ellen. *Feminism and Theatre*. London: Methuen, 1988.
Clifford, James. *The Predicament of Culture: Twentieth Century Ethnography, Literature, and Art*. Cambridge, MA: Harvard UP, 1988.
De Marinis, Marco. „L'esperienza dello spettatore: Fondamenti per una semiotica della ricezione teatrale". *Documenti di lavoro*. Urbino: Centro di Semiotica e Linguistica di Urbino, 1983. 131-40.
---. „Semiotica del teatro: Una disiplina al bivio?" *Versus* 34 (1983): 125-28.
Elam, Keir. „'Post'-script: Post-semiotics, Posthumous Semiotics, and Closet Semiotics". *The Semiotics of Drama and Theatre*. 2. kiad. London: Routledge, 2002. 193-221.

Fischer-Lichte, Erika. „Towards a theory of intercultural performance". *The Dramatic Touch of Difference: Theatre, Own and Foreign.* Szerk. Erika Fischer-Lichte, Josephine Riley, Michael Gissenwehrer. Tübingen: Narr, 1990. 278-85.

Gilbert, Helen, és Joanne Tompkins. *Post-Colonial Drama: Theory, Practice, Politics.* London: Routledge, 1996.

Hodge, Bob, és Mishra Vijay. *Dark Side of the Dream: Australian Literature and the Post-Colonial Mind.* North Sydney: Allen and Unwin, 1991.

Jenkins, Linda Walsh. „Locating the Language of Gender Experience". *Women and Performance* 2.1 (1984): 1-7.

Lauretis, Teresa, de. *Alice Doesn't Dream: Feminism, Semiotics, Cinema.* London: Macmillan. 1984.

Pavis, Patrice. *Théâtre au croisement des cultures.* Ford. Loren Kruger. London: Routledge. 1994.

10.
A RÉGI MESTEREK: PETER STEIN
(részletek *A színház szebb, mint a háború* című kötetből)

Peter Stein 1937-ben született a Frankfurthoz közeli Bad Hamburgban. Münchenben járt egyetemre, és a színház világába hallgató korában nyert betekintést egyetemi produkciókon keresztül, ahogy Németország több neves, modern rendezője. 1964-ben egyik egyetemi barátját megkérték arra, hogy rendezzen a Müncheni Kammerspiele-ben, amely az akkori és mai Németország vezető színházai közé sorolható. Stein a produkció dramaturgja volt, és három évvel később lehetőséget kapott arra, hogy saját maga is rendezzen. Nagy merészen Edward Bond *Kinn vagyunk a vízből* (*Saved*) című darabját választotta. Érdekes párhuzam fedezhető fel Stein és az egy generációval később fellépő Thomas Ostermeier szakmai karrierjének indulása között. Utóbbi ugyanis 1998-ban a berlini Baracke-ban Mark Ravenhill *Shopping and Fucking*ját rendezte meg. Mindkét esetben fiatal rendező szállt szembe saját korának uralkodó színházi gyakorlatával, amikor radikálisan és sokkoló naturalizmussal ábrázolta az alsóbb osztály életét. Mindkét választott mű a londoni Royal Court-ban folyó kísérletezés kortárs vezéralakjaitól származott, és mindkét dráma a leghírhedtebb volt az Angliában és Németországban jelentkező sokkoló színház új generációjának tevékenységében. És végül, mindkét esetben a német produkció nem kizárólag ezeknek az angol szerzőknek, hanem generációjuk más szerzőinek is egyfajta divatját indította el Németországban.

Bond *Kinn vagyunk a vízből* című darabja megosztotta a közönség és a kritikusok véleményét Németországban és Angliában egyaránt, ám előadása azonnal jelentős új hangként alapozta meg Stein hírnevét. A *Theater heute* a produkciót az év előadásának nevezte, és előrelátóan azt jósolta, hogy a német színházban egy új generáció formálódását jelenti (Nagel 57). Peter Iden az előadást „a háború utáni német színház legmerészebb rendezői debütálásának" nevezte (*Schaubühne* 17).

Természetesen nem csupán egy sokkoló és nem hagyományos darab választásával okozott a produkció ilyen mérvű hatást. Stein a *Kinn vagyunk a vízből* majdnem minden aspektusát tekintve új utakon járt. Mikor Stein és generációja feltűnt a színen, a német színházak többségének stílusa – különösen nyugaton – igen formális, sablonos és szónokias volt, Brecht és követőinek célzott reformjai ellenére. Bond drámájának tematikája arra ösztönözte Steint és a lényegében ismeretlen színészekből álló csapatát, hogy másféle irányt keressenek. A nyelv megújításával kezdték. Az eredeti változatban a dél-londoni dialektus a legtöbb londoni színházlátogató számára idegennek hangzott. Martin Speer fordítása ehhez hasonló németet, a müncheni munkásosztály nyelvét használta, amely egészen távol állt a hagyományos német színház jóval mesterkéltebb nyelvétől. Az utóbbira a németek egy speciális kifejezést használnak: *Bühnendeutsch* (színpadi német). Az új nyelv pedig új előadásmódot igényelt. A *Theater heute*-ban Ivan Nagel azt írta, hogy a színpadi német háttérbe szorítása megakadályozta a színészek visszatérését a nyelvi klisékhez és a hozzájuk kapcsolódó érzelmi reakciókhoz. Arra kényszerültek, hogy túllépjenek „minden egyes hamis kifejezésen és gesztuson" és helyettük új, természetes kifejezési módokat keressenek (75).

Nagel arról is írt, hogy a nyelvi újrealizmus jelentős újításhoz vezetett a színpadi megvalósításban. Brecht hatása itt igen nyilvánvaló volt. Az általa teremtett hagyományt követve Stein és díszlettervezője, Jürgen Rose, elutasították az aprólékos realizmust és a művészi absztrakciót egyaránt, előnyben részesítve a nyitott színpadot a világító berendezések teljes láthatóságával. Minimális mennyiségű bútort és kelléket használtak, melyeket a színészek maguk hoztak be és vittek ki a színről. Stein összegzése szándékairól talán érvényes számos későbbi munkájára is: „A színrevitel és játék terén az ökonómia volt a legfontosabb szempont. Az egész darab megvalósítását körültekintő, világos szerkesztés jellemezte, ami kritikai visszhangot váltott ki" (idézi Nagel 75).

A *Kinn vagyunk a vízből* kritikai sikere Steint Németország leggyakrabban emlegetett fiatal rendezőjévé tette. Elözönlötték a felkérések egy következő rendezésre, melyek közül a brémai színházét fogadta el, ahol kortársa, Peter Zadek szintén ebben az időben kezdte megalapozni művészetét. Stein Friedrich Schiller *Ármány és szerelem* (*Kabale und Liebe*) című darabját rendezte Brémában, a bemutató 1967 novemberében volt. Stein aktuális relevanciát akart találni a darabban, de ahelyett, hogy kiemelte volna a dráma politikai oldalát, az *Ármányt*, ahogyan a késő 1960-as évek „elkötelezett" fiatal rendezői általában tették, a szerelmi téma egyetemességét hangsúlyozta, tehát a *Szerelmet*, és ennek külső erők által történő megsemmisítését. A produkció újabb sikert jelentett, de a legfontosabb az volt, hogy Stein kapcsolatba került számos olyan színésszel, akik a következő években mellette maradtak, úgy, mint Jutta Lampe, Bruno

Ganz és Edith Clever. Lampe a következőképp emlékezett Stein aprólékos és realisztikus közelítésmódjára: „Ez volt az első alkalom, hogy önmagam tudtam lenni egy próbán és ennek nyomán valóban fel tudtuk tárni a szöveget. Talán furcsán hangzik, de ez volt az első alkalom, hogy igazán értettem, mit is csinálok" (idézi O'Mahony).

Visszatérve a Kammerspiele-hez, Stein ennek a színháznak a főrendezőjével, Fritz Kortnerrel kezdett dolgozni. Úgy gondolta, hogy Kortner 1965-ös *Ármány és szerelem* rendezésével sajátos dialógust teremtett. Később Stein mindenkor elismerte, hogy Kortner igen nagy hatással volt rá precizitásával, világos utasításaival, a részletekre való odafigyelésével, a konvencionális és tradicionális megközelítések iránti bizalmatlanságával (Patterson 2). Kortner elmélyítette Stein Brecht iránti érdeklődését, nem csak a színpadi megvalósítás terén, hanem a konvenciók megkérdőjelezésében és új perspektívák keresésében is. Brecht drámái között Stein legjobban a szerző korai munkáit szerette, amelyek számára jóval kevésbé tűntek didaktikusnak és mechanikusnak, mint a későbbi híres és ismert darabok (Dort 30). Ennek megfelelően következő munkájaként egy kevésbé ismert Brecht-drámát, *A városok sűrűjében* (*In the Jungle of Cities*) címűt választotta. Ganz és Clever Brémából jöttek át vele, hogy a főszerepeket játsszák, a brechti, meglehetősen konstruktivista díszletet pedig Karl-Ernst Hermann készítette, aki a továbbiakban Stein állandó díszlettervezője lett. A produkció, amely számos beszéd nélküli szünetet tartalmazott (ez azután Stein munkájának egyik fő ismérvévé vált) ismét nagy sikert aratott és azt eredményezte, hogy Steint meghívták a felettébb rangos, 1968-as Berlini Színháztalálkozóra. A kritikusok nemcsak feltűnően jónak, hanem nagyon eredetinek találták a munkáját. „Stein valami lenyűgözőt alkotott", írta a *Theater heute*, és „akciórendezőként" jellemezte. „Schillerrel és Brechttel óriási pátoszt nyújtott, amely nem mint hangzatos beszéd, hanem mint fizikai szükségszerűség válik felfoghatóvá" (Jenny 33).

E sikersorozat ellenére Stein müncheni karrierje 1968-ban hirtelen véget ért. Németországban, ahogy Amerikában és más európai országokban is, ez az év hatalmas politikai feszültségeket hozott felszínre, gyakori utcai demonstrációkkal és tiltakozásokkal. A kor szellemében Stein színpadra vitte Peter Weiss *Vitairat Vietnamról* (*Vietnam-Discourse*) című darabját, melynek teljes címe (a híresebb *Marat/Sade* címére emlékeztetve) világossá tette a darab témáját: *Beszélgetés a hosszantartó vietnami felszabadító háború hátteréről és alakulásáról, amely az elnyomottaknak az elnyomók elleni fegyveres harc szükségességét példázza, valamint az Amerikai Egyesült Államok arra irányuló kísérleteiről, hogy a forradalom alapjait szétzúzza*. Amint a cím sugallja, a darab meglehetősen tipikus példája az aktuális agitprop színháznak. Stein tisztában volt a darab korlátaival és brechti módszert alkalmazva bánt a szöveggel: a színpad hátsó falára felfirkálta, hogy „A dokumentum színház badarság". Miközben még ment a darab, már szervezte róla a kritikákat, nyíltan konfrontálódott a közönséggel, és az előadás után igen kihívóan gyűjtésbe kezdett a Vietkongok támogatására. Bár a Kammerspiele igazgatója, August Everding megtiltotta a gyűjtést a színház épületén belül, Stein sikeresen rábeszélt a gyűjtésre egy színészt, aki örömmel tagadta meg az engedelmességet. Mindkettőjüket elbocsátották.

Az Everdinggel való konfliktust ez az egyetlen előadás okozta, mégis emblematikus szakításnak számított a német színháztörténetnek ebben a periódusában. Everding a színházigazgatók azon generációjába tartozott, akik a háború után lettek népszerűek: a régi stílust képviselték és annak szentelték munkásságukat, hogy a magas kultúrába tartozó, kifinomult klasszikus színházat műveljék, megközelítésmódjuk pedig egészen tekintélyelvű volt. A Stein által képviselt új generáció a mozgalmas 1960-as évtized végén tűnt fel, és kritikusabb, kihívásokban gazdagabb színházat követelt, amely demokratikusabb elvi alapokon működik. Profetikus esemény volt, hogy Stein sokak által vitatott produkcióját meghívták a Schaubühne am Halleschen Uferbe, amelyet később a rendező nevével kapcsolatban a legtöbbet emlegettek. Ezt a színházat 1962-ben berlini egyetemi hallgatók alapították, mind a konzervatív, állami támogatásban részesülő társulatok, mind a kommersz bulvár színházak tudatos alternatívájaként, hangsúlyt fektetve a kollektív és szociálisan tudatos munkára. A Schaubühne 1968-ban Stein számára szimpatikus, szocialista orientációjú nyugat-berlini színházat jelentett, ahol engedélyezték még a Vietkongok számára való adományok gyűjtését is. Stein további provokációi azonban – beleértve a dezertáló amerikai katonák támogatására szervezett gyűjtéseket – túl soknak bizonyultak a Berlini Szenátus számára, ezért a produkciót ismét levették a műsorról.

Miután művét Münchenben és Berlinben sem engedték játszani, Stein visszatért Brémába, ahol az *Ármány és szerelem* jó fogadtatásra talált, és ahol a főbb nyugat-németországi színházak igazgatói közül Kurt Hübner látszott a legnyitottabbnak új rendezésekre. Stein visszatért a klasszikusokhoz. Választása Goethe *Torquato Tasso*-jára esett, amely az addigi legambiciózusabb, ugyanakkor egyik leginnovatívabb vállalkozása volt. A hagyományos, heroikus Tasso helyett Bruno Ganz egy bolond, majdhogynem bohóc-szerű művészt ábrázolt, aki áruba bocsátja tehetségét, hogy a korrupt királyi udvart szórakoztassa. A darab politikai üzenetet hordozott a művészek, és egyúttal minden munkás kiszolgáltatott helyzetéről a kapitalista társadalomban. Az előadás ezt az üzenetet erőteljes brechti kifejezésmóddal próbálta hangsúlyozni, Bréma egyik vezető díszlettervezője, Wilfried Minks segítségével, aki a brechti fényhatások mellett mély, nyílt színpadot alkalmazott, és nagyon tudatosan dolgozta ki az előadói stílust a színészekkel. Ganz azt nyilatkozta, hogy „ahelyett, hogy megpróbálná azt a benyomást kelteni, hogy improvizál, a színésznek inkább meg kellene mutatnia, hogy mi történik valójában, vagyis hogy a szerzőtől idéz" (Canaris, *Tasso* 139). És ez a törekvés nem csak magára az előadásra szorítkozott. A felvonások közötti szünetben a színészek és a színfalak mögötti munkatársak (kivéve Steint) a függöny elé jöttek, hogy felolvassák saját véleményüket arról, mi szerintük a produkció politikai jelentése. Ganz többek között a következőket mondta: „Azt gondoljuk, hogy a *Tassó*ban megjelenő konfliktus nem szűkíthető le kizárólagosan a művészre, vagy a géniuszra, hanem olyan probléma, amely mindenkit érint, aki fentről vezérelt rendszerben dolgozik" (Canaris, *Tasso* 125). Egyik első jelentős színházi manifesztációja volt ez annak az új mozgalomnak, amely az 1960-as évek végén a nyugat-németországi színházi világban erőre kapott, és *Mitbestimmung*nak (Közös hang) nevezték. A mozgalom szembeszállt a német színjátszás tradicionális, tekintélyelvű struktúrájával, decentralizációt és közös irányítást akart elérni a német színházakban mind a művészet, mind az adminisztrációs ügyek terén.

Bár a *Tassó*ról megoszlott a kritikai vélemény, az egyértelműnek bizonyult, hogy egy kiváló évtized egyik kiváló produkciója került színpadra Brémában, amely azután sok helyen sikeresen turnézott. Ennek ellenére ez volt Stein utolsó brémai munkája. Hübnert egyre többen kérték, hogy tegye demokratikusabbá a munkafolyamatot, ezért színészei egy csoportjának engedélyezte, hogy rendező nélkül, együtt állítsák színpadra Arisztophanész *Nők ünnepe* (*Parliament of Women*) című darabját. Azonban mind Hübner, mind a közönség elégedetlen volt a kaotikus eredménnyel; az előadás során a közönség tagjait arra invitálták, hogy a társulattal vitassák meg a művészi megoldásokat. Hübner törölte a további előadásokat, Stein és színészei pedig visszavonultak tiltakozásul az ellen, hogy már megint fentről kapnak utasítást (Patterson 28).

1969-ben Stein utoljára próbált dolgozni egy autokratikus intendáns által irányított, tipikus, nagy német színpadon, ám sikertelenül. A helyzet először ismét ígéretesnek látszott. A Schausspielhaus Zürich élére egy fiatal, haladó szellemű igazgatót neveztek ki, Peter Löfflert, mégpedig azzal a speciális feladattal, hogy állítsa helyre a színháznak a háború alatt és az azt követő években elért nagyságát. Löffler ezért provokatív, modern darabokat és fiatal rendezőket kezdett keresni. Meghívta Steint, hogy rendezze meg az angol cenzúra által utoljára betiltott darabot, Edward Bond sokkoló és erőszakos *Kora reggel* (*Early Morning*) című drámáját, amelyet 1969 októberében mutattak be először. Stein semmit sem finomított a darab brutalitásán, amelyben olyan jelenetek voltak láthatók, mint Viktória királynő erőszakos, leszbikus közösülése Florence Nightingale-lel, egy ember meggyilkolása és megevése, amiért tolakodott a mozipénztárnál. Stein rendezése valójában a groteszk horrort túlzásokig menő látvánnyal és játékkal hangsúlyozta. A konzervatív zürichi közönség elszörnyedt, Löfflernek pedig – nem kis részben a botránynak köszönhetően – ez volt az utolsó színházi szezonja. Mindennek ellenére a produkciót meghívták a

Berlini Színházi Találkozóra, ami jelentősen növelte Stein rendezői és radikális kísérletezői hírnevét.

Stein további három előadást rendezett Zürichben. Ezek közül csak Thomas Middleton és William Rowley Jakab-kori darabjának, az *Átváltozások*nak (*The Changeling*) a felújítása keltett figyelmet. Látványos, geometrikus alakzatokból épített díszletét Minks tervezte, és Bondra emlékeztető, groteszk erőszakot alkalmaztak benne. Stein és együttese saját elképzelésüket követték, amikor megalkották a *Frankenstein*t, amelyet sosem vittek színpadra, de mintegy laboratóriumként szolgált saját színházi felfogásuk fejlődésének szempontjából. Ennek a munkának az eredménye volt az úgynevezett zürichi nyilatkozat, amelyben a társulat kifejtette, hogy együtt marad, és a színház működését kutatják a jelenkori társadalomban a *Mitbestimmung* céljainak megfelelően. A nyilatkozat három fő pontot tartalmazott: (1) „antikapitalista" színházat kellene alapítani, (2) a színházi munka kollektív alkotási folyamat legyen, és (3) a színház szórakoztasson (Patterson 37). Csatlakozva más rendezőkhöz, mint Dieter Reible és Claus Peymann, Stein egy nem tekintélyelvű színházat javasolt alapítani Frankfurtban, ezt azonban mind a város kulturális ügyeinek felelőse, mind Ulrich Erfurth, a városi színház intendánsa elutasította, a tervezetet „idealista utópiának" nevezve (Iden, „Erschwerte Konzetration" 26).

* * *

Nem meglepő, hogy esztétikai és politikai céljaival Stein vezető hangot képviselt a Schaubühne nyitásakor. Az új vállalkozás a berlini Schaubühneben 1970 augusztusában kezdődött a *Tasso* felújításával, és a társulat hamarosan elkezdte próbálni az első új produkciót, Brecht *Anya* című darabját. A címszerepet Therese Giehse játszotta, egyike a Brecht által kedvelt színésznőknek. A fogadtatás ismét igen vegyes volt, főként a reakciók előreláthatóan különböző politikai nézetei miatt. Progresszív kritikusok – a művészközösség tagjai – és politikusok, akik támogatták a művészeti tőkét, amelyet Stein munkája hozott a városnak, lelkesen üdvözölték új rendezését. Peter Iden fanyarul jegyezte meg, hogy Berlin polgármestere és vezető kritikusok állva tapsolták meg az előadást. Iden az eseményt az 1920-as évekhez hasonlította, amikor a berlini burzsoá publikum hasonlóan hangos lelkesedéssel fogadta Piscatornak a burzsoáziát kifigurázó előadásait (*Schaubühne* 37). Nem meglepő, hogy a Berlini Szenátus konzervatív tagjait sokkolta ez a nyitó produkció és a beszámolók, melyek szerint a színház rendszeresen szemináriumokat tart Marxról és Leninről, így azt követelték, hogy szüntessék meg az új vállalkozás finanszírozását. Tizenhét jelentős színikritikus írt nyílt levelet a polgármesternek a színház védelmében, és mind a polgármester, mind a kulturális ügyek felelőse kiállt mellette. Végül a finanszírozást továbbra is megkapták, de csak azzal a feltétellel, ha a színház nem megy szembe a fennálló renddel.

A fenti követelményt figyelmen kívül hagyva a társulat a Schaubühnében külön előadásokat szervezett a munkásoknak, 1970-ben pedig megalapították a „Munkások és tanoncok színházát", hogy az ilyen emberekből álló közönségnek játsszanak és amikor csak lehet, a hagyományos színházon kívüli helyszíneken. 1970 őszén a színház kötelező szemináriumokat intézményesített, ahol az alkalmazottak politikai ismereteket tanultak. Stein nyilatkozata szerint erre azért volt szükség, hogy „hozzájáruljunk a politikai és művészi vélemények terén az egyetértés kialakításához, amely a valódi együttműködés alapja" (idézi Sandmeyer 109). Erős csapatszellem alakult ki, de az interaktív kísérletek a közönséggel kevésbé sikerültek. Stein erőfeszítései ellenére a közönség nagy része még mindig a polgárság intellektuális és kulturális elkötelezettségű tagjaiból állt, és csak néhányan képviselték a tulajdonképpeni munkásosztályt. 1975-re Stein levonta a következtetést: azok a színészek, „akik soha nem álltak satupad mellett", soha nem lesznek képesek „meggyőzően beszélni olyan dolgokról, amelyek egy munkás számára fontosak". „Inkább azt mondjuk", fejezte be eszmefuttatását, hogy „magunknak tartunk előadásokat, melyeket a tőlünk különbözők megnézhetnek és profitálhatnak belőlük" (idézi Patterson 56-57). Amint látni fogjuk, sokan voltak azonban mind a társulatban, mind azon kívül, akik arról panaszkodtak, hogy 1970 és 1975 között Stein feláldozta eredeti politikai elkötelezettségét a polgári értelemben vett siker oltárán.

Claus Peymann működése a Schabühnénél nem tartott sokáig. Mivel az új társulat magját Stein együttese képezte, név szerint Jutta Lampe, Bruno Ganz és Edith Clever, Peymann kezdettől fogva kívülálló volt, aki rendkívül nehezen tudott Stein embereivel együtt dolgozni. Miután komoly zavarok közepette megrendezte Handke *Lovaglás a Bodensee-n* (*Der Ritt über den Bodensee*) című darabját, otthagyta Steint, akinek át kellett vállalnia tőle tervbe vett produkcióját, Ibsen *Peer Gynt*jét. Így ez lett Stein első jelentős rendezése az új színháznál. Sokak szerint Stein legjobb előadása volt a Schaubühne am Halleschen Ufer-nél töltött évei alatt, de talán az egész karrierje során is. A 19. századi polgári színház klasszikusának választása – mint Stein első ilyen vállalkozása – tiltakozást váltott ki az intézményen belül és kívül egyaránt, amiatt, hogy Stein elárulta a szervezet szocialista céljait, mert attól félt, elveszíti az állami támogatást. Stein azzal érvelt, hogy a polgári színházban polgári művészek játszanak polgári közönségnek, és szerinte elkötelezett és becsületes politikai tett a polgári osztály tudatán belüli feszültségek, ellentmondások és gyarlóságok felmutatása, erre pedig nagyszerűen alkalmas a *Peer Gynt*. Annak ellenére, hogy Ibsen hosszú szövegét megvágták, az előadás mégis hat és fél óráig tartott. Két este adtak elő, és hat különböző színész játszotta benne Peert, élete különböző időszakaiban. A Karl-Ernst Hermann által tervezett díszlet a Schaubühne teljes színpadát elfoglalta és kiterjedt a nézőterére is. Ez a fajta nyitott és rugalmas térhasználat jellemezte a Schaubühne későbbi produkcióit is.

A Schaubühnével való munka figyelemreméltó vonásai közé tartozott, hogy a hosszas próbafolyamat sok kutatáson és előtanulmányon alapult. A már említett, hírhedt politikai szemináriumokon túl, a széleskörű kutatás kiterjedt a darabok társadalmi, politikai, és irodalmi hátterére is. Ez gyakran azt jelentette, hogy a társulat elutazott a darabok helyszíneire: Norvégiába Ibsen miatt, Oroszországba Gorkij miatt, Görögországba az *Antikvitás Projekt* miatt, Afrikába *A feketék* miatt. Egy 1972-es interjúban Stein kiemelte a kutatás fontosságát a társulat munkájában nem csak azért, „mert fokozza politikai tudatosságunkat", hanem mert „történelmi tényekre tanít. Röviden: nem csak az esztétikai, hanem a történelmi problémákról is tájékozódnunk kell" (idézi Dort 35). Következésképpen a *Peer Gynt*re való felkészülés során a társulat alaposan tanulmányozta a 19. századi történelmet, Ibsen életét és leveleit, emellett pedig olyan kulturális különlegességeket, mint Karl May kalandregényei és Alfred Jarry írásai (Patterson 69).

* * *

Egy évvel később Stein egy újabb jelentős klasszikus megrendezését ajánlotta fel a polgári dráma korszakából, Heinrich von Kleist *Homburg hercege* című darabját. A választás még jobban felháborította a kritikusokat, mint a *Peer Gynt* esete, mivel a főhős, Friedrich herceg, a nácik egyik kedvence, a porosz militarizmust és a hatalomnak való behódolást támogatta. Stein azonban a herceg engedelmességét úgy látta, mint Tassóét, esettanulmányként arról, amit a hatalom előtti alázatoskodás miatt „német nyomor"-nak nevezett. Hogy ezt hangsúlyozza, előtérbe helyezte a darab álomszerűségét és új címet adott neki: *Kleist's Dream of Prince Homburg* (Kleist álma Homburg hercegéről). Az előadáshoz keretet kreált: felolvastak az író Klein Marianna porosz hercegnőnek szóló ajánlásából, továbbá öngyilkossága előtt írt búcsúleveléből egy részletet. Ily módon Kleistot, akárcsak Tassót, úgy mutatták be, mint a hatalomnak behódoló művészt, és a darabot mint az ő álmát, amely megörökíti ezt a folyamatot. Bruno Ganz egyik legemlékezetesebb alakítása holdkóros herceget ábrázolt, aki soha nincs tényleges kapcsolatban a környezetével: Hermann díszletében fekete bársonykárpit takarta a színpadot. A meglepő befejezésben Ganz elájult és a földön maradt, miközben életnagyságú báb mását diadalmenetben vitték ki a színről.

A kötelék Stein és társulata között a Schaubühnében olyan szoros volt, hogy Peymann rájött, más rendezőnek, különösen, ha kimondottan egyéni látásmóddal rendelkezik, nehéz ott dolgoznia. Mégis, Klaus-Michael

Grüber, aki 1971-ben csatlakozott a színházhoz, ebből a szempontból jelentős kivételnek bizonyult. A következő évtized alatt megrendezte Ödön von Horváth *Mesék a bécsi erdőről* (*Geschichten aus dem Wiener Wald*) című drámáját (1972), Euripidésztől a *Bakkhánsnők*et (1973), Friedrich Hölderlintől pedig az *Empedoklész* (1975) és a *Téli utazás* (*Winterreise*) (1977) című darabokat, amelyek rivalizáltak Stein innovatív elképzeléseivel és sikereivel. A teljesítmény annál is meglepőbb volt, mivel Grüber, akárcsak Stein, eleinte élvezte Kurt Hübner támogatását, habár rendezési megközelítése mindkettőjükétől különbözött. Steinhez hasonlóan ő is elutasította Hübner hagyományos, „archeológiai" felfogását, főként a klasszikusok esetében, de távol maradt Stein intellektuális, politikai megközelítésétől, amelyet túl nyíltnak és didaktikusnak tartott. Stílusa jóval intuitívabb volt, nála a képiesség és a ritmika nagyobb hangsúlyt kapott, mint a tartalom.

Michael Patterson érzékletes példával írja le Stein és Grüber különböző módszerét annak kapcsán, hogy Grüber a *Bakkhánsnők* rendezésére, és Stein az *Antikvitás Projekt* című munkájának megvalósítására készült. A produkciókra való alapos felkészülés érdekében a társulat hajót bérelt, hogy tagjai klasszikus helyszíneket nézzenek meg Görögországban 1973 nyarán. Patterson megjegyzi, hogy „Stein az Akropoliszon, útikönyvvel a kezében a Parthenón történelmi részleteinek olvasásában merült el, és bárkinek beszélt ezekről, aki figyelt rá. Eközben Grüber céltalanul kóborolt a romok között, és a ragyogó napsütésben lelkesen tanulmányozta a falak formáit és színeit" (102). 1976-ban Stein éles szemű megállapítást közölt a *Die Zeit*-nak arról, hogy a két rendezői attitűd produktívan kiegészíti egymást, mert szerinte a színház két fő irányzatát jelentették. Egyrészt „ösztönösen szükség volt racionalitásra, nagyobb precizitásra, amit Brecht úr úgy hív, hogy 'tudományosítás'", másrészt érdeklődés mutatkozott „a színházban megjelenített irracionalitásra, és a színház közvetlen 'tapasztalatisága' iránt" (Stein, „Erinnerung"). Még több modern szakkifejezést használva azt lehet mondani, hogy kettejük művészete folyamatos párbeszédet jelent a színház szemiotikai és fenomenológiai funkciója között.

Mielőtt belekezdett az *Antikvitás Projekt*be, Stein megrendezett egy előadást, amely több vonatkozásban eltérést mutat korábbi munkáihoz képest. Egy francia bulvárkomédia volt ez, Eugéne Labiche *La Cagnotte* (A malacpersely) című darabja. Ebben a látszólag könnyű vígjátékban Stein komoly politikai jelentéseket talált; törölte a meglehetősen önkényes happy endinget, és engedte kibontakozni a polgári főhős végzetes bukását. A produkció sikerét az új üzenetnek, és a pompás vizuális hatásoknak köszönhette.

* * *

1974-ben Stein három rendezése adott ízelítőt sokoldalúságából. Elsőként az év februárjában az *Antikvitás Projekt*et rendezte meg, melyet együtt játszottak Grüber *Bakkhánsnők* című produkciójával. Az addig bemutatott minden egyes Stein-produkció mögötti széleskörű kutatómunkának csak töredékei jutottak el a közönséghez, esszék, vagy jegyzetek formájában a gyakran elég részletes programfüzetek lapjain (a *Peer Gynt* esetében ez egy egész könyv volt). Az *Antikvitás Projekt* a Living Theatre és más eseményorientált társulatok újabb munkájához kapcsolódó kísérlet volt. A közönség számára újraalkották a társulat előkészületeinek minden lépését a legalapvetőbb testi gyakorlatoktól a ritualizált cselekvéseken át a vizuális képek felfedezéséig, amelyeket a szövegből az improvizációs munka során bontottak ki. Grüber *Bakkhánsnők*jével ellentétben, amely gazdag textúrával rendelkező színházi projekt volt, az *Antikvitás Projekt*et a legtöbb néző és kritikus zavarosnak és öncélúnak látta. Később még Stein is beismerte, hogy a társulat tagjai „nem voltak képesek színpadilag jól megjeleníteni azt, ami az előadásra való készülés során nagyszerűnek tűnt számukra" (idézi Iden, *Schaubühne* 252).

Stein másik két, 1974-es rendezése egészen más megközelítési módszert követett, és sokkal nagyobb sikerük lett. Júniusban először mutatott be kortárs darabot a Schaubühnében, Peter Handke *Die Unvernünftigen sterben aus* (A bárgyúak kihalnak) című művét. Első alkalom volt, hogy Stein nem nyúlt az eredeti szöveghez, hűen követte a színpadi utasításokat és a díszlet leírását is. Amint Gerd Jäger fogalmazott a *Theater heute*-ban, egyszerűen arra törekedett, hogy olyan tisztán rendezze meg a darabot, amennyire csak lehetséges, mindenfajta értelmezési sugalmazás nélkül (34). Elismerésül a kritikusok meghatározó előadásnak nevezték, és ezt Handke maga is így érezte (Iden, *Schaubühne* 116). Decemberben Gorkij *Nyaralók* című művének megrendezésével Stein munkája ismét új irányt vett. Itt hasonló megközelítést alkalmazott, mint korábban Labich-nál. Hermann ismét szélsőségesen realista díszletet alkotott, amelyben valódi, földbe ültetett nyírfaerdő volt látható (Patterson 116).[37] Az előadás naturalizmusa így messze túlmutatott a vizuális hatáson. A színészek hozzászoktak az együttműködésen alapuló munkához, Stein azonban – karrierje során először – arra buzdította őket, hogy realista módon formáljanak meg egyéni karaktereket, még akkor is, ha a részletek nincsenek közvetlen kapcsolatban a produkció egészével. Emellett arra kérte őket, tárják fel a pszichológiai motivációk mélységeit. Ezzel a rendezési technikával az angolok felé

---

[37] Michael Patterson elmondja, hogy a Londoni Nemzeti Színház technikusai megdöbbentek, amikor a produkció 1977 márciusában egy turné keretében ott járt. Stein ugyanis ragaszkodott hozzá, hogy gondosan kiválogatott fákat hozzanak az epping foresti erdőből és az előírások szerinti helyeken ültessék el őket a színpadon, valamint, hogy minden előadás előtt öntözzék meg őket, hogy leveleik „a megfelelő színtónust adják vissza".

orientálódó Peter Zadek nagy sikereket ért el, Stein azonban, ahogy kortárs honfitársai többsége, addig nem próbálta ki.

A *Nyaralókat* Stein legerőteljesebb, leginkább innovatív előadásának tartották a *Peer Gynt* óta. Miután hosszú ideig játszották a Schaubühnében, európai turnéra indult, Oroszországtól Angliáig. Nagy sikere után Stein két teljes évig semmit sem rendezett a Schaubühnében. Újabb kísérletekbe kezdett, vegyes eredményekkel. Filmváltozatot csinált a *Nyaralókból*, de ennek nem volt akkora sikere, mint a színpadi rendezésnek. 1976 végén a Paris Opéra vendégeként megrendezte Wagnertől *A Rajna kincsét* és *A walkürt*. Mindkettő teljes bukás volt. A francia kritikusok dicsérték az énekeseket és a zenekart, de zavarosnak találták a rendezést, tele félig megvalósított elképzelésekkel. „Katasztrofálisnak" tartották, ami „megérdemelte a negatív fogadtatást" (Longhamp 20; Petit 27).

A Schaubühnébe visszatérve Stein olyan kísérletbe kezdett, amely sok tekintetben emlékeztetett az *Antikvitás Projektre*. Annak ellenére, hogy a standard német repertoárban központi helye volt Shakespeare-nek, Stein sohasem választott darabot tőle, pedig a dramaturg Dieter Sturm 1971 óta vezetett Shakespeare workshopot. Ebben Stein először nem vett részt, de a *Nyaralók* után csatlakozott munkájához. Hamarosan a főbb Schaubühne-produkcióira jellemző, alapos előkészületekbe kezdett. Elki Petri, az egyik színész írta erről:

> Stein, Sturm és a rendezőasszisztens olvasmánylistát állított össze az előadáshoz kapcsolódó irodalomból: a kor más szerzőinek műveiből és természettudományi, filozófiai, színházi írásokból. Minden színész kiválasztotta a számára érdekes témát és önálló kutatást végzett, melynek eredményeit megosztotta a többiekkel a heti találkozókon. Minden színész új készségek tanulásába kezdett, egyedül, magántanárokkal, vagy csoportosan. Egy lány például lantozni tanult, egy csoport Gesualdo madrigálokat sajátított el – több, mint fél évig tartó gyakorlással –, mások cirkuszi mutatványokat, vagy akrobatikát tanultak. (idézi Lackner 81)

Ennek a *Shakespeare emlékezete* című produkciónak a legnagyobb újításai nem a felkészülési fázisban mutatkoztak meg, mint az *Antikvitás Projektnél*, hanem magában az előadásban, amelyet nem a Schaubühnében adtak elő, hanem sokkal nagyobb térben, egy filmstúdióban Spandau külvárosában. A 360 fős közönséget járkáló színészek, pageant kocsik és szétszórtan elrendezett platformszínpadok látványa fogadta egy közös térben. A közönség és a színészek ilyenfajta keveredésére tett kísérletet ugyanebben az időben Richard Schechner New Yorkban, a Performing Garage-nél, és Araine Mnouchkine a Théâtre de Soleil-nél Párizsban.

A *Shakespeare emlékezete* előkészítette Stein első tényleges Shakespeare-produkcióját, az *Ahogy tetsziket*, melynek premierje 1977 szeptemberében volt. Ismét a spandaui filmstúdió felhasználásával a produkció egy hosszú, magas hallban kezdődött, ahol a platformokat három oldalról állta körül a közönség. Azután a nézőket egy dzsungelszerű labirintuson vezették át Karl-Ernst Hermann egyik leghíresebb, mesterien formált díszletéhez, amely erdős tájat ábrázolt fákkal, fűvel, virágokkal, és még egy tavat is láthattak a nézők, rajta evezős csónakkal. A közönséget itt leültették, nem járkálhattak szabadon, mint a *Shakespeare emlékezete* bemutatóján. Az egyidejűleg történő különböző akciók azonban minden néző számára egyedi élményt biztosítottak. Néhány kritikus szerint Stein rajongása Shakespeare imaginatív gazdagsága iránt azt eredményezte, hogy a produkció vizuálisan káprázatosra sikerült, de nem volt elég fókuszált és közérthető. Ennek ellenére az előadás megerősítette Stein helyét a legambiciózusabb és legtehetségesebb kortárs német rendezők között.

A spandaui Shakespeare-előadások azt bizonyították, hogy Stein képzelőereje túlnőtt a Schaubühne am Halleschen Ufer korlátolt lehetőségein. Növekvő hírneve arra késztette a nyugat-német kormányt, hogy olyan új helyet biztosítson a számára, amely nem Nyugat-Berlin peremén, a Falhoz közel helyezkedik el, hanem a város szórakoztató negyedének szívében, a Kurfürstendammon.

* * *

Kétségtelen, hogy Stein odaköltözése a Schaubühne am Lehniner Platz-ot, az új helyszínt, mind fizikai, mind földrajzi értelemben a város egyik központi színházává tette, Steint pedig a berlini színházi élet kedvencévé. A kritikus Michael Merschmeier nem véletlenül keresztelte el őt „II. Max Reinhardt-nak" („Erste-Klasse-Leiche" I), és érthető, hogy egyeseket aggodalommal töltött el, vajon mit jelent ez Steinnak a társadalomkritikához és a provokatív munkához való viszonyát illetően. Stein azt remélte, hogy az új színházat egy monumentális, klasszikus produkcióval sikerül megnyitnia, az *Oreszteiá*val, de mint mindig, az előkészítési szakasz nagyon hosszúra nyúlt. Így valójában az első fő produkciók 1979-ben, amikor a színház még befejezetlenül állt, nem Stein rendezései voltak, hanem más rendezők jórészt sikertelen színpadi próbálkozásai.

Stein *Oreszteiá*ja volt az első igazi siker a még mindig félkész, új színházban. A kilencórás produkciót (benne két egyórás szünettel) hatalmas térben adták elő. A színpad közönséges, frontális elrendezésű volt, ám közel a nézőkhöz, így emlékeztetett Stein korábbi, klasszikus rendezéseire. Ugyanakkor megfelelt a kor ízlésének, amikor a párizsi közönség szinte sereglett Mnouchkine történelmi szágáira, vagy az olaszok Luca Ronconi látványos rendezéseire, vagy a londoniak a Nemzeti Színházba, *A görögök* című monumentális darab előadásaira. Stein *Oreszteiá*ját mérföldkőnek tekintették a modern német színházban, a *Theater heute* 1981-ben a teljes januári számot a témának szentelte (Canaris, „Die Orestie" 40-49). A kritikusok nagy része és a nézők azonban nem elragadtatással, hanem inkább tisztelettudóan fogadták. Stein munkájának letisztultságát, precizitását és monumentalitását mindenki elismerte, de ennek ellenére hidegnek, elvontnak gondolták a produkciót, a baloldali kritika pedig szokása szerint politikailag üresnek találta.

Stein 1981-ben bemutatott két új előadása meglepően új irányt képviselt munkásságában, mert az eposzi klasszikus látványtól csaknem annak ellentétéhez érkezett, az intim realizmus két kortárs darabjával. Elsőként Nigel Williamsnek, London egyik vezető producerének a Royal Courtban bemutatott darabját, a *Class Enemy*t (Osztályellenség) rendezte meg, amely egy hátrányos helyzetű londoni fiatalember örömtelen története. Ez a darab lehetőséget adott Steinnak és társulatának arra, hogy a korabeli társadalmat vizsgálják, rendezésük naturalisztikus részletessége pedig élesen szemben állt az *Oreszteia* formalitásával.

A fiatal színészek csodálatot vívtak ki intenzív alakításukkal. Különösen igaz ez Udo Samelre, aki Stein rendezésében Oresztészt alakította. Franz Xaver Kroetz *Nichts Fisch nichts Fleisch* (Se hal, se hús) című művének előadásakor – amely a Williamséhez hasonló témájú német dráma – Stein visszatért a Halleschem Ufer-ben alkalmazott intim térhasználathoz. A két dráma témájának ellenszenvessége – amelyet nem enyhített a Stein nevével fémjelzett, látványból fakadó esztétikai élmény sem – lehetetlenné tette a kedvező fogadtatást. A naturalista előadásmód azonban igen fontossá vált Stein későbbi rendezéseiben.

Az új Schaubühne várva várt, hivatalos megnyitására 1981 novemberében került sor. Stein Marivaux *La Dispute* (*A vita*) című darabját rendezte meg az épületegyüttes középső halljában; a nézők a színpad három oldalán ültek, amelyen a Manfred Dittrich által tervezett formális és egyben absztrakt díszlet kapott helyet. A darab nagy lehetőség volt a fiatal társulatnak, amelyet Stein az új kísérletre verbuvált, Jutta Lampe a márkiné szerepében pedig nagy sikert aratott. Összességében azonban a produkciót hűvösen fogadták, az új vállalkozásba befektetett források meglehetősen szerény eredményt hoztak.

Jean Genet *Négerek* című művének bemutatása előtt Stein visszatért az alapos felkészülési stratégiához, beleértve egy közép-afrikai utazást is. A produkció azonban nem igazán Genet-nek a fekete identitáshoz való viszonyáról szólt, hanem inkább a feketeség teátrális ábrázolásáról. Mnouchkine párizsi előadásainak gyakorlatát követve Stein a nézőket a kulisszák mögött vezette fel a nézőtérre, ahol láthatták, amint a fehér színészek feketére sminkelik magukat, és világos volt, hogy az afrikai zenét és táncot „előadják". Az előadás sikert aratott, de Steint megint kritizálták amiatt, hogy a színházat hangsúlyozza a politikum rovására.

A SZÍNPADTÓL A SZÍNPADIG

A három nővér Steinnek messze a legsikeresebb és legnagyobb hatású előadása volt az új színházban, 1984 tavaszán. Ötvözte az alapos történelmi kutatás iránti, régi keletű érdeklődését újabb, a Williams és Kroetz aprólékos realizmusát értelmező munkájával. A Csehov produkció érdekében Stein és díszlettervezője, Hermann, felkutatták a Moszkvai Művész Színház eredeti előadásáról szóló feljegyzéseket és olyan színpadképet alkottak, amely a realisztikus részletek iránti figyelem terén túltett Konstantin Sztanyiszlavszkijon is. Hermann megragadó díszlete – különösen a hatalmas ház és a valósághűen megjelenített erdő az utolsó felvonásban – kihasználta a Schaubühne óriási terét, hogy a méretek és az illúzió-szerű elemek révén olyan színpadképet alkosson, amelyre a Moszkvai Művész Színház soha nem lett volna képes. A briliáns szereposztás – Olga szerepében Edith Clever, Jutta Lampe mint Mása, és az újonc Corinna Kirchoff mint Irina Parthenón – körültekintően árnyalt előadást biztosított, és remekül szolgálta a rendezői megközelítést. Anfisa, az öreg cseléd szerepét a 87 éves Johanna Hofer játszotta, aki a legendás színházi ember, Fritz Kortner özvegye volt.

A *Theater heute* lapjain Henning Rischbieter folytatta a negatív kritikát, amelyet Stein azóta kapott tőle, mióta beköltözött az új színházba, nevezetesen, hogy a munkája kommerciálisabbá vált és kevésbé innovatív művészileg és politikailag (jobbára ilyen kritikákat kapott a Halleschen Uferben töltött utolsó években is). Rischbieter szerint Stein *A három nővér* előadása csupán reprodukált egy korhű stílust, távolságtartás és kommentár nélkül, ami „halott színházat" eredményezett (12-16). A közönség és a legtöbb kritikus azonban lelkesebb volt, mint például Peter Iden, aki a *Frankfurter Rundschau*ban így írt: „Ha feltennénk a kérdést, hol található a boldogság, akkor a válasz az lenne, hogy ebben a színházban" („Tscheckhows Drei Schwestern"). A produkció roppantul hatásosnak bizonyult: megteremtette az illuzionista színház divatját Németországban, különösen – de nem kizárólag – az évtized során bemutatott Csehov-előadások vonatkozásában.

1984. március 3-án egy német, színháztudományt tanuló diákokkal készült rádióinterjú során az interjút készítő által „kultúrpolitikai bombának" nevezett mondat hangzott el Stein szájából, a rendező ugyanis kijelentette, hogy számára az 1984/85-ös évad lesz az utolsó a Schaubühne vezetőjeként. Azt mondta, talán rendezni fog még néhány előadást, de úgy érzi, kifárasztotta a művészi munkával együtt járó feszültség, és a színház összes üzleti ügyének kézben tartása (Becker, „Der Einschnitt" I). Nyilvánvaló, hogy Stein a két Schabühneben eltöltött évei után azt érezte, hogy egyfajta művészi magaslatot sikerült elérnie. Évekkel később azt nyilatkozta egy brit újságírónak, hogy „tizenöt év ugyanazzal a társulattal elég volt". Stein élettársától, Jutta Lampe színésznőtől ugyanez a cikk azt idézi, hogy a döntés egyaránt volt személyes és szakmai: „Eddig együtt

155

éltünk és most, 1984-ben elváltunk. Ez nehéz helyzet mindkettőnknek, és ő úgy döntött, hogy a színháznak is búcsút mond" (O'Mahony).

A Schaubühnénél töltött annyi év után Stein időt adott magának, hogy alkalmazkodjon az új helyzethez. Nem rendezett két évig, majd nagy meglepetésre új feladatot vállalt el, Verdi *Othelló*ját a Welsh National Opera számára. Eddigi próbálkozása ebben a műfajban, mégpedig hazáján kívül, a katasztrofálisra sikerült párizsi Wagner-rendezése volt egy évtizeddel korábban. Brian McMaster, a Welsh National Opera újító szellemű művészeti igazgatója azonban rábeszélte az újabb próbálkozásra. Stein *Othelló*ja elég sikeres lett ahhoz, hogy a társulattal további munkákba kezdjen, először a *Falstaff*ba 1988-ban, majd Debussy *Pelléas et Mélisande*-jába 1992-ben.

Amikor Stein otthagyta a Schaubühnét, megígérte, hogy időről időre visszatér majd, mint vendégrendező. Valóban, 1986 végén ott állította színpadra következő produkcióját, O'Neill *The Hairy Ape* (*A szőrös majom*) című művét. Luc Bondy vállalta el a színház igazgatását, de az évad két sikertelen előadással vette kezdetét, egyiket Bondy, a másikat Grüber rendezte. Stein visszatérését így nagyon várták, produkciója azonban szintén nem volt sikeresnek mondható. Mildred szerepében Corinna Kirchhoff dicséretet kapott, de a Yanket játszó Roland Schäfer és a többi színész teljesítményét elnyomták az olyan gigantikus előadás-apparátusok, mint a kórus, a balettszámok, vagy a Lucio Fanti által tervezett hatalmas díszlet.

* * *

Stein következő előadása Racine *Phaedrá*ja volt, amely az 1987/88-as évadot nyitotta a Schaubühnében. Ehhez Fanti újabb monumentális díszletet kreált, egy hatalmas, Pantheon-szerű, kör alakú térben, ajtók vagy ablakok nélkül, ahová a világítás a mennyezet közepén lévő nyíláson át jött be. A változatlan térhatás mellett Racine koncentrált cselekménye töretlen maradt. Noha a produkció a kritika szerint hideg és elvont volt, Jutta Lampe Phaedra szerepében általános elismerést kapott.

1988 augusztusában Steint hivatalosan is a német színháztörténet kiemelkedő rendezőjének ismerték el, amikor Frankfurt városa odaítélte neki a Goethe-díjat. A díj – amelyet háromévente osztanak ki – az egyik legrangosabb elismerés Németországban. Stein előtt még soha nem nyerte el színházi rendező, Gerhart Hauptmann ugyanis íróként, Ingmar Bergman pedig filmrendezőként kapta meg. Hivatalos átadási beszédében Wolfram Brück főpolgármester elmondta, hogy „a színháztörténet megmutatja számunkra, mennyire nehéz új, produktív ötleteket és előadásokat megvalósítani több, mint egy évtizeden át. Az, aki ezt a határt képes túlszárnyalni, a kultúra német értelmezését közvetítő szakembereinek legnagyobbjai közé tartozik. Ön ezt a határt már régen felülmúlta" (2).

A SZÍNPADTÓL A SZÍNPADIG

* * *

1989-ben Stein visszatért a Schaubühnéhez és Csehovhoz, egy újabb monumentális produkcióval, ezúttal a *Cseresznyéskert*tel. Ismét megpróbálta megragadni az eredeti előadás lényegét, azonban szerette volna felülmúlni a Moszkvai Művész Színházat, nagy hangsúlyt fektetve a fizikai részletekre a díszletben és a színészek gesztusaiban. Az előadás minden elemére kiterjedő figyelem és az egészet átfogó szépség sokakat arra késztetett, hogy ezt a művet Stein legnagyobb munkái közé sorolja, bár korántsem osztotta mindenki ezt a véleményt. A *Theater heute*-ban Merschmeier úgy találta, hogy az előadás ugyanazon hibáktól szenved, mint a korábbi *A három nővér*, mert „túl szép ahhoz, hogy igaz legyen". Rámutatott arra, hogy Stein illuziókeltő figyelme a részletek iránt valójában szemben áll Csehov elképzelésével. Csehov pergő játékstílust szorgalmazott, és az elégikus utolsó felvonás is csak körülbelül tizenkét percig tartott nála. Berlinben ez negyven percesre nyúlt, egy több, mint négy órás produkción belül (Merschmeier, „Zu schön, um wahr zu sein" 4-5). Ennek ellenére a kritikusabb írások is dicsérték a Stein által összeállított társulat ragyogó játékát, melynek élén Jutta Lampe állt Ranyevszkaja, Udo Samel pedig Trofimov szerepében.

Stein az évet Shakespeare *Titus Andronicus*ával zárta Olaszországban. A néhány évvel korábbi olaszországi turnén az *Oreszteia* meleg fogadtatása arra ösztönözte, hogy a Római Egyetemre látogasson, és ottani hallgatókkal kezdje meg az előadásra való felkészülést. Mint általában, hosszú ideig tartó kutatások és tréningek előzték meg a színpadra állítást, ami kétségkívül felbecsülhetetlen értéket jelentett a közreműködőknek, maga a produkció azonban megsínylette, hogy a színészek és technikusok képtelenek voltak eleget tenni Stein bonyolult kéréseinek. A rendező neve mindazonáltal garantálta, hogy az előadás felhívja magára a figyelmet. Miután a *Titus Andronicus* körbeutazta Olaszországot, bemutatták egy kisebb, új nemzetközi fesztiválon a németországi Wolfenbüttelben, ahol Peter Brook rendezésében *A vihar* is szerepelt. A rendezvény legérdekesebb eseményei közé tartozott az a beszélgetés, melynek tárgya Brook és Stein Shakespeare-rendezése volt és világossá tette kettőjük élesen eltérő megközelítését. Brook az intuíciót és az inspirációt hangsúlyozta, és csaknem teljesen elutasította a kutatást, megjegyezve, hogy Shakespeare-ről legfeljebb három könyvet olvasott életében. Stein kitartott amellett, hogy az ő megközelítése egészen más: az alapos kutatás Shakespeare világáról része a felkészülésnek. „Ha többet tudok, másként látok, hallok, és értek". Míg Stein azt hangsúlyozta, hogy nem „holt anyagok" feltárása volt a célja, hanem „a dolgok eredetét" kutatta, Brook amellett érvelt, hogy az efféle háttérmunkálatoknak soha nem veszi hasznát a tényleges próbákon (idézi Gliewe 24).

* * *

Az 1990-es évek során Stein szinte kizárólag Németországon kívül dolgozott, ezért a következő produkciója egyfajta búcsú volt a Schabühnétől és Berlintől egyaránt. Ez az előadás 1990 tavaszán Bernard-Marie Koltés sötét, városi bűnügyi drámája volt, a *Roberto Zucco*. Jürgen Rose a darab tizenöt jelenetét erősen egyszerűsített stílusban tervezte meg, amely mellőzte a megelőző Csehov-darabok részletgazdagságát, mégis azonnal felismerhető részeket nyújtott a berlini városképből. Utoljára, Stein emlékezetes előadásokat csinált azzal a társulattal, amellyel családiasan és nyugodtan tudott együtt dolgozni, közöttük Corinna Kirchhoffal, Imogen Kogge-gal és Branko Samarovskival. Végül is Stein hajlandó volt visszatérni Berlinbe, de nem ahhoz a színházhoz, amely nemzetközi hírnevét megalapozta.

Stein könnyen szerzett meghívásokat ahhoz, hogy külföldön rendezhessen. Tovább dolgozott Olaszországban, amely új otthonává vált, majd 1994-ben Oroszországba hívták, ahol a *Cseresznyéskert*tel és *A három nővér*rel turnézott, a két előadás fergeteges sikert aratott. Újra megrendezte a berlini *Oreszteiá*t a hatalmas, 3000 férőhelyes Orosz Katonai Színpadon. Az előadást igen jelentős interkulturális eseményként üdvözölték. A '90-es évek közepén munkájának fő színhelyei az edinburgh-i és a salzburgi fesztiválok voltak. 1992-ben első alkalommal rendezte meg mindkét eseményen a *Julius Caesar*t. 1994-ben Gerard Mortier helyébe lépett igazgatóként Salzburgban. Ez volt az első ilyen posztja azutan, hogy tizenkét évvel korábban otthagyta a Schaubühnét. 1998-ig maradt itt igazgató, színpadra állított egy jelentős operát (Alban Berg *Wozzeck*, 1997) és számos drámát (*Antóniusz és Kleopátra*, 1994, Ferdinand Raimund: *Alpenkönig*, 1996, Franz Grillparzer: *Libussa*, 1997). A produkciókról sokat írtak, bár csak néhány kritikus számította ezeket Stein legsikeresebb munkái közé.

* * *

A [salzburgi] fesztiválon további rendezéseiben Stein az osztrák témát hangsúlyozta, amellyel eddig nem foglalkozott. Bevallotta, hogy a felkészülés Raimund képzeletgazdag *Der Alpenkönig und der Menschenfeind (A havasi rémkirály*) című darabjára kiemelkedő élményt jelentett, és „sohasem volt olyan boldog és lendületes a próbákon" (idézi Wille 6). Díszlettervezőjével, Ferdinand Wögerbauerrel együtt tündérien különlegessé tették a darabot: a tél sötét, és a tavasz jóakaratú erői közötti harcot hóviharokkal és jég borította tájakkal, medvékkel, jetikkel és virágos legelőkkel ábrázolták, amelyek felett papírmasé szárnyas lovak repkedtek. A publikum elégedett volt, és minden előadásra elkeltek a jegyek. A *Libussa* –

Stein utolsó salzburgi produkciója – többféle kifejezésmód, a komédia, tragédia, mítosz, fantasztikum és realizmus keverékét hozta létre az amazonszerű, bohémiai nemzeti hősnő legendás történetének újrafeldolgozásában. Moidele Bickel rugalmas, nyitott teret alkotott hozzá, hullámzást utánzó fapadlózattal. Az előadásban számos meglepő képsor volt, mindent összevetve azonban Stein inkább a hírhedten nehéz darab megszólaltatása miatt kapott elismerést, mintsem a színpadi megvalósítás sikerességéért.

Noha 1996-ra Stein lényegében felhagyott a rendezői munkával hazájában, ugyanabban az évben mégis megkapta a Fritz Kortner-díjat a *Theater heute*-től, egy számára meglehetősen ellentmondásos kitüntetést. A díjat tíz évvel azelőtt azért alapították, hogy kitüntessenek vele „egy olyan németajkú művészt, akinek bátorsága, igazsághoz való hűsége, és innovációra való törekvése továbbviszi a hagyományt", amely Kortner, a népszerű és nagy tiszteletben álló, a századközép idején alkotó színész és rendező nevéhez fűződik. Stein, aki fiatalon mentorának tekintette Kortnert, és aki a díj alapítását nem sokkal megelőzően fejezte be sikeres karrierjét a Schaubühnénél, a legnyilvánvalóbb választásnak tűnhetett erre a díjra. Őt azonban abban az évben mellőzték, a díjat Andrea Breth kapta, aki fiatalabb és sokkal kevésbé ismert volt nála. A következő évtizedben a kitüntetést Stein kortársainak adták, beleértve Zadeket, Grübert és Frank Castorfot, aki a '90-es években bukkant fel egy új generáció vezetőjeként, amely Steinnel és Zadekkel szemben határozta meg magát. A megkésett gesztus Stein felé majdhogynem inzultusnak látszott annak ellenére, hogy ilyen mézesmázos szavakkal köszöntötték: „Peter Stein mint rendező és színházigazgató döntő hatást gyakorolt a német és az európai színpadra egyaránt az utóbbi harminc évben". A folytatásban „a megalkuvást nem ismerő szövegértelmező munkáját, pszichológiai realizmusát és merész esztétikáját" emelték ki (Becker, „Der Kortnerpreisträger 1996" 16).

* * *

Ekkorra már a Schaubühnében a Stein utáni rendezők egész sora fordult meg: Luc Bondy, Jürgen Gosch, és Andrea Breth. Nekik is voltak sikereik, Stein emléke azonban továbbra is dominált a színházban. A hosszú ideje társulattagként működő Peter Simonischek azt nyilatkozta 1997-ben, hogy „Stein a karizmáját morális feddhetetlenséggel egyesítette. Amíg a Schaubühnében volt, sohasem tapasztaltam, hogy lekezelően viselkedne bárkivel is. És Isten tudja miért, de ez még mindig meglepő a színházi világban" (13).

Stein az évszázadot stílszerűen egy olyan nagyméretű vállalkozással zárta, melyhez hasonlókat már rendezett pályafutása különböző időszakaiban. Goethe teljes *Faust*ját rendezte meg, és ezt az évtized legambiciózusabb színházi projektjeként emlegették. Stein, ahogyan gyakran tette a Schaubühnében, olvasópróbával kezdte a munkát, nyilvánosság előtt, és a mű kevésbé ismert második, jóval nehezebb részét olvasták fel, ami öt estén át tartott. Stein azt tervezte, hogy kétéves próbafolyamatba kezd, bevonva 35 színészt és 40 technikust, és emellett kisebb, ezzel összefüggő projekteken is dolgoznak, mint például a Christopher Marlowe-féle változaton. Az elkészült produkció premierjét a Hannover Expo 2000 épületébe tervezték, amelyet a Berlini Schaubühnében, majd Bécsben követtek volna előadások. A tervezett költségvetés megközelítőleg 25 millió márkát tett ki. Tom Stromberg, az Expo igazgatója lelkes támogató maradt, de Stein másoktól csak verbális támogatást kapott, pénzt alig. (...) A húszórás produkciót végül bemutatták, és a színpadi megvalósítását sokan Stein textuális részletekre való odafigyelésének és átfogó, mindig aprólékos vizuális stílusának összegzéseként fogták fel. Faustot és Mephistót is két-két színész játszotta. Stein munkájának korabeli németországi és külföldi megítélése különböző volt, és ennek világos mutatójaként az előadás német kritikái igen negatív képet adtak róla, statikusnak és túl szöveghűnek tartották, míg a külföldi kritikusok – mint például az angol Michael Billington – a kor egyik legnagyszerűbb előadásának nevezték a produkciót. Billington így írt róla: „bátor előadás, pezsdítő és igazi színházi élmény" (idézi O'Mahony).

Stein megalapozott nemzetközi hírnevű rendezőként lépett az új évszázadba, a német színházi élet szempontjából azonban – ironikus módon – majdnem kívülálló volt. A '90-es évek elején Olaszországban telepedett le, 1999-ben pedig egy elhagyatott vidéki birtokra költözött San Pancrazióba, ahol megalapította saját alkotói környezetét, művészi menedékét egy olasz színésznővel, Maddalena Crippával, akit még abban az évben feleségül vett. Egy 2005-ös interjúban azt nyilatkozta, hogy úgy érzi, a kortárs német színház teljes mértékben elutasította, mert nem fogadták el és nem is értették a szemléletét. „Hagyományos színházat már nem lehet csinálni", mondta. „Bárki elélvezhet, mint egy fakír a szöges ágyon és közben szavalhatja a 'Lenni vagy nem lennit'; de nem lehet reneszánsz harisnyát felvenni és úgy játszani Hamletet. Ez már tilos. A kritikusok egy bizonyos pillanatban eldöntötték, hogy ha a mise-en-scéne-ben nincs olyan, ami ütős, ha nincs benne valami fordulat, akkor nem válik érdekessé". Majd hozzátette: „Néha a mise-en-scéne nálam nem ütős, helyette megpróbáltam életre kelteni a szerző szövegét. Mióta 1974-ben megrendeztem Gorkij *Nyaralók* című darabját, azt az illúziót próbálom kelteni, hogy a színész a szerző: hogy ezek a szavak ebben a pillanatban születnek. A mai német színházban viszont a rendező tekinti magát szerzőnek, ami ostoba és végzetes" (idézi Billington).

Semmi sem illusztrálja jobban Stein eltávolodását német gyökereitől, mint a 2002-es *Penthesilea* előadásának története, amely a német repertoár klasszikusa és csak ritkán játszották az országon kívül. Stein olyan produkciót hozott létre, hogy a nyári szezon alatt ókori amfiteátrumokban tudjon vele turnézni, a görög Epidauroszban és Szirakuzában, a spanyol Meridában és az olasz Urbisagliában. Ősszel előadták Madridban és még tizenegy olasz városban, de egyetlen német településre sem vitték el. Stein 2004 tavaszán visszatért Szirakuzába, hogy színpadra állítsa a *Médeá*t, feleségével a főszerepben, aki már a *Penthesileá*ban is ezt a feladatot kapta. Szirakuzán kívül az előadást csak Epidauroszba vitték el, ahol a 2005-ös nyári fesztivál fő darabja volt.

A dél-európai antik színházakban bemutatott előadásaitól eltekintve Stein az új évszázad első éveiben Edinburgh-ban tevékenykedett, ahol szoros kapcsolatba került az ottani fesztivál igazgatójával, Brian McMasterrel, egészen ez utóbbi 2006-os távozásáig, tizenöt évnyi igazgatói munka után. Itt rendezte meg Stein a *Parsifal*t 2002-ben, a *Sirály*t 2003-ban, David Harrower *Blackbird*jét 2005-ben, továbbá Csajkovszkij *Mazeppá*ját és Shakespeare *Troilus és Cressidá*ját 2006-ban. Visszatért kedvelt próbatechnikájához: az egész brit szereplőgárdát vendégül látta olasz otthonában, hogy ott hosszan és intenzíven tanulmányozhassák a darabok szövegét és hátterüket. Egy 2005-ös interjú alkalmával Stein azt nyilatkozta: „Bárhol dolgoztam, mindig törekedtem egyfajta `művészi összetartozásra" (idézi Billington).

* * *

McMaster távozásával Stein más európai helyek, Lyon, Strasszburg, Párizs, Oroszország felé fordult. Alighanem nagy meglepetésre 2007 tavaszán visszatért Berlinbe, hogy egy újabb monumentális produkciót hozzon létre, kilenc óra hosszat tartó, vágatlan előadásban Schiller *Wallenstein*jét. Rendkívül nehéznek bizonyult ehhez alkalmas német helyszínt és anyagi támogatást találni. Stein terve, hogy a művet Frankfurtban állítja színpadra, kudarcba fulladt. Végül talált egy készséges támogatót a saját generációjához tartozó Claus Peymann személyében, aki abban az időben a Berliner Ensemble-nél dolgozott és már majdnem teljesen ignorálta vagy elfelejtette a német kritika.

A produkció az új évszázad egyik fő színházi eseménye volt, egész Németországból vonzotta a film és televízió hírességeit, jelentős politikai szereplőket, sportsztárokat, és a lelkes színházba járókat. Inkább a szinte legendává vált Stein ünneplése miatt volt egyfajta különlegesség ez a bemutató, mintsem fontos munka a korabeli berlini – vagy valójában a német – színház számára, amelytől a rendező már majdnem teljesen elszeparálódott. A darab egyfajta muzeális tárgyra vagy kulturális emlékműre hasonlított. Nem csak azért, mert a klasszikus, eredeti szöveg minden szavát előadták egy olyan korban, amikor a vágott verziók nemcsak divatosabbak, hanem szinte kötelező jellegűek voltak, hanem mert sokban hasonlóságot mutatott Stein korábbi híres, monumentális munkáival: az 1971-es *Peer Gynt*tel, az 1980-as *Oreszteiá*val, és a 2000-es *Faust*tal. Ahogy ez utóbbiakat, a *Wallenstein*t is szokatlanul hatalmas térben adták elő, egy elhagyatott sörfőzde raktárépületében. A színpad mérete 130-szor 80 láb volt és Ferdinand Wögerbauer díszletterve szerint hordozható, elektronikus kapcsolattal ellátott fali elemekkel volt felszerelve. Ahogy az említett korábbi Stein-előadások, ez szintén nehéz munkát adott eltökélt nézőinek: szűk fémszékeken ülve kellett kibírniuk a négy szünettel megszakított, tizenegy órás előadást.

Meglátjuk, vajon a *Wallenstein* Stein hattyúdala volt-e Németországban. Ha azonban Stein életkorára gondolunk (manapság a 70-es éveiben jár), vagy a jelenlegi német színjátszástól való távolságára, vagy a produkció finanszírozásának óriási nehézségeire, akkor több mint valószínű, hogy nem lesz több ehhez hasonló monumentális Stein-előadás a rendező szülőföldjén. Ambiciózus mérete, továbbá a rendezői színházról alkotott, régóta fenntartott ideáljához való hűsége révén a vállalkozás mind a támogatóktól, mind a becsmérlőktől megfelelő búcsút jelentett.

Görcsi Péter fordítása

Felhasznált irodalom

Becker, Peter von. „Der Einschnitt". *Theater Heute* 25.4 (1984. április).
---. „Der Kortnerpreisträger 1996". *Theater Heute* 38.1 (1997. január).
Billington, Michael. "I don't read new work". *Guardian*, 2005. augusztus 15.
Brück, Wolfram. „Es ging Ihnen der Ruf eines Anti-Klassikers voraus". *Theater Heute* 29.10 (1988. október).
Canaris, Volker, szerk. *Torquato Tasso: Regierbuch der Bremer Inszenierung.* Frankfurt: Suhrkamp, 1970.
---. „Die 'Orestie' des Aischylos an der Berliner Schaubühne". *Theater Heute* 22.1 (1981. január): 40-49.
Dort, Bernard. „La Schaubühne am Halleschen Ufer". *Travail Théâtral 10* (1972).
Flimm, Jürgen. „Das Traumpaar". *Theater Heute* 30.7 (1989. július).
Gliewe, Gert. „Duett der Titanen". *Theater Heute* 32.1 (1991. január).
Iden, Peter. „Erschwerte Konzentration auf der näheren Ziele". *Theater Heute* 10.12 (1969. december).
---. *Die Schaubühne am Halleschen Ufer 1970-1979.* München: Hansen. 1979.
---. „Tschechows Drei Schwestern". *Frankfurter Rundschau*, 1984. április 2.
Jäger, Gerd. „Über Handkes Stück, 'Die Unvernünftigen sterben aus'." *Theater Heute* 15.7 (1974. július).

Jenny, Urs. „Peter Stein inszeniert Brechts *Dichkicht der Städte*". *Theater Heute* 9.4 (1968. április).

Kellaway, Kate. „The Director Who Invited His Whole Cast to Tuscany". *Guardian*, 2006. február 5.

Lackner, Peter. „Stein's Path to Shakespeare". *Drama Review* 21.2 (1977. június).

Longchamp, Jacques. „La Walkyrie á l'Opéra". *Le Monde*, 1976. december 21.

Merschmeier, Michael. „Erste-Klasse-Leiche". *Theater Heute* 27.12 (1986. december).

---. „Zu schön, um wahr zu sein". *Theater Heute* 30.7 (1989. július).

Nagel, Ivan. „*Saved*". *Theater Heute Jahrbuche* (1967).

O'Mahony, John. "Master of the Rebels". *Guardian*, 2003. augusztus 9.

Patterson, Michael. *Peter Stein: Germany's Leading Theatre Director*. New York: Cambridge UP, 1981.

Petit, Pierre. „La Walkyrie á l'Opéra: Fermons les yeux". *Figaro*, 1976. december 20.

Rischbieter, Henning. „Museum der Sentimentalität". *Theater Heute* 25.3 (1984. március): 12-16.

Sandmeyer, Peter. *Voraus-setzungen und Möglichkeiten kollektiven Berufstheaters in Deutschland*. Berlin: Freien Universität, 1974.

Simonischek, Peter. „Demokratie als Liebe des Despoten". *Theater Heute* 38.10 (1997. október).

States, Bert. *Great Reckonings in Little Rooms*. Berkeley: U of California P, 1985.

Stein, Peter. „Erinnerung ist politische Arbeit". *Die Zeit*, 1976. január 2.

---. „Die Sprache ist unser Leben". *Theater Heute* 37.12 (1996. december).

Wille, Franz. „Im Salzkammergut, da kamma Gut Lustig sein". *Theater Heute* 37.9 (1996. szeptember).

11.
TÉR ÉS SZÍNHÁZ
(tanulmány)

A színház, mint művészi és kulturális tevékenység már a görögök óta a tudományos gondolkodás tárgyát képezi. Európai és amerikai tudósoknak köszönhetően azonban a színháztudomány csak a 19. század elejére vált intézményesült diszciplínává. Az új tudományterület önmeghatározásának jelentős vonása, hogy világosan elhatárolódott a hagyományos irodalomtudománytól, amelyhez korábban a színház tartozott.

A drámát a nyugati kultúra a görögöktől kezdve – a két másik műnem, a líra és az epika mellett – elsősorban az irodalom egyik ágának tekinti. A színház hagyományos kutatása a szövegre épült. Arisztotelésznek a látvánnyal szemben tanúsított közömbössége korai, közismert példa erre az irányultságra, melynek követői a szöveg fizikai megjelenítésének tényleges folyamatát nem mellőzték teljesen, ám meglehetősen kevés figyelmet szántak neki.

Két korszakalkotó színházkutató, az amerikai Brander Matthews és a német Max Herrmann, a századfordulón radikálisan megújította ezt a fajta gondolkodást. Úttörő elgondolásuk célja, mely mindkét országban számos kolléga heves ellenállásába ütközött, nem a dráma mint irodalmi szöveg tanulmányozásának elutasítása volt, hanem rá akartak mutatni arra, hogy a dráma szemlélete hiányos, ha az irodalmi szöveg mellett nem vesszük számításba a színielőadás fizikai feltételeit, a szöveg térbeli megvalósítását is. Ezért nem túlzás azt állítanunk, hogy a modern színháztudomány a tér újraorientálására épül – a drámai szöveg lineáris olvasatáról a színrevitel háromdimenziós jelenségéig. Matthews, akit 1899-ben egy angol nyelvű egyetemen a drámairodalom első professzorává neveztek ki, kifejezett érdeklődést mutatott a térbeli vonatkozások és a történelmi színházak formája iránt, az ott bemutatott darabokhoz való viszonyukban. 1910-ben kiadott *A Study of the Drama* (A dráma elmélete) című művében a következőképp fogalmazta meg alapelvét: „lehetetlen, hogy a drámáról attól a színháztól függetlenül eredményesen gondolkozzunk, amelyben született, és amelyben a maga teljességét kibontakoztatja" (3). A történelmi színházak méretarányos modelljei, melyeket Matthews és diákjai a színpadtér szemléltetésére készítettek, még ma is láthatóak a New York-i Columbia Egyetemen. A Hermann és Matthews által bevezetett új irány a mai napig a legszélesebb körben elfogadott modell a színháztörténeti kutatás számára, ahogyan ezt Robert D. Hume, a színháztudományok egyik vezető tudósának a tudományág céljait megfogalmazó fejtegetéséből láthatjuk. Egyik áttekintő cikkében „Célok, anyagok és módszerek" címmel szakterülete, az 1660 és 1800 közötti idők színházának történetéről Hume a következőket írja: „Véleményem szerint a színháztörténész egyik alapvető feladata, hogy szemléltesse, milyen módon befolyásolják a színrevitel és a színházi előadás körülményei a színmű írását és annak társadalmi hatását" (11). Aligha kívánhatnánk a Herrmann-Matthews-féle törekvések ennél világosabb vagy tömörebb megfogalmazását.

Annak ellenére, hogy a színháztudomány, mint diszciplína kialakítása a kutatások szempontjából új módszertant és forrásokat igényel, tárgya a 20. század legnagyobb részében lényegében ugyanaz maradt, mint a drámairodalmi hagyományé, amely alapjául szolgált. Célja az volt, hogy főként az európai művekből álló hagyományos kánon teljesebb és mélyrehatóbb megértését biztosítsa. A színháztudomány, még ha ezt nem ismerték is el, az irodalom egyfajta függelékeként következetesen megőrizte helyét és azon alapvető célját, hogy olyan kanonikus irodalmi szerzők, mint Shakespeare, Schiller vagy Moliére, darabjainak alaposabb értelmezését nyújtsa. Éppen ezért a színháztörténeten belül az egyetlen, tisztán térrel kapcsolatos vizsgálódás kérdésfeltevése – mely a legtöbb kutatást inspirálta – az volt, hogy pontosan milyen fizikai jegyekkel rendelkezett a színpad, melyen Shakespeare dolgozott. John Cranford Adams 1942-es, *The Globe Playhouse* (A Globe színház) című műve fontos korai példa erre, de egyre növekszik az ilyen témájú könyvek és cikkek száma. Mindezt természetesen az is elősegíti, hogy a Globe utánzatát nemrégiben az eredeti londoni helyszín közelében újjáépítették.

Annak ellenére, hogy Hermann és Matthews figyelme arra a bizonyos fizikai térre összpontosult, amelyben a színművet bemutatták, nem szabad megfeledkezni arról sem, hogy a színház sok másfajta teret is magában foglal, melyek közül néhány materiálisan létező, mások elképzelt terek. A dráma fiktív szereplői, csakúgy, mint a lírai vagy az epikai művek elképzelt alakjai, egy megidézett térben helyezkednek el, melyre néha a fikció „képzeletbeli világaként" utalnak, és a befogadási folyamat során az olvasó saját képzeletében kelti életre. A drámai szereplő „elképzelt világa" fenomenológiailag sokkal összetettebb a tényleges színrevitel során, mert része annak; gyakran kis része ugyan, de mindig központi jelentőségű a drámai cselekvésben, és a néző számára látható valós térként mutatkozik meg. A többi azonban, mint a regény vagy a vers képzeletbeli világa, rendszerint elsősorban a nyelv által kel életre.

A színházon belül a nyelv által megidézett világot általában színpadon kívüli (*off-stage*) térnek nevezik, habár a fogalommal a színházelméleten belül nem túl gyakran találkozunk. A szemiotika korai szakaszában, Arisztotelész és Platón nyomán, Kier Elam a tér e fajtáját diegetikus térnek (*diegetic space*) nevezi, és különbséget tesz mimézis, a cselekvés megmutatása, és diegézis, a cselekvés elbeszélése között (ld. 111). Számos európai dráma erősen támaszkodik ilyen diegetikus terekre. Kezdve a három út kereszteződésének terétől – ahol Ödipusz és Laiosz végzetes találkozása lezajlott – a folyópartig, ahol Ofélia meghalt, majd egészen *A tenger lovasai*ban (Synge, *Riders to the Sea*) megjelenő tengerparti háttér zöldellő magaslatáig.

Tim Fitzpatrick 1989-ben írt tanulmánya „The Dialectics of Space-Time Dramaturgical and Directoral Strategies for Performance and Fictional World" („A tér-idő dialektikája – a játék és a képzeletbeli világ dramaturgiai és rendezői stratégiái") címmel jelentős kísérletet tesz arra, hogy a színpadi és a színpadon kívüli terek elemzésére terminusokat alkosson. Ebben Fitzpatrick érvelése szerint az úgynevezett színpadon kívüli tér tulajdonképpen több különböző térből áll, mely a lokalizált és a nem lokalizált színpadon kívüli tér különbségével kezdődik (ld. 60, 62). A lokalizált színpadon kívüli tér a látható díszlet olyan fizikai folytatására utal, amely egy ablakon vagy ajtón keresztül közvetlenül érzékelhető, míg a nem lokalizált terek távolabbi, csak nyelvi utalások által létező tereket jelölnek, mint például Moszkva *A három nővér*ben, vagy Ryanga, az eldugott ugandai falu, ahonnan Jack visszatér Friel *Pogánytánc*ában (*Dancing at Lughnasa*). Fitzpatrick rendszere felettébb hasznos a színpadon kívüli terek merőben új kritikai és gyakorlati perspektíváinak elemzésekor, melyeket a modern elektronikus technológia bevezetése tett lehetővé az utóbbi idők előadásaiban. Erre a későbbiekben még visszatérek.

A színpadon kívüli tér a színházi előadás képzeletbeli világában konstruálódik, míg ugyanazon előadás központi terét az képezi, amit az előadóművészek ténylegesen elfoglalnak és a nézők láthatnak. Ez a tér, valamint alakításának és irányításának módjai állnak a színháztörténeti kutatás központjában; a kutatók vizsgálták az ún. tolószínpad-rendszer (*the wing and drop system*) válfajait, vagy a dobozszínpad (*the box set*) kialakulását. Jó példa az ilyen kutatásokra Richard Southern klasszikus műve, *Changeable Scenery: Its Origin and Development in the British Theatre* (A változtatható díszlet eredete és fejlődése a brit színházban).

A nézőtér, ahonnan az előadást szemlélik, kevesebb, de hasonlóan mélyreható figyelmet kapott. A fedett színházak reneszánsz kori kialakulásával létrejött a ma is domináns, szokásos színházi térelrendezés, amelyben a proszcéniumnyílás egyfajta változata választja el egymástól a nézőteret és a játékteret. Minden vizuális előnye ellenére némileg meglepő, hogy a zárt színház felé történő elmozdulás eredményeként erősen csökkent az előadóművész azon képessége, hogy a korábbi tradicionális tér által biztosított lehetőségeket kihasználja.

Az állandó zárt színházi terek kialakítása először Olaszországban, majd Európa-szerte lehetővé tette az aprólékosan kimunkált színpadi hátterek továbbfejlesztését. A vizuális látvány ilyen gazdagítása azonban a színészek korábbi, a színpadi tér által lehetővé tett rugalmasságának kárára történt. A zárt térben történő mozgással a világítás a korábbi előadási helyzetekhez képest addig nem ismert fontosságra tett szert. A reneszánsz és barokk szerkezetek eredetiségük ellenére sem voltak képesek egy olyan megfelelően megvilágított színtér kialakítására, amely a színész számára a mozgás hasonlóan felszabadult élményét biztosította volna, mint egy szabadtéri produkció során. Szinte az egyetlen fényforrás a színtér számára a nézőteret megvilágító csillárból származott, és bár a rivaldafény bevezetése láthatóbbá tette a színészi teret, a korabeli színészek, amennyiben azt akarták, hogy lássák őket, az előszínpad egy hosszú, keskeny sávján kellett, hogy mozogjanak. Ennek eredményeként, ahogy azt néhány 19. század előtti előadásról készült látszólag megbízható metszet is mutatja, a színészek általában a színpad hosszában sorakoztak fel, vajmi kevéssé használva a mögöttük lévő teret.

A modern zárt színház reneszánszkori kialakulásának kezdetétől fogva egészen a 19. század kezdetéig a színpadtér, többdimenziós voltának ellenére, mind a néző szemszögéből, mind a színész térkihasználása szempontjából olyan volt, mint egy festmény, vagy legjobb esetben, mint egy dombormű. A kivetíthető és irányítható világítás fejlődésével azonban a színészek a kívánt hatás elérése érdekében újra olyan mértékben hasznosíthatták a színpad terét, mint mielőtt a színház zárt térbe költözött volna. Annak ellenére, hogy az előszínpadot még a 19. században is gyakran úgy gondolták el, mint egy lapos „színpadi kép" keretét, a színházi szakemberek a romantika kora óta más módon próbálták szemlélni a színteret. Ennek elméletét először Adolphe Appia fejtette ki részletesen, aki a színteret nem egy animációs festménynek tekinti, hanem egy kockaszerű háromdimenziós térnek, melyben az élő alakok jelenlétét a megvilágítás emeli ki. A színészeknek a színpadi térben történő elrendezése – melyet a mai angol nyelv blokkolásnak nevez (*blocking*) – már a 19. század elején Goethe jegyzeteiben és vázlataiban és az első nyomtatott formában kiadott francia súgópéldányokban is megjelenik.

A színházat tanulmányozók számára a színtér központi fontosságú, de a nézőteret sem hanyagolják el. Habár a modern színháztudomány olyan alapítói, mint Matthews, a színrevitel kérdéseire koncentrálnak, a történelmi színházak rekonstruálása során kezdettől fogva figyelembe vették a nyilvánvaló különbségeket, melyek a klasszikus görög és az Erzsébet-kori színházban a nézők, valamint a 18. századi színház társadalmilag megosztott nézőinek térbeli elhelyezkedését jellemezték.

Korábban már említettem Richard Southern felettébb innovatív korai, 1961-es kísérletét *A színház hét korszaka* címmel arra, hogy a színháztörténetet új módon közelítse meg. A mű megkérdőjelezi a tudományágban született művek két jellegzetes vonását: a hagyományos, korszakonkénti felosztást görög, római, középkori, reneszánsz, és az azt követő évszázadok színházára kronológiai rendben, és egy, főképp Angliára, Franciaországra és Németországra korlátozódó, irodalmi kánon iránti erős elfogultságot. Könyvének elején Southern megkísérli a színházat lényegére redukálni, először az ő elnevezése szerint annak „hét korszakára", ami színész és néző találkozásában érhető tetten. "Válasszuk szét e kettőt" – írja Southern – "és a színház megszűnik létezni" (21). Így tehát a színháztudományon belül a térbeliség a legalapvetőbb szinten helyezkedik el, és mind a színész, mind a néző tere egyaránt kiemelkedő fontossággal bír.

Valójában a színháztörténészek figyelme éppen annyira fordult a nézők, mint a színtér felé. Munkáik majdnem mindegyike a 20. század végén jelent meg, és – közvetett vagy közvetlen módon – azzal foglalkoztak, hogy a nézőtér térbeli elrendezése milyen mértékben tükrözte a társadalmi helyzetet. Az olyan terek nyilvánvaló társadalmi vonatkozásairól, mint az Erzsébet korban a földszinti ülések (*Elizabethan pit*) vagy a királyi és nemesi páholyok, már akkor írtak a színháztörténészek, amikor Matthews és tanítványai a színházak fizikai vonásait elkezdték tanulmányozni. Az ilyen elemzések később akkor váltak fontossá, amikor egyes színháztörténészek, akik a színház nem irodalmi vonatkozásait vizsgálták és érdeklődni kezdtek a színház mint társadalmi, s nem annyira művészi jelenség iránt. Viszonylag korai példa erre James J. Lynch 1953-ban írt könyve, mely a *Stage and Society in Johnson's London* (Színpad és társadalom Londonban Johnson korában) alcímet viseli. Jellemzően, a könyv főcíme, *Box, Pit and Gallery* (A páholy, a nézőtér, és a galéria) a nézők térbeli elrendeződésének társadalmi helyzetük alapvető kifejezéseként történő vizsgálatát sugallta. Franciaországban az 1950-es, 1960-as években Georges Gurvich és Jean Duvignaud úttörő munkássága nyomán indult fejlődésnek a színház speciális szociológiája és ösztönzően hatott az ilyen jellegű történeti elemzésekre. Így például Timothy Murray 1977-es cikke „Richelieu színháza: A herceg tükre" címmel arra a következtetésre jut, hogy e kulcsfontosságú történeti struktúra térbeli elrendezése kifejezi és egyben megerősíti a társadalmi erőviszonyok rendszerét (vö. Murray 275-97). Nemrégiben Joseph Donohue 2005-ben megjelent, *Fantasies of Empire* (Birodalmi fantáziák) című könyve a nézőtérnek ebben a színházban való elrendezése körüli viták elemzése során a viktoriánus Anglia társadalmi, politikai, morális és jogi kérdéseinek széles spektrumát világítja meg.

A teatralógusok csak nemrégiben kezdték el a színtér és a nézőtéren túli színházi tereket számba venni. A színfalak mögötti teret, bármennyire fontos abból a szempontból, hogy mit lát a közönség, általában elhanyagolták, alig tárgyalták vagy említették a történeti kutatások, noha ezek a terek nemcsak a társadalmi rangot tükrözik, hanem sokféle kiegészítő információval szolgálnak az előadás konkrét létrehozását és működését illetően. Tudomásom szerint Gay McAuley *Space in Performance: Making Meaning in the Theatre* (Az előadás tere: jelentésképzés a színházban) című könyve az egyetlen olyan modern próbálkozás, a technikai szerkezetről szóló tanulmányok mellett, amely részleteiben taglalja ezeket az elhanyagolt tereket a színházi épület elülső és hátsó részeiben egyaránt. McAuley az előbbit a nézők terének (*audience space*), az utóbbit pedig a színházi alkotómunka terének (*practicioner space*) nevezi, de egyiket sem dokumentálja olyan részletesen, mint a színpadi teret. Mi több, McAuley még az olyan kevésbé ismert és dokumentált teret is bevonja a vizsgálódásba, mint a színházi próba tere, melyet a közönség ugyan soha sem lát, mégis „jelentős hatással lehet a produkció véglegesítésére" (70).

Az eddig említett terek, így a színészek tere, a nézőtér, és a színház épületének viszonyában azok a terek, melyek egyesítik és magukban foglalják ezeket, a színháztörténészek részéről nem részesültek egyforma figyelemben, de a hagyományos színháztörténetben együttesen a tér vizsgálatának fókuszát jelentik. Ezek a színháztörténészek természetszerűleg gyakran osztoztak a hagyomány be nem vallott elfogultságaiban, főként abban, hogy az európai és amerikai színházak iránti érdeklődésük a világ többi részét majdnem teljesen kizárta, illetve a kanonikus művek színpadra állítása iránti érdeklődésük majdnem teljesen háttérbe szorította az ún. populáris vagy alsóbbrendű műfajokat. Az 1970-es és 1980-as évek folyamán ezt az egyoldalúságot egyre többen leleplezték és megkérdőjelezték. A színháztudomány terén több tényező is hozzájárult ehhez a nagyszabású változáshoz. Közöttük a legmeghatározóbb valószínűleg a *performance studies*ként ismertté vált új irányzat létrejötte volt.

Más kulturális változások szintén ösztönzőleg hatottak erre a folyamatra. Az egyik ilyen nyilvánvaló változás a modern globalizáció, amely olyan világnézet kialakulásához vezetett, amelyben a színháztörténet többé nem hagyhatta ad hoc figyelmen kívül az olyan kontinenseket, mint Afrika, Dél-Amerika, vagy Ausztrália, és nem korlátozhatta Ázsiával kapcsolatos vizsgálatait néhány, főként japán példára. Egy másik tényező a tömegkultúra iránti egyre növekvő érdeklődés volt, a népszerű színházi formák széles skálája felé irányítva a figyelmet. Az utóbbiak a hagyományos színház „magas kultúra" iránti elfogultsága miatt addig figyelmen kívül maradtak. A fentiek hatását erősítette, hogy a kultúratudományokban is végbementek változások, különösen az előadóművészetek terén. Ahogyan a színház tanulmányozásában a kezdetektől fogva – valamelyest torzító hatással – az irodalomtudományból eredeztetett kritikai modellek domináltak, úgy az előadóművészetek diszciplínája, általában a térhatású művészetekből származó modellre, valamint a művészi tárgy koncepciójára épült. Ez a megközelítés az 1970-es években változott meg, és ebben kulcsfontosságú szerepe volt Gerald Hinkle 1979-es, az *Art as Event* (A művészet mint esemény) című könyvének. Hinkle érvelése szerint a *performance art* kritikai értelmezését akadályozta, hogy olyan, az irodalom és a térhatású művészetek vonatkozásában kifejlesztett stratégiákat alkalmaztak rá, melyekben a performancia nem lényeges elem. A színházat – írja Hinkle – sokkal inkább „eseményként, mintsem megfigyelt tárgyként" kellene szemlélnünk (40).

Az európai irodalmi színház térről alkotott nézetein túlmenő vizsgálódás arra ösztönzi a színháztörténészt, hogy tudatában legyen a más kultúrákban fontos performansz tereknek, illetve azok merőben eltérő történetének és kapcsolódásainak is. Egy marokkói kollégámmal közösen írt, 2008-as cikkünk példaként szolgál az ilyen kutatások számára. A tanulmány a kör alakú, *halqa* nevű előadóteret elemzi, amely a hagyományos arab kultúrában igen elterjedt, és az utóbbi időben az európai performansz terekkel szembeni posztkoloniális reakció elemeként új jelentésre tett szert. Posztkoloniális dinamikája mellett a cikk vizsgálja a *halqa* kapcsolatát számos észak-afrikai és közel-keleti kulturális tradícióval, megjelenését népi fesztiválokon és tömegrendezvényeken, a vándorló mesemondás hagyományában, és végül misztikus és vallásos vonatkozásait nézi meg (ld. Amine és Carlson 71-86).

Ez a másfajta látásmód számos új utat nyitott a tér és a színházi esemény vizsgálatára a széles körben tanulmányozott európai hagyományon belül is. A fókuszban többé nem egy bizonyos drámai szöveg megelevenítése állt, hanem annak teljes társadalmi és fizikai összefüggésrendszere. Legjobb tudomásom szerint az első színháztörténész, aki ezt az új perspektívát alkalmazta, Michael Hays volt. Hays 1974-es, *The Public and Performance: Essays in the History of French and German Theater 1871-1900* (A közönség és az előadás: Esszék a francia és német színház történetéről 1871-1900) című könyvét a „Theater Space as Cultural Paradigm" („Színházi tér és kulturális paradigma") című tanulmánnyal nyitja. Mindjárt az elején egy meglepő térre vonatkozó megfigyelés olvasható: „Az utóbbi időkig a színházi eseményeknek otthont adó építészeti formák szociális értéke és funkciója nagymértékben feltáratlan terület volt. A kritikai vizsgálatok inkább a kisebb színpadi térre, vagy a színész és rendező személyére koncentráltak". Hays azzal folytatja, hogy az előadótér elhelyezése és alakja olyan potenciális információval szolgál, „amely először engedi felvetni a színházi rendezés elvei és a szélesebben vett társadalom közötti kapcsolat kérdését" (3).

Richard Schechner – az ilyenfajta elemzések egyik úttörője – inkább antropológiai, mint szociokulturális irányból közelít a témához. 1975-ös, „Toward a Poetics of Performance" („Az előadás poétikája felé") című esszéjében megjegyzi, hogy „túlságosan kevés tanulmány született az előadás liminális sajátosságáról és hatásáról, nevezetesen arról, hogy a közönség mily módon jut el és be az előadás helyszínére és hogyan távozik onnan" (Schechner 122). Hogy egyetlen híres példát említsek, a Temzén hajóval való átkelés szükségessége a kieső, kétes hírű Bankside-i szórakoztató negyed megközelítésére, ahol a legfontosabb Erzsébet kori nyilvános színházak voltak, meghatározó szerepet kapott a színházlátogatás mentális kontextusában. Az ilyen terek tanulmányozása mind a történelmi, mind a kortárs színházak elemzésében fontos új dimenzióvá vált. Ahogy Susan Bennett írja 1997-es, a *Theatre Audiences* (Színházi közönségek) című könyvében: „a színházat körülvevő milő mindig ideológiailag kódolt" és így „hatással van a nézők élményeire" (126-30). Bennett ezt a gondolatot arra használja fel, hogy a Joan Littlewood-féle Theatre Workshop és más 19. és 20. századi színházak építészeti elrendezését elemezze.

A színházi terek elemzésében az egyik legfontosabb új elemet az egyre növekvő számban használt élő videó- és digitális képalkotás inspirálta. Ezek a technikák ma együttesen alkotnak új térbeli dimenziókat, sőt, a színházi terek új koncepcióit hozzák létre világszerte. Több, mint egy évszázada van jelen életünkben a film, melyet a kísérletező színházművészet majdnem a kezdetektől fogva hasznosított. Miközben a színpadon vetített film egy másik tér képét mutatja, ez nyilvánvalóan csak kép marad, nem jelenít meg valós teret. Ha például ahelyett, hogy a királynő elmoondja, hogy Ofélia ott halt meg, „ahol egy fűzfa hajlik a patak fölé",[38] a színpad hátterében filmen látnánk ezt a helyet, alapvetően még akkor is távoli, az előadás nézői számára elbeszélt hely/tér maradna. Thomas Imir az ilyenfajta filmes ábrázolást találóan „másodlagos képeknek" nevezi, melyek nem integrálódnak teljes mértékben a színpadi jelenetbe, hanem inkább „a színpadi kép lábjegyzeteként" működnek (22). Közvetlen használatuk nem arra szolgál, hogy a szcenikai teret gazdagítsa, hanem inkább, Patrice Pavis szavait idézve, „a színpadi cselekmény háttereként, vagy ironikus kommentárjaként" (125).

Egy merőben más vizuális teret hoz létre azonban a élő videónak a performansz-térben való egyre gyakoribb szerepeltetése. Európában az 1990-es években az ilyenfajta kísérletezés nagymértékben elterjedt, leginkább talán az olyan német rendezők munkáiban, mint Frank Castorf vagy Rene Pollesch. Az 1980-as évek végétől egy sor előadásban ezek a rendezők az élő videót egy újfajta színházi tér kialakítására használták,

---

[38] Shakespeare, William. *Hamlet, dán királyfi*. ford. Arany János. Budapest: Akadémiai, 1961. 207.

annak érdekében, hogy egy valós teret hozzanak létre, amely valahol a színpadi tér és a színpadon kívüli tér között helyezkedik el. A technika gyakorlati alkalmazásának lényegét Jan Speckenbach így írja le: „Az élő közvetítés eszközeinek olyan térbe helyezése, amely nem hivatott másra, mint a tér egy részének közvetítésére, paradox jellegű folyamat és a hagyományos film vagy videó esetében nem lehetséges filmes kísérletezésekre ad alkalmat" (80). A mimetikus és a diegetikus közötti állandó mozgás jelentős új kihívások elé állítja a színházi elemzőket, akik megpróbálják leírni és magyarázni az ilyenfajta munka során szerzett tapasztalatokat. Ezek a terek a legszélsőségesebb esetekben nemcsak színpadi és színpadon kívüli teret, hanem a nézőteret, az előcsarnokot, sőt az öltözőket is jelentik.

A német színházkritikus, Thomas Oberender szerint a videó színházi alkalmazása napjainkban alapvetően két típusra osztható: ezeket ő lejátszásnak (Einspieling), illetve élő produkciónak (Live-Produktion) nevezi. A lejátszás során a videót ugyanúgy használják, mint eredetileg a filmet használták a színházban, azaz egy korábban rögzített eseménysort játszanak a jelenben zajló előadással egy időben. Ezzel ellentétben az élő produkció a videó által nyújtott közvetlenséget úgy aknázza ki, hogy a színpadon végbemenő cselekvés mellett egy vele párhuzamosan zajló élő képet helyez a színpadra. Oberender szerint az első németországi előadás, amely az élő produkciót alkalmazta, a Eugene O'Neill *Vágy a szilfák alatt* című drámáját adaptáló *Desire* (Vágy) címet viselő darab volt – ezt a Práter kisméretű, kísérleti színpadán 2001-ben Fred Kelemen rendezésében adták elő.

Kelemen a *Vágy* rendezésekor a színpadon egy több szobából álló földszintes házat alakított ki. Néhány szoba látható volt a közönség számára, míg a többi el volt rejtve a közvetlen tekintet elől, de élő videóközvetítés folyt róluk. Így a színpadon kívül elhelyezkedő, de videón látható színészek többé nem egy meghatározatlan térben helyezkedtek el, hanem egy tényleges színpadi szobában, melyet a nézők fizikailag ugyan lokalizálhattak, de bele nem láthattak. Az eredmény a benyomások olyan új keverékét adta, melyet általában az élő színházzal és a filmmel asszociálunk. Noha a közönség tudatában volt, hogy az imént a színpadon élőben látott színésznő még mindig élőben ad elő, egy képernyőn őt viszontlátni lényegében a filmből és videóból ismerős „távoli" ábrázolásként hatott.

Annak érdekében, hogy ettől az erősen kondicionált hatástól elszakadjon Kelemen, másfajta színpadi újításra volt szükség, melyet a Castorf Dosztojevszkij művét, a *Megalázottak és megnyomorítottak*at adaptáló produkciója rendezése során vezetett be. A díszlet itt is egy többszobás ház volt, amely fölé egy nagy vetítővásznat erősítettek. A tágasabb Volksbühnében Castorf ezt a fajta színpadképet egy előadásban forgószínpaddal tudta kombinálni azzal a céllal, hogy a *Vágy*-gyal ellentétben a rejtett, színpadon kívüli tereket élőben és videó segítségével is bemutassa. Az előadás nyitó jelenetében színészek egy csoportja beszélgetett a nappaliban, és ezt csak a nagy vetítővásznon lehetett látni. Majd a színpad fordult egyet, és az előzőleg egy másik szobából közvetített szín egy üvegfalon át láthatóvá vált. Ez az elfordulás azonban nemcsak a színészeket és a szobát fedte fel, hanem a kamerát és a jelenetet filmező stábot is, ami a *Vágy*hoz képest újdonság volt. Így a nézőknek egyszerre mutattak élő cselekvést és annak videó általi közvetítését, valamint azokat az eszközöket, melyek a kivetítést lehetővé tették. Mindez jelentős lépésnek számított az olyan kísérletezés szempontjából, amelyben Castorf előtérbe helyezte a tényt, hogy a videó révén a kép és annak tere első ízben lehetett része az előidézés pillanatának. Egy visszacsatolási rendszer jött létre: a közvetítő eszköz (médium) részévé vált a valóságnak, amelybe beágyazódott.

Jan Speckenbach, Castorf videóművésze és kamerakezelője, ezt a színházat egyfajta „élő kubizmusként" jellemezte. Az elérni kívánt hatás a választott nézőpontok, tördelt perspektívák és ellentétes látásmódok kollázsa, melyek nem állnak össze egységes látvánnyá. Ez a technika, mivel „az élő közvetítés eszközeit egy olyan térbe helyezi, amely csak ezen tér választott részeit hivatott közvetíteni" (Speckenbach 78), olyan „filmes vizsgálódást" tesz lehetővé, amelyre a hagyományos színház, film vagy videó nem képes. A *Megalázottak és megnyomorítottak* egyik kritikusa a következő szavakkal jellemezte a Speckenbach-féle elgondolás vizuális összetettségét: „mindenütt kamerák vannak felszerelve ebben a labirintusszerű konténer díszletben, melynek egyes részeit közvetlen sosem láthatjuk, hacsak futólag nem pillanthatunk be egy nyitott ajtón keresztül, vagy kukucskálhatunk be a fedett ablakok résein". A kamerák sem maradnak azonban mozdulatlanul. Időnként „felkapják őket a színészek, akik más színészeket követnek erre az Akárki-telepre, mely egyben elhagyatott Senki földje is" (Rouse és Carlson14).

A térbeliséget nézve Castorf és mások századfordulós kísérleteikben alapvetően azért alkalmazták az élő videót, hogy a virtuális és a diegetikus, a színpadi és a színpadon kívüli tér közötti határ elmossák. A térről szerzett minden tapasztalás a fizikai és kortársi valóságba ágyazódik akkor is, ha csak a kamera szemén keresztül férhetünk hozzá. Egy ennél radikálisabb performatív teret fejlesztettek ki más csoportok először a tánc területén, majd később egyes kísérleti színházi társulatoknál. A holland koreográfus, Krisztina de Chatel 1999-es *Lara and Friends* (Lara és barátai) című táncos előadásában például a táncosok egymástól élesen elkülönített terekben szimultán mozogtak úgy, mintha egymással táncolnának egy fizikai realitás nélküli elektronikus térben. A nézők vagy önmagában figyelhették meg ezt a teret, vagy különböző komponenseinek egyik vagy másik elemével együtt. Számos európai és amerikai kísérleti színházi csoport épített be újabb munkáiba különféle elektronikusan kreált tereket.

A fenti technika egyik legnevesebb úttörő művelője az 1998-ban alakult Big Art Group. Deklarált céljuk szerint „a média nyelvét és a performansz elemek keverését különleges formában" alkalmazzák, „hogy kulturálisan határátlépő és provokálóan új műveket hozzanak létre" (bigartgroup.com). Általában több élő kamerát használnak, hogy különálló képeket rögzíthessenek, melyeket azután úgy kombinálnak, hogy új kép jöjjön létre a virtuális térben. Ahelyett, hogy ezeket a kamerákat, mint Chatel előadásában, egymástól merőben eltérő helyszínekre tennék, a színpad különböző pontjain állítják fel őket, hogy a nézők egyszerre láthassák az egymással kombinált képek kollázsát és annak alkotóelemeit. Vegyük például a *Flicker* című produkció egyik jelenetét, melyben az egyik szereplőt egy késforgató mániákus üldöz az erdőn át. A színésznő valójában egy helyben fut, háttal a színpad jobb oldalán levő kamerának, és a válla felett néz vissza a kamerába és feltehetően üldözőjére, akit kést forgatva egy másik digitális képben láthatunk. Tulajdonképpen a közönség tisztán láthatja, hogy az üldöző nem hogy nem fut, de nincs is a színésznő közelében, hanem egy teljesen másik helyszínen filmezik. Ahogy a menekülés folytatódik, a virtuális térben a színésznő digitális képét egy vörös parókát és a színésznőéhez hasonló ruhát viselő férfi színész képével cserélik fel. A „futás" folytatása során egy újabb csere történik ugyanebben a virtuális térben. A hagyományos színház keretein belül egy ilyen menekülést meglehetősen nehéz lenne színre vinni, mivel térbeli szükségletei miatt sokkal inkább filmre kívánkozik, és minden bizonnyal egyetlen színésznő által előadott rövidke eseménysor lenne. A *Flicker*ben ezzel szemben a test mint egész csak digitális térben létezik; a közönség szimultán érzékeli azt, valamint ugyanezen test egyes részeit és működésüket a körülötte lévő konkrét színpadi tér különböző részeiben.

Az Egyesült Államokban a virtuális térrel való kísérletezés eddig kisebb színházakra korlátozódott. Európában azonban több neves rendező és társulat, akik az 1990-es években Castorftól és hasonló rendezőktől kaptak inspirációt, az utóbbi időben elkezdték alkalmazni az élő videót, hogy új tereket nyissanak produkcióikban. Turnéik során a nemzetközi közönség előtt is bemutatták effajta kísérleteiket. A flamand rendező, Ivo van Hove sok helyen szerepelt 1997-es Molière *Mizantróp* előadásával, amelyben végig élő videó kivetítésben szerepeltette a színészeket, akiket a kamera időnként még a színpadon kívülre is, az öltözőkig követett. Peter Weiss 2000-es *Marat/Sade* rendezése a bolgár Várnai Triumvirátus Művészeti Csoport (*Triumviratus Art Group of Varna*) előadásában – Castorf utóbbi produkcióit idézve – egy hatalmas videó monitort állított közvetlen a színpad fölé, és így a közönség kettős fókuszban látta az élő és a mediatizált tereket. Ezen a képernyőn nemcsak a színpadon végbemenő események jelentek meg különböző perspektívában, mint a Big Art Csoportnál, hanem – ahogy Castorfnál – a színpadon kívüli élő cselekvések is, bejárva nemcsak az öltözőket, folyosókat és végül a színházon kívüli tereket, hanem magát a nézőteret is. Így, miközben a nézők megtapasztalták saját személyes terüket, egyúttal láthatták is azt megjelenni a színpad feletti monitoron.

Virginia Woolf *Hullámok* (*The Waves*) című művének 2007-es előadása Katie Michell rendezésében a Londoni Nemzeti Színházban a Mason-féle Big Art Csoportéhoz hasonló technika alkalmazásával keltette életre Woolf többszintű, a belsőre koncentráló regényét a színpadon. A díszlet mindössze egy, a színpad közepén elhelyezett hosszú asztalból állt, de a vizuális fókusz megoszlott az asztal körül (és az asztalon) dolgozó színészek, valamint a felettük elhelyezett hatalmas vászon között, Castorf és a Triumvirátus módszereit követve. Ezáltal egy folyamatosan változó, központi vizuális képet nyújtottak, amely a Big Art eszközeihez hasonlóan csak ebben a virtuális térben létező kép volt, és az alatta, a színpadon elhelyezkedő színészek nyomon követett mozgása és gesztusai hozták létre. Így például a „London 1906" elnevezésű jelenetben az egyik páros a hosszú asztal egyik végén ül, egy másik pedig a szemközti végén, miközben két kamera a kivetítőn egy kis éttermi asztalnál ülő négyfős társaságot kreál belőlük. Szereplők és jelenetek hasonló összevonása, valamint speciális vizuális effektusok szolgáltatnak egy folytonos vizuális történetet a vásznon; igen hasonlóan a Big Art stílusához.

Kitűnő színházfenomenológiai tanulmányában (*Great Reckonings in Little Rooms*) Bert States leírja, mit tekint ezen művészeti ág alapvető fenomenológiai elemének: „A színház kifejezetten olyan médium, amely a valóst a legvalóságosabb formájában használja fel: az embert, a nyelvét, szobáit és városait, fegyvereit és eszközeit, más művészeteit, állatait, a tüzet és a vizet – majd végül magát a színházat is" (8). Néhány mai teoretikus szerint mediatizált világunkban a videó háttérbe szorítja a színház elevenségét, ám ezek a legújabb nemzetközi kísérletek, épp ellenkezőleg, azt jelzik, hogy a színház hatalmas étvágya nemcsak a videót tudja magáévá tenni, hanem egy mélyebb szinten, a videót visszafordítja az életbe, nézőpontjának tárgyai, és a nézőpontot irányító emberek révén. Így a virtuális tér nem bizonyul a színház ellenségének, hanem inkább kiterjeszti lehetőségeit, hozzájárulva valóság és illúzió, jelenlét és hiány, távolságtartás és empátia között egy komplex és állandóan változó kölcsönhatáshoz, mely mindig is a színházi élmény része volt.

Bach Anikó fordítása

Felhasznált irodalom

Amine, Khalid, és Marvin Carlson. „*Al-halqa* in Arabic Theatre: An Emerging Site of Hybridity". *Theatre Journal* 60.1 (2008): 71-86.

Bennett, Susan. *Theatre Audiences*. London: Routledge, 1997.
Elam, Kier. *The Semiotics of Theatre and Drama*. London: Methuen, 1980.
Fitzpatrick, Tim. „The Dialectics of Space-Time Dramaturgical and Directoral Strategies for Performance and Fictional World". *Performance: From Product to Process*. Szerk. Tim Pitzpartick. Sydney: Frederick May Foundation, 1989. 49-112.
Hays, Michael. *The Public and Performance: Essays in the History of French and German Theater 1871-1900*. Ann Arbor: UMI Research P, 1974.
Hinkle, Gerald. *Art as Event: an aesthetic for the performing arts*. Washington: UP of America, 1979.
Hume, Robert D. „Theatre History 1660-1800: Aims, Material, Methodology". *Players, Playwrights, Plahouses: Investigating Performance, 1660-1800*. Szerk. Michael Cordner és Peter Holland. Houndmills, Basingstoke: Palgrave, 2007. 9-44.
Irmir, Thomas „Das Theater der neuen Sehens: Zum Einsatz von Video und Film bei Frank Castorf Rene Pollesch und Olaf Nicolai". Szerk. Thomas J. Kleiner és Holger Ostwald. *quadratur: Kulturbuch 5* (2003): 130-34.
Matthews, Brander. *A Study of the Drama*. Boston, Chicago, New York: Riverside, 1910.
McAuley, Gay. *Space in Performance: Making Meaning in the Theatre*. Ann Arbor: U of Michigan P, 1999.
Murray, Timothy. „Richelieu's Theatre: The Mirror of a Prince". *Renaissance Drama n.s. 8* (1977): 275-97.
Pavis, Patrice. *Theatre at the Crossroads of Culture*. Ford. Loren Kruger. London: Routledge, 1992.
Rouse, John, és Marvin Carlson. „The 2002 Berlin Theatertreffen". *Western European Stages* 14.3 (Fall, 2002): 5-24.
Schechner, Richard. *Essays on Performance Theory 1970-1976*. New York: Drama Book Specialists, 1977.
Shakespeare, William. *Hamlet, Prince of Denmark*. Cambridge: Cambridge UP, 2003.
Southern, Richard. *The Seven Ages of the Theatre*. New York: Hill and Wang, 1961.
Speckenbach, Jan. „Der Einbruch der Fernsehtechnologie". *Einbruch der Realität: Politik und Verbrechen*. Szerk. Carl Hegemann. Berlin: Alexander, 2002. 80-84.
States, Bert O. *Great Reckonings in Little Rooms*. Berkeley: U of California P, 1985.

www.ingramcontent.com/pod-product-compliance
Lightning Source LLC
Chambersburg PA
CBHW070850050426
42453CB00012B/2115